本书为北京外国语大学中华文化国际传播研究院所主持的北京外国语大学"双一流"建设重大标志性项目"文明互鉴：中国文化与世界"（2021SYLZD020）的研究成果、教育部人文社会科学研究项目"国礼首部法文本《论语导读》翻译与研究"（21YJCZH152）的研究成果

中国文化与世界
主编
张西平

孔子或君主之学

Confucius ou
La science des Princes

［法］弗朗索瓦·贝尼耶（François Bernier） 著

汪聂才 陈萍 郝晓霞 译

张思远 校

学苑出版社

图书在版编目（CIP）数据

孔子或君主之学 /(法) 弗朗索瓦·贝尼耶著；汪聂才, 陈萍, 郝晓霞译. — 北京：学苑出版社, 2024.3
ISBN 978-7-5077-6919-7

Ⅰ.①孔… Ⅱ.①弗… ②汪… ③陈… ④郝… Ⅲ.①《大学》②《中庸》③《论语》 Ⅳ.①B222

中国国家版本馆CIP数据核字（2024）第051992号

出 版 人：	洪文雄
责任编辑：	李　媛
出版发行：	学苑出版社
社　　址：	北京市丰台区南方庄2号院1号楼
邮政编码：	100079
网　　址：	www.book001.com
电子邮箱：	xueyuanpress@163.com
联系电话：	010-67601101（营销部）、010-67603091（总编室）
印　刷　厂：	北京建宏印刷有限公司
开本尺寸：	710 mm × 1000 mm　1/16
印　　张：	14.75
字　　数：	197千字
版　　次：	2024年3月第1版
印　　次：	2024年3月第1次印刷
定　　价：	108.00元

译校者简介

汪聂才

中山大学哲学博士，现为肇庆学院政法学院副教授，兼任肇庆学院区域国别研究中心研究人员、中山大学广州与中外文化交流研究中心兼职研究人员、中国明史学会利玛窦分会副秘书长，主要从事明清中西文明交流与互鉴研究；参与编译柏应理等著《中国哲学家孔夫子》，合译奥古斯丁著《论灵魂的伟大》，发表学术论文十多篇。

陈萍（Ping Zeller）

瑞士日内瓦大学文学院汉学系讲师、日内瓦大学地理与环境系博士生，正在撰写的博士学位论文探讨了亚洲之行对贝尼耶思想历程的影响，及其精神遗产对今天重大社会问题的启发。已出版专著 *François Bernier et sa pensée confucéenne*（《弗朗索瓦·贝尼耶及其儒学思想》)，参与撰写了专著《法语背景学生学汉语偏误分析》。

郝晓霞

瑞士洛桑大学博士生，比利时鲁汶大学（法语区）教师。主要研究领域是：贡斯当思想研究、政治哲学。参与翻译《中国哲学家孔夫子》以及"廊下派集"中的《柏拉图的苏格拉底与廊下派》《廊下派的苏格拉底》等文章。

张思远

中山大学哲学系博士生（法国汉学研究方向），教育部中外语言交流合作中心"《孔夫子及其弟子名言录》中法双语注释版"项目成员，曾担任商务部培训中心"2017年非洲法语国家区域航空合作研修班"法语助理。

目　录

代序：论儒家文化的世界意义
　　——以中国文化与启蒙运动关系为中心..................张西平　1

孔子或君主之学..1
致读者：作为阅读孔子的导言或钥匙..................................3
第一书（《大学》）..5
第二书（《中庸》）..25
第三书（《论语》）..47
　　第一卷..47
　　第二卷..61
　　第三卷..71
　　第四卷..84

— 1 —

第五卷 97
第六卷 107
第七卷 120
第八卷 135
第九卷 143
第十卷 157

附　录 171
人名对照表 171
地名与封号对照表 176
专名对照表 177

译后记 181

代序：论儒家文化的世界意义
——以中国文化与启蒙运动关系为中心

张西平[*]

一、以儒家为代表的中国古代典籍在欧洲早期的传播

自从汉代张骞打通丝绸之路以后，[1]四大发明作为中国古代物质文明成果，通过陆路与海陆向东南亚、南亚、西亚和欧洲传播。造纸术和印刷术的西传对欧洲社会的发展产生了重大的影响，它使教育得以普及，从而推动了文艺复兴，为基督新教的兴起提供了物质的武器。火药和火器的使用为新兴资产阶级打破封建贵族统治提供了有力的军事斗争的武器。同时，火药和火器的历史作用还在于它们掀起了人类武器技术史中的一场革命，开启了化学武器的新阶段。英国科学史家贝尔纳（John Desmond Bernal, 1901—1971）写得很明白："中国许多世纪以来，一直是文明和科学的巨大中心之一……已经看出，在西方文艺复兴时期从希腊的抽象数理科学转变为近代机械的、物理的科学过程中，中国在技术上的贡献——指南针、火药、纸和印刷术——曾起了作用，而且也许是决定意义的作用。……我确信，中国过去对技术的这样

---

[*] 张西平：北京外国语大学教授，北京语言大学特聘教授，《国际汉学》主编。

[1] "无可怀疑，Seres（丝国）这个字源自'丝'，传到欧洲成为希腊字 ser (ońp)，因这个名称大约始于丝绸贸易开始的时期……Seres 直接指中国，应该是在恺撒（Julius Caesar）和奥古斯都（Augustus）的时代。这似乎表明，在张骞出使西域和古代丝绸之路之前，丝绸贸易要经过许多中间人的手，才能到达西方。"（李约瑟《中国科学技术史》第1卷，科学出版社，2019年，第173—174页。）

伟大贡献，将为其未来的贡献所超过。"[1]

17世纪英国学者弗朗西斯·培根（Francis Bacon, 1561—1626）并不知道四大发明由中国人所做，他给予了高度的评价，他说，印刷术、火药和磁石，"这三项发明已经在世界范围内把所有事物的全部面貌都改变了：第一种是在学术方面，第二种是在战事方面，第三种是在航海方面，由此又引起难以数计的变化来，竟至任何帝国、任何教派、任何星辰对人类事务方面的力量和影响都仿佛无过于这些机械性的发现了"[2]。正如马克思所说：

> 火药、指南针、印刷术——这是预告资产阶级社会到来的三大发明。火药把骑士阶层炸得粉碎，指南针打开了世界市场并建立殖民地，而印刷术则变成新教的工具。总的来说变成科学复兴的手段，变成对精神发展创造必要前提的最强大的杠杆。[3]

中国的精神世界，特别是以儒家为代表的中国哲学与文化传入西方还是在明清之际来到东亚的传教士，甚至耶稣会士入华后才开启的。

西班牙多明我会传教士高母羡（Juan Cobo, 1547—1593）是最早将儒家思想介绍到欧洲的人。他所翻译的《明心宝鉴》是儒家通俗作品传入欧洲的第一书。意大利耶稣会士罗明坚（Michele Ruggieri, 1543—1607）返回欧洲所做的一件重要事情就是把"四书"中《大学》的部分内容译成了拉丁文。首次将罗明坚的这篇译文在欧洲正式发表的是波赛维诺（Antonii Possevino, 1533—1611）。[4] 罗明坚返回欧洲后，利玛窦（Matteo Ricci, 1552—1610）成为耶稣

---

[1] ［英］贝尔纳著，伍况译《历史上的科学》，科学出版社，1959年，第1页。

[2] ［英］培根著，许宝骙译《新工具论》，商务印书馆，2020年，第114页。

[3] 《马克思恩格斯全集》，第47卷，人民出版社，1979年，第427页。李约瑟认为，中国传到西方的机械和其他技术共有26种，参阅李约瑟《中国科学技术史》第1卷，科学出版社，2019年，第253页。

[4] 参阅 Knud Lundbaek, *The First Translation from a Confucian Classic in Europe*, in China Mission Studies (1500—1800), Bulletin 1.1977, 注23。罗明坚翻译的"四书"手稿从未出版，但在儒学西传史上具有奠基性意义。关于罗明坚对"四书"翻译的手稿研究，参阅张西平《儒学西传欧洲研究导论——中学西传的轨迹与影响》，北京大学出版社，2016年；罗莹《耶稣会士罗明坚〈中庸〉拉丁文译本手稿初探》，《道风基督教文化评论》2015年1月第42期。

会士在华的领袖，他所提出的"合儒易佛"策略对西学东渐产生了巨大的影响，[1] 他不仅将西方的科学介绍到中国，同时也把中国的科学文化传向欧洲。

"中国礼仪之争"（Chinese Rites Controversy，以下简称"礼仪之争"）则是推动来华传教士从事中国典籍翻译的最重要事件。利玛窦1610年去世后，围绕着"译名""祭祖"和"祭孔"三大问题在耶稣会士内部争论起来，随后又演化为托钵修会与耶稣会之间的争论。这场来华传教士内部的争论，很快演化为清廷与梵蒂冈之间的冲突。康熙帝为此先后委派多名传教士前往欧洲，梵蒂冈则先后委派铎罗（Charles-Thomas Maillardde Tournon, 1668—1710）与嘉乐（Carlo Mezzabarba, 1685—1741）两位特使来华，但他们与康熙帝的会谈都不欢而散。康熙就此事表态，凡是遵守利玛窦规矩的，到内务府领票，方可在中国传教，否则将其送回澳门。1742年罗马教宗发布了《自上主圣意》（*Ex quo singulari*）敕谕，"礼仪之争"才最终落下帷幕。[2]

正是在"礼仪之争"的推动下，来华的传教士纷纷著书立说，翻译中国经典。在考狄书目中，由"礼仪之争"开始在欧洲出版的关于中国的著作就有260余部。"17世纪欧洲关于中国的消息十分迅速地增长。"[3]

最早返回欧洲的耶稣会士曾德昭（Alvare de Semedo, 1582—1658）回到

---

[1] 关于罗明坚、利玛窦入华后的研究参阅利玛窦著，文铮译《耶稣会与天主教进入中国史》，商务印书馆，2014年；利玛窦著，文铮译《利玛窦书信集》，商务印书馆，2018年；[美]夏伯嘉著，向红艳等译《利玛窦——紫禁城里的耶稣会士》，上海古籍出版社，2012年；宋黎明《神父的新装：利玛窦在中国（1582—1610）》，南京大学出版社，2011年；沈定平《明清之际中西文化交流史——明季：趋同与辨异》（上、下），商务印书馆，2012年；Paul Rule, *K'ung-tzu or Confucius? The Jesuit Interpretation of Confucianism*, Sydney：Alle and Ubwin Australia, 1980。

[2] 参阅李天纲《中国礼仪之争——历史、文献和意义》，上海古籍出版社，1998年；[美]苏尔、诺尔编，沈保义、顾卫民、朱静译《中国礼仪之争——西文文献一百篇（1945—1941）》，上海古籍出版社，2001年；中国第一历史档案馆《清中前期西洋天主教在华活动档案史料》，中华书局，2003年；张国刚《从中西初识到礼仪之争：明清传教士与中西文化交流》，人民出版社，2003年；George Minamik, *The Chinese Rites Controversy: From its Beginning to Modern Times*, Chicago: Loyola University Press, 1985; D.E.Mugello(ed),*The Chinese Rites Controversy: Its History and Meaning*, Nettel, 1994。

[3] E.J.Van Kley, *Chinese History in Seventeenth Century Europea Reports*, P.195, Actes du IIIe colloque Inernational de Sinologie VI, Paris；张国刚、吴莉苇《礼仪之争对中国经籍西传的影响》，《中国社会科学》，2003年第4期。张西平《欧洲早期汉学史：中西文化交流与西方汉学的兴起》，中华书局，2009年；谢子卿《中国礼仪之争和路易十四时期的法国（1640—1710）：早期全球化时代的天主教海外扩张》，上海远东出版社，2019年。

欧洲后出版了《大中国志》，在西方也产生了影响。曾德昭对孔子的人格给予很高的评价。他说："孔夫子这位伟人受到中国人的崇敬，他撰写的书及他身后留下的格言教导也极受重视，以至人们不仅供奉他当古圣人，同时也把他当先师和博士，他的话被视为是神谕圣言，而且在全国所有城镇修建了纪念他的庙宇，人们在那里举行隆重的仪式以表示对他的尊崇。考试的那一年，有一项主要的典礼是：所有生员都要一同去礼敬他，宣称他是他们的先师。"[1]1688年，在巴黎出版的葡萄牙来华传教士安文思（Gabriel de Magalhāes, 1609—1660）的《中国新史》是西方早期汉学发展史上一部重要的著作。意大利来华耶稣会士卫匡国（Martino Martini, 1614—1661）的《鞑靼战纪》，1654年在安特卫普出版了拉丁文版：*De Bello Tartarica Historia*，同年在伦敦出版了英文版：*Bellun Tartaricum or The Conquest of The Great and Most Renowned Empire of China*，以后此书又被翻译成意大利文、法文、德文等多种欧洲文字，从1654年到1706年间，这本书先后再版了20多次，在欧洲产生了重大的影响，卫匡国获得了巨大的成功。[2]1655年在阿姆斯特丹出版了他在欧洲最重要的著作《中国地图新集》（*Novus Atlas Sinensis*），此书一出版立刻受到欧洲学术界的重视，当年就出版了法文版和荷兰文版，1656年出了德文版，1658年出版了西班牙文版，同时整部书也被收入特维诺（Melchisédech Thévenot, 1620—1692）的 *Relations de divers Voyages Curierx* 的第三卷中。这本书实际上是卫匡国在返回欧洲的途中所编写的。[3] 这本书是欧洲第一次从视觉上认识到中华帝国的辽阔。但卫匡国在欧洲出版物中最有影响的当属《中国上古史》（*Sinicae Historiae decus Prima*），这本书也是卫匡国返回欧洲后出版的西

---

[1] 曾德昭著，何高济译《大中国志》，上海古籍出版社，1999年，第59—60页。

[2] 参阅［美］孟德卫著，陈怡译《奇异的国度：耶稣会适应政策及汉学的起源》，大象出版社，2010年。

[3] 方豪认为此书必成于"顺治七年回欧洲之前"（参见《方豪文录》，北平上智编译馆，1948年，第93页）。但高泳源先生认为方豪这个结论有误，因卫匡国在书中的"广西太平府"的文字中说："当接到奉召回欧洲的时候，编撰工作方才开始，带了五十多种中文著作上船，以备战胜晕船，也是为了排遣长途航行的沉闷。"见高泳源《卫匡国（马尔蒂尼）的〈中国新图志〉》，《自然科学史研究》，1982年第1卷第4期。

文书，1658年和1659年分别在慕尼黑和阿姆斯特丹出版了拉丁文版，原书的书名是：*Sinicae Historiae decas Prima: res à Gentis Origine ad Christum Natum in extrema Asia, Sive Magno Sinarum Imperio gestas Complexa*，英文版的书名为：*The First Ten Divisions of Chinese History, Affairs in Far Asia from the Beging of the People to the Brith Christ, or Surrounding the Emerging Great Empire of the Chinese*。这本书的中文书名有多种，比如《中国上古史》《中国历史初编十卷》《中国历史概要》等。此书共413页，另有索引。内容从盘古开天地到西汉哀帝元寿二年（公元前1年），全书共十卷。第一卷叙述中国远古的神话传说，然后历述了伏羲、神农、黄帝、少昊、颛顼、帝喾、尧、舜八代帝王的历史，每一个帝王用一节介绍。第二卷介绍夏代，自禹到桀。第三卷介绍商朝，从汤到纣。第四卷为周朝，从周武王到周考王。第五卷写周朝，从威烈王（公元前425年）到公元前255年。此卷因东周末期，有些周王无事可记，他便改变了每代帝王占一节的惯例，将几个帝王合为一节，其末尾终于周赧王，赧王亡后又接着写了"周君"一节，而以秦昭王五十二年（公元前255年）为终结。第六卷为秦代，自昭王五十三年（公元前254年）至子婴灭亡为止。第七卷以下皆为汉代：第七卷写高祖，第八卷自惠帝至武帝，第九卷从昭帝写到宣帝（这一卷终"昌邑王刘贺"单标一节），最后一卷自元帝至哀帝。这在中国人看来极为平常的历史年表在欧洲却掀起了轩然大波，它与后来《中国哲学家孔夫子》一书中的历史编年一起，像一颗政治原子弹炸开了欧洲思想界。从而，欧洲的宗教历史观和中国的自然历史观的争论就展开了。[1]这点下面会有专门论述。

从未来过中国的阿塔纳修斯·基歇尔（Athanasius Kircher, 1602—1680）是欧洲17世纪著名的学者，1667年他在阿姆斯特丹出版的《中国图说》，拉丁文版的原书名为 *Chia Monumentis qua Sacris quà profanis, Nec non variis*

---

[1] 参阅吴莉苇《当诺亚方舟遭遇伏羲神农：启蒙时代欧洲的中国上古史论争》，中国人民大学出版社，2005年。

Naturae & Artis Spectaculis, Aliarumqe rerum memorabilium Argumetis Illustrata，这个书名可以翻译为《中国宗教、世俗和各种自然、技术奇观及其有价值的实物材料汇编》，简称《中国图说》即 *China Illustrata*[1]，这本书由于图文并茂，所产生的影响不亚于利玛窦的著作。

如果说以上著作只是介绍了儒家思想，那么第一次将《大学》全译本以中拉双语对照本正式出版则是1662年刊刻于江西建昌的《中国的智慧》一书。（图1）该书的译者是耶稣会士郭纳爵（Inácio da Costa, 1603—1666）和殷铎泽（Prospero Intorcetta, 1626—1696）。这本书的重要价值在于它成为后来在巴黎出版的《中国哲学家孔夫子》的重要来源。

图1 《中国的智慧》一书封面（罗马耶稣会档案馆Ⅲ.3.2）

---

[1] 朱谦之先生在《中国哲学对欧洲的影响》一书中对此书做过介绍，但他将该书第一版出版时间说成是在1664年是有误的。［德］基歇尔著，孟宪谟、张西平、杨慧玲译《中国图说》，大象出版社，2010年。

代序：论儒家文化的世界意义

儒家典籍的西传以法王路易十四所派往中国的五名"国王数学家"为标志，[1]进入了新的阶段。法国来华的耶稣会士勤于写作和翻译，在欧洲出版了一系列的汉学著作，学者们将来华的耶稣会士称作"文化的哥伦布"，这是一个很恰当的比喻。其中被学术界誉为"三大汉学名著"的影响力最大：《耶稣会士中国书简集：中国回忆录》[2]、《中华帝国全志》和《中国哲学家孔夫子》[3]。但对欧洲启蒙运动的思想家触动最大的却是《中国哲学家孔夫子》。（图2）

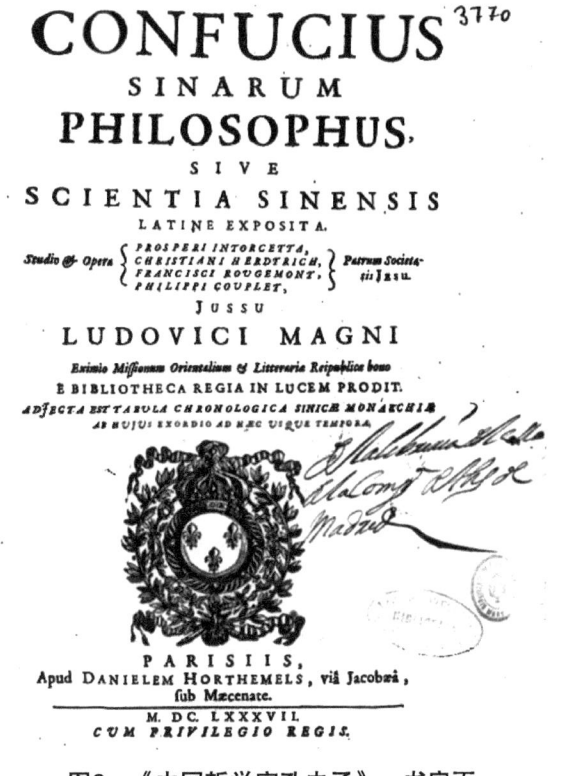

图2 《中国哲学家孔夫子》一书扉页

---

[1] "国王数学家"是洪若翰（Jean de Fontaney, 1643—1710）、张诚（Jean François Gerbillon, 1654—1707）、李明（Louis Le Comte, 1655—1728）、刘应（Claude de Visdelou, 1656—1737）、白晋（Joachim Bouvet, 1656—1730），Tachar，路经柬埔寨时 Tachard 留在暹罗。1687 年这五名法国耶稣会传教士取道宁波登陆，然后经扬州到达北京，这个特殊的进京路线标志着来华的法国耶稣会士开始摆脱了在华的葡萄牙耶稣会士的控制。

[2] ［法］杜赫德编，吕一民、沈坚、郑德弟译《耶稣会士中国书简集：中国回忆录》，大象出版社，2005 年。

[3] ［比］柏应理等著，汪聂才、齐飞智等译《中国哲学家孔夫子》，大象出版社，2021 年。

《中国哲学家孔夫子》最终是由比利时传教士柏应理（Philippe Couplet, 1623—1693）完成出版的，这本书1687年在巴黎出版，柏应理功不可没。他在"罗马学院"（Collegium Romanum）找到了基歇尔（Athanasius Kircher, 1601或1602—168）死后留下的《中国哲学家孔夫子》部分译稿，这些译稿是殷铎泽返回欧洲时所带回的，他交给了基歇尔。该书题为《中国哲学家孔夫子，或用拉丁文解释的中国知识》（"*CONFUCIUS SINARUM PHILOSOPHUS, SIVE SCIENTIA SINENSIS LATINE EXPOSITA*"），标题下是四位耶稣会译者的署名：殷铎泽、恩理格（Christian Wolfgang Henriques Herdtrich, 1625—1684）、鲁日满（François de Rougemont, 1624—1676）和柏应理。柏应理将其重新编排整理后出版。

　　《中国哲学家孔夫子》一书的内容包括：柏应理所写的《致最信奉基督的国王——伟大的路易十四的书信》，殷铎泽与柏应理合著的《前言》，殷铎泽所作的《孔子传》并附孔子像，《大学》《中庸》《论语》"三书"的拉丁文全译本，柏应理所作的《中华帝国年表》《中华帝国及其大事记》，并附柏应理绘制的中国地图。

　　来华耶稣会士们为何投入这样大的精力来翻译儒家的基本著作呢？这和"礼仪之争"有关，这场争论的实质就是如何认识以儒家所代表的中国文化，利玛窦所确定的"合儒"路线是否正确。为了证明利玛窦所确立的"合儒"路线是正确的，他们就翻译了儒家的代表作"四书"，当然，实际上他们只翻译了三本，《孟子》没有翻译。《中国哲学家孔夫子》在巴黎出版就是向欧洲证明，儒学只是一种哲学，而不是宗教，因此，耶稣会采取"合儒"的传教路线是正确的。

　　这些内容我们可以从该书的前言部分看出。

　　《致最信奉基督的国王——伟大的路易十四的书信》的前言分为两部分，

分别由殷铎泽、柏应理所写。[1] 殷铎泽的序言主要介绍了中国的儒家、道教、佛教以及宋明理学所重视的《易经》,并对他们将翻译的"四书"从思想文化上做了总体性的介绍和铺垫,从而使欧洲学者理解这本书。序言的第二部分是柏应理所写的,这一部分明显地带有回应"礼仪之争"的特色,从西方的基督教世界观出发,来解释中华文明的合理性以及它和基督教文明之间的关系,说明中国古代文明与基督教文明的一致性,无论是从历史上还是从人种上都是如此,只是后来中国人遗忘了。来到中国传教就是要恢复中国人的这种记忆,以此来向西方社会证明在中国传教的价值和意义。他特别对耶稣会所采取的合儒路线给予了充分说明。柏应理的解释,显然是面对欧洲的听众来说的。

《大学》《中庸》《论语》的翻译之后是殷铎泽所作的《孔子传》(Confucii Vita),这里最引人注意的就是在第一页的一幅孔子像。在这幅画中孔子身着中国古代传统服装,手中拿一笏板。画像的背景综合了孔庙和西方图书馆的风格。孔子身后的两侧是排满了中国经典的书架。左侧的第一排从上至下写明《书经》《春秋》《大学》《中庸》和《论语》;右侧从上至下依次是《礼记》《易经》《系辞》《诗经》和《孟子》。书架最底层是孔子门徒的牌位,左右各九人。左侧从外向内依次可辨是"曾子、孟子、子贡、子张、闵子骞"等,右侧是"颜回、子思、子路"等。身后的庙宇式的门上写"国学"(应该来自"国子学"或"国子监")二字,下方写"仲尼"二字,右侧和左侧的字连起来是"天下先师"。这是画给欧洲人看的孔子。"孔子站在一座糅合了孔庙和

---

[1] 孟德卫认为"序言性说明(Proëmialis Declaratio),署名是柏应理,但显然不是完全由他一个人完成的。龙伯格先生对巴黎国家图书馆中《中国哲学家孔夫子》的原稿进行了研究,发现序言中有两个人的不同笔迹,后半部分很可能是伯应理的笔迹"。[美]孟德卫著,陈怡译《奇异的国度:耶稣会适应政策及汉学的起源》,第282页。梅谦立认为,《前言》包括两个部分,第一部分主要由殷铎泽写成。在利玛窦的《论耶稣会与基督宗教传入中国》第一卷第十章的基础上,殷铎泽更细致、更系统地描述了中国的三个教派(儒、释、道)。第二部分主要由柏应理写成,他提供了宏大的历史叙述,说明了中国与全人类历史的关系"。见张西平、梅谦立主编,汪聂才、齐飞智等译《中国哲学家孔夫子·第一卷·中文版序言二》(大象出版社,2021年)第12页,参阅梅谦立英文著作,Thierry Meynard S.J. *Confucius Sinarum Philosophus (1687): The First Translation of the Confucian Classics*, ROME, 2011.

图书馆特征的建筑前，显得比实际比例要大。虽然孔子的形象被描绘得令人肃然起敬，但肖像和匾牌的背景可能让欧洲读者感到吃惊，因为这看起来不是一座教堂或者亚洲传统的庙，倒像一座欧洲式的图书馆，书架上排满了书，虽然图书陈列的方式是欧式的，并不是17世纪中国式的。"[1]

《中国哲学家孔夫子》对儒家思想的介绍有着内在的矛盾，因为从利玛窦开始对儒家就采取了"崇先儒而批后儒"的文化策略，这样《中国哲学家孔夫子》在翻译时没有采用朱熹的《四书章句集注》，实际上他们所用的张居正的《四书直解》（1573年）本身就是朱熹思想的通俗读本，[2] 只是耶稣会士们一字不提此事。"这使西方读者误以为'四书'在先秦时期就已经最终成型了。"[3]

同时，在其翻译过程中，耶稣会士们也尽力将其按照自己的理解来加以翻译。例如《大学》第一句：大学之道，在明明德，在亲民，在止于至善。

> [1]Magnum adeóque virorum Principum, [2]sciendi [3]institutum [4]consistit in [5]expoliendo, seu excolendo [6]rationalem [7]naturam à coelo inditam; ut scilicet haec, ceu limpidissimum speculum, abstersis pravorum appetitum maculis, ad pristinam claritatem suam redire possit. [8]Constitit deinde in [9]renovando seu reparando [10]populum, suo ipsius scilicet exemplo & adhortatione, [11]Constitit demùm in [12]sistendo firmiter, seu perseverando in [13]summo [14]bono; per quod hc Interpretes intelligi volunt summam actionum omnium cum rectâ ratione conformitatem. Atque haec tria sunt, ad quae reliqua hujus libri reducuntur.

---

[1] ［美］孟德卫著，陈怡译《奇异的国度：耶稣会适应政策及汉学的起源》，第294页。

[2] 张居正的《四书直解》虽然是朱熹的《四书章句集注》的发挥，但他在"天""鬼神"等概念上保留了"敬天""天人感应"的中国古代思想。由此，这个本子更符合利玛窦所提出的先儒思想与天主教思想有会通的提法。或者说耶稣会士们更为注重张居正本的宗教性论述。参阅梅谦立《耶稣会士与儒家经典：翻译者，抑或叛逆者？》，《现代哲学》，2014年第6期。

[3] 梅谦立《〈孔夫子〉：最初西文翻译的儒家经典》，《中山大学学报（社会科学版）》，2008年第2期。

如果将其回译成中文是：

"君子应当学习的伟大准则在于完善并发挥自上天而来的理性"，以抹去邪恶欲望的污垢，恢复其如至明之镜般本真的明澈。"接着，就要持守并以自身为典范和劝诫，'进行针对人民的的革新与复兴'。'最终能够稳固地止于至善，或者说坚守于至善。'"注释者们想借此让我们明白一切行为都要完全服从于理性。书的余下部分，皆可被归为这三样事。[1]

耶稣会士们的这个翻译基本是将张居正的讲评做了简略的翻译与改写。[2] 在中国哲学家看来，"明明德""亲民""止于至善"这是《大学》的"三纲"，反映了儒学"垂世立教"的理想，他以启发人的内在的善德为立足点，教诲人们通过学习重新找回先天具有的光明之德。耶稣会士们在解释时将"明德"的人性善转化为"理性"（rationalem naturam），将其的内在之善说成来自上天，努力将朱熹的哲学与西方的经院哲学加以融合。在翻译"至善"这个概念时，"传教士采用了经院哲学的术语 summum bonum，它经常被理解为一种超自然的目的。意思是说，行动者达到自己的目的之后，行动过程停止和消失了，投入了永恒不动的沉思（contemplatio）。因为经院哲学把'至善'跟永

---

[1] ［比］柏应理等著，罗莹、连杰等译《中国哲学家孔夫子·第二卷·大学·中庸》，大象出版社，2021年，第5—6页。

[2] 张居正在评讲中写道："这一章是孔子的经文，这一节是经文中的纲领。孔子说：'大人为学的道理有三件：一件在明明德。上明字，是用工夫去明他；明德，是人心虚灵不昧，以具众理而应万事的本体。但有生以后，为气禀所拘，物欲所蔽，则有时而昏，故必加学问之功，以充开气禀之拘，克去物欲之蔽，使心之本体，依旧光明，譬如镜子昏了，磨得还明一般，这才是有本之学，所以《大学》之道，在明明德。一件在亲民。亲字，当作新字，是鼓舞作兴的意思；民，是天下的人，天下之人，也都有这明德，但被习俗染坏了，我既自明其明德，又当推以及人，鼓舞作兴，使之革去旧染之污，亦有以明其明德。譬如衣裳污了，洗得重新一般，这才是有用之学，所以《大学》之道，在新民。一件在止于至善。止，是住到个处所不迁动的意思；至善，是事理当然之极；大人明己德、新民德，不可苟且便了，务使己德无一毫之不明，民德无一人之不新，到那极好的去处，方才住了。譬如赴家的一般，必要走到家里才住，这才是学之成处，所以《大学》之道，在止于至善。'这三件在《大学》如网之有纲，衣之有领，乃学者之要务，而有天下之责者，尤当究心也。"张居正《张居正讲评〈大学·中庸〉》，上海辞书出版社，2007年。

恒的'上帝'连接起来,所以'至善'被理解为一种超自然的止静状态"[1]。

总之,在《中国哲学家孔夫子》中耶稣会士们把一个有理性、有宗教感,但又不是宗教的,并且又与基督教思想相通的儒家哲学介绍到了欧洲,[2] 从而开启了中国哲学和欧洲哲学首次相遇与会通。[3] 同时,来华的耶稣会士还翻译了一系列的关注中国知识与文化的著作,从戏剧《赵氏孤儿》、小说《玉娇梨》到法医学著作《洗冤录》等,这些著作在欧洲出版后又先后被翻译成欧洲各种语言。[4]

同时,杜赫德所编写的《中华帝国全志》则展现了一个全方位的中国,从中国历史到中国的国家制度与管理、疆域、文官制度、与哲学、儒释道三教的内容与历史以及中国的伦理与社会生活。如果说《中国哲学家孔夫子》展现了中国的精神世界,那么,《中华帝国全志》则展现了遥远东方的一个神奇大国。"1735年在巴黎出版的耶稣会神甫杜赫德主编的《中华帝国全志》虽然在各类书目中所占篇幅不多,却被视为18世纪'精神生活'中的一个显著标志物而屡屡被人提及。"[5]

18世纪欧洲对中国的认识主要是通过来华耶稣会在欧洲出版的一系列著作。这些传教士为了使欧洲人支持他们的传教事业,的确对一些手稿做了修改和美化。这点学术界已经做了研究。[6] 但从总体来说,来华耶稣会士所介绍

---

[1] 梅谦立《〈孔夫子〉最初西文翻译的儒家经典》,《中山大学学报(社会科学版)》,2008年第2期。

[2] 通过翻译耶稣会士们在欧洲语言中创造了一个新的词汇"Confucius""孔夫子"这个概念和形象。这是耶稣会士们所理解的孔子。[美]詹启华著,徐思远译《制造儒家:中国传统与全球文明》,北京大学出版社,2019年。

[3] 关于对《中国哲学家孔夫子》一书研究的代表性著作是罗莹的《儒家概念早期西译初探:以〈中国哲学家孔夫子·中庸〉为中心》一书,外语教学与研究出版社,2014年。

[4] 参阅[法]考狄编《西人论中国书目》,中华书局,2017年;Joha Lust, *Western Books on China Published to 1850, in the Library of School of Oriental and African Studies,* Universitv of London Bamboo Publishing Ltd., 1987(《1850年前西方出版的关于中国的书》);张西平《20世纪中国古代文化经典在域外的传播与影响研究导论》(上、下),大象出版社,2018年。

[5] [法]蓝莉著,徐明龙译《清中国作证:杜赫德的〈中华帝国全志〉》,商务印书馆,2015年,第1页。关于《中华帝国全志》一书所包含的中国典籍翻译书目,参阅张西平《儒学西传欧洲研究导论:16—18世纪中学西传的轨迹与影响》,大象出版社,2018年。

[6] [法]维吉尔·毕诺尔著,耿昇译《中国对法国哲学思想形成的影响》,商务印书馆,2000年;[法]蓝莉著,许明龙译《请国作证:杜赫德的〈中华帝国全志〉》,商务印书馆,2015年。

的中国在细节上大多数是真实的,在书中也并非一味美化中国,中国的阴暗面在书中也可以读到。尽管他们的写作有护教的立场,但对中国的介绍总体上是真实的。

由此,一个东方大国的精神世界开始引起欧洲各国广泛的注意,整个欧洲在18世纪兴起"中国热",中国开始成为欧洲的榜样。[1]

二、启蒙思想家对儒家中国的接受与评价

18世纪是启蒙的世纪,这是德国哲学家康德给予它的定义。在1785年,当有人问他是否生活在一个开明的时代(an enlightened age)时,他回答说:"不,我们生活在一个启蒙的时代(an age of enlightenment)。"启蒙时代的根本性特征是"理性",以理性作为和中世纪宗教愚昧相对抗的武器;为了给科学开路,把人们的注意力转向自然,而不是内心的祈祷,斯宾诺莎(Baruch de Spinoza, 1632—1677)和托兰发明了"泛神论",将上帝和自然融合(pantheism),从而使科学家们对自然的关注获得了文化的支持。所有这些都引起了天主教占统治地位的信仰的危机,一个理性主义的时代到来。

以往的欧洲近代思想史都是从其文化的内部来说明和研究启蒙运动的,对以儒家为核心的中国文明曾推动启蒙运动重要的外部原因解释不够。

以《中国哲学家孔夫子》《中华帝国全志》为代表的关于中国文化的各类经典著作在欧洲的出版引起了轩然大波,这是欧洲人第一次看到东方的精神世界,知道了中国悠久的历史文化,中国哲学第一次较为全面地展现在欧洲人面前。在整整一个世纪里,这些传教士早期的汉学著作一直吸引着欧洲的知识分子。中国文化成为欧洲18世纪的榜样,中国热在欧洲各国渐渐流行起来,"整个18世纪对中国物件的爱好,形成了英法装饰的特征,同时影响了

---

[1] Rochester, *Discovering China: European Interpretating of China in the Enlightenment,* Rochester Universitu, 1992.

洛可可式的风格，……中国丝绸成为上流社会标示身份的记号。中国庭院广布于全西欧，中国人的鞭炮灼伤了欧洲人的大拇指"[1]。

这并不仅仅是在这些书中给他们提供了一种异国情调，同时"还提供了一种形象和思想库。欧洲发现了它不再是世界中心，……如同其他游记一样，广泛地推动了旧制度的崩溃，在西方那已处于危机的思想中发展了相对的意义"[2]。中国思想开始被接受、被传播，开始进到欧洲思想文化的变革之中，儒家中国成为当时欧洲社会变革的一个榜样。这一时期是"中西文化关系史上一段最令人陶醉的时期；这是中国和文艺复兴之后的欧洲高层知识界的第一次接触和对话"[3]。

启蒙思想家对孔子的思想和学说给予高度的评价。重农学派的创始人，西方经济学奠基人之一魁奈（François Quesnay, 1694—1774）被同时代人称作"欧洲的孔子"，可见他对孔子景仰的程度，他说："中国人把孔子看作是所有学者中最伟大的人物，是他们国家从其光辉的古代所流传下来的各种法律、道德和宗教的最伟大的革新者。"[4] 中国成为其理想的国度，"是世界上最美丽的国家，是已知的人口最稠密而又最繁荣的王国"[5]。他认为，孔子的著作"胜过希腊七圣之语"[6]。魁奈并非只是对孔子礼赞，他从中国的文献中吸收了重要的经济思想，使其创立了重农学派，这些思想是：1. 自然秩序学；2. 自由放任观念；重农理论；3. 土地单一税思想。中国经济史研究专家谈敏在其著作中写道："以确凿的事实和大量的资料，系统地论证法国重农学派经济学说从而西方经济学说的中国思想渊源，具体勾勒出重农学派在创造他们的理论体系时

---

[1] [美]威尔·杜兰特、阿里尔·杜兰特著，台湾幼狮文化译《伏尔泰时代》，天地出版社，2018年，第595页。

[2] [法]安田朴、谢和耐等著，耿昇译《明清间如何耶稣会士和中西文化交流史》，巴蜀书社，1993年，第17页。Cordier, Henri, *La Chine en France au dix-huitième siècle*: Paris, Henri Laurens, Editeurs, 1910.

[3] [荷]许理和著，辛岩译《十七—十八世纪耶稣会研究》，载任继愈主编《国际汉学》第4期，大象出版社，1999年。

[4] [法]魁奈著，谈敏译《中华帝国的专制制度》，商务印书馆，2018年，第44页。

[5] 同上，第46页。

[6] 同上，第64页。

从中国所获得的丰富滋养及其对后代经济学家的影响"[1]。

莱布尼茨（Gottfried Wilhelm Leibniz, 1646—1716)，无疑是欧洲对中国最感兴趣的人，他的这种兴趣并非停留在书斋里，而是直接参与了于来华传教士的联系，与意大利来华传教士闵明我（Phippe-Maeie Grimaldi, 1636—1712）在罗马见面，与白晋（Joachim Bouvet, 1656—1730）、洪若翰（Jean de Fontaney, 1643—1710）等法国来华传教士保持着紧密的通信。[2] 他对中欧文化的交流充满了理想，在《中国近事》一书中他写道："人类最伟大的文明与最高雅的文化在今天终于汇集在了我们大陆的两段，即欧洲和位于地球另一端——如同'东方欧洲'的'Tschina'[3]，也许天意注定如此安排，其目的就是当这两个文明程度最高和相隔最远的民族携起手来的时候，也许会把它们两者之间所有的民族都带入一种更为合乎理性的生活。"[4] 莱布尼茨的这些看法非常理想化，以后的历史已经无情地修正了他的想象。这是事实，但这不是关键。关键在于莱布尼茨所表现出来的精神和文化态度：尽最大可能去理解不同文化的价值，以理性为原则，平等、宽容地对待不同的文化。这种态度与19世纪是黑格尔的那种傲慢文化态度相比，真是天壤之别。莱布尼茨这种文化态度与精神至今仍是欧洲重要的文化遗产。

中国文化中对莱布尼茨产生最大影响的是《周易》，通过与白晋长达多年的通信，他了解了邵雍的伏羲八卦图所包含的逢二进一的思想，并最终将自己的二进制的学术论文题目改为《关于只用两个记号0和1的二进制算术的解释——和对它的用途以及它所给出的中国古代伏羲图的意义的评注》，二进制无疑是莱布尼茨的独立发明，《周易》本身并不能推出二进制的算法。"欧洲关于二进制的讨论一方面有着自己的传统，另一方面也受到东方演算知识

---

[1] 谈敏《法国重农学派学说的中国渊源》，上海人民出版社，1992年，第366页。
[2] Cook, J.and Henry Rosemont, *Leibniz: Writings on China* ;Chiago .Open Court, 1994.
[3] 这是"中国"两个字的读音。
[4] ［德］莱布尼茨著，梅谦立、杨保筠译《中国近事——为了照亮我们这个时代的历史》，大象出版社，2005年，第1页；［美］孟德卫著，张学智译《莱布尼茨和儒家》，江苏人民出版社，1998年。

的影响。"[1]

法国的启蒙思想家中对孔子的崇拜在伏尔泰（Voltaire, 1694—1778）那里表现得十分突出。他对中国传统伦理给予了很高的评价，在《哲学词典》中他曾写了一篇《中国教理问答》的文章。他假设孔子的弟子和鲁公子虢作为对话双方，这篇对话十分有趣，其中多次谈到中国伦理，他认为"慎以修身""和以养体"是中国伦理的重要原则，这种原则要求的"真正的品德是那些有益于社会的，像忠诚老实、宽宏大量、好善乐施、仁恕之道等等"。[2]

在伏尔泰眼中，中华民族的道德风尚是高于西方人的道德的，像热情、好客、谦虚这些美德都很值得赞扬，他通过孔子弟子之口说"我们孔子是多么大德至圣啊！种种德行给他设想得一无遗漏；人类幸福系于他的句句格言中；我想起一句来了，这就是格言第五十三'以直报怨，以德报德'"[3]。这就是启蒙思想家所倡导的宽容，在伏尔泰看来西方的民族能够用什么格言什么规则来反对这样纯清完美的道德呢？在欧洲"人与人相互为狼"的时候，儒家思想的伦理无疑是打动了他。同时，中国悠久的历史无疑是前所未闻。《风俗论》是伏尔泰的一部重要著作，在这部著作中，伏尔泰第一次把中华文明史纳入世界文化史，从而不仅打破了以欧洲历史代替世界史的史学观，也开创了人类文明史或者说世界文明史研究的先河。他说东方的民族早在西方民族形成之前就有了自己的历史，我们有什么理由不重视东方呢？"当你以哲学家身份去了解这个世界时，你首先把目光朝向东方，东方是一切艺术的摇篮，东方给了西方一切。"[4]正由于东方的历史早于西方的历史，所以伏尔泰在《风俗论》中的人类文明史研究首先是从东方开始的，从中国开始的。

孟德斯鸠（Montesquieu, 1689—1755）对中国政治体制提出了批评，但

---

[1] 张西平《莱布尼茨和白晋关于二进制与〈易经〉的讨论》，《中国哲学史》，2020年第6期；李文潮、[德] H. 波塞尔《莱布尼茨与中国：〈中国近事〉发表300周年国际学术研讨会论文集》，科学出版社，2002年；张西平主编《莱布尼茨思想中的中国因素》，大象出版社，2010年；孙小礼《莱布尼茨与中国文化》，首都师范大学出版社，2006年。

[2] [法]伏尔泰《哲学辞典》（上册），商务印书馆，1997年，第281页。

[3] 见《论语》卷七宪问第十四。

[4] [法]伏尔泰《风俗论》，商务印书馆，1996年，第201页。

对孔子和儒家学说的"以德治国"方针都给予了赞扬。孟德斯鸠认为中国人民生活在一种最完善、最实用的道德之下，这种道德是这个地区的任何一个国家所不拥有的。"他们要求人人相互尊重，人人时刻不忘自己受惠于他人甚多，无不在每个方面有赖于他人。为此，中国立法者制定了最广泛的礼仪规范。"[1]我们所熟知的格言：修身、齐家、治国、平天下是对《礼记》《大学》中"身修而后家齐，家齐而后国治，国治而后天下平"的概括，它用最凝练的语言阐明了个人的道德修养与治理国家的关系。这句格言不仅告诉人们，凡有志于担当大任者必须从完善个人的道德修养做起，同时也昭示人们，治家与治国所应遵循的道理其实是相通的。伏尔泰认为，这就是中国人，启蒙思想家们不但赞同"用道德治理国家"这种模式，而且认为应该在欧洲国家中加以推广，从而使各国的纷争得以平息。

以德治国，既然是中国政治的一大特点，那么，中国道德的核心内容究竟是什么？在这个问题上，法国思想家似乎没有达成共识，而是智者见智，仁者见仁。但是，他们也有共同之处，那就是，他们都认为，孔子的学说和教诲构成了中国人的道德核心。霍尔巴赫（Paul Heinrich Dietrich, 1723—1789）认为，中国历史上虽然多次改朝换代，孔子的思想却始终是中国人治理国家的基本原则。中国对启蒙时代思想的影响最终表现在，法国1793年宪法所附《人权和公民权宣言》以及法国1795年宪法所附《人权和公民的权利和义务宣言》都写入了孔子的名言"己所不欲，勿施于人"，分别定义为自由的道德界限和公民义务的原则。

在启蒙思想家那里，对中国的评价也并非完全一致，他们对儒家文化也并非铁板一块，既有"颂华派"，也有"贬华派"。例如，孟德斯鸠在《论法的精神》中将中国人说成是"世界上最狡猾的民族"，卢梭甚至说中国是"没有任何地方能够超越他们的罪恶，没有任何地方不熟悉他们的罪行"[2]。其实，

---

[1] ［法］孟德斯鸠著，徐明龙编译《孟德斯鸠论中国》，商务印书馆，2016年，第252页。
[2] ［法］贝阿特丽丝·迪迪耶（Béatrice DIDIER）、孟华著《交互的镜像：中国与法兰西》，上海远东出版社，2015年，第86页。

耶稣会的著作也并非都是对中国的颂歌，他们同样也介绍了中国的阴暗一面。但 18 世纪欧洲的主流舆论是将中国作为一个理想的国度来介绍的，以伏尔泰为代表的启蒙思想家对中国充满敬意。西方有个别学者认为欧洲 18 世纪的中国热只是一神话，这违背了基本的历史事实。[1] 这是 19 世纪西方强盛后提出来，他们站在欧洲中心主义立场认为 18 世纪欧洲对中国的美好印象完全是虚假的，是一个编造出来的神话。[2] 这是完全站不住的，至今在欧洲各国仍保留着不少的 18 世纪中国热时的建筑，在各国的皇宫中 18 世界中国热时所购买的瓷器还在，德国波茨坦的中国亭（Chinesisches Haus im Park Sanssouci）每年还吸引着不少游客。18 世纪启蒙运动思想家的书仍在，18 世纪中国热时的出版物仍放在图书馆，中华文化对 18 世纪欧洲思想的影响已经被学术界所认可。[3] 如法国著名已故汉学家谢和耐（Jacques Gernet, 1921—2018）所说："发现和认识中国，对于 18 世纪欧洲哲学的发展，起到了决定性的作用，而正是这种哲学，为法国大革命做了思想准备。"[4]

我们需要研究的是为何 18 世纪的启蒙思想家接受了中国，将中国文化作为他们思想的旗帜呢？

三、启蒙思想家接受中国文化的原因

欧洲 18 世纪启蒙运动是在理性的旗帜下逐步走出中世纪神学的思想解放

---

[1] 许明龙《欧洲 18 世纪 "中国热"》，山西教育出版社，1999 年。

[2] 法国学者艾田浦（Rene Etiemble）认为："对中国的排斥就是这样起作用的，这是欧洲殖民主义的序曲，谁有胆量去把一个曾给予世纪这么多东西的文明古国变成殖民地呢？那么，首先只有对它进行诋毁，然后由大炮来摧毁它。"［法］艾田浦著，许钧、钱林森译《中国之欧洲》（下卷），河南人民出版社，1993 年，第 387—388 页。

[3] 有的学者认为 "欧洲启蒙运动与中国文化何干？" 这样的疑问不需要从理论上回答，只要了解了当时在华传教士对中国典籍的翻译，查阅一下启蒙运动中关于中国的书籍就可以得出结论。当然，从思想本身认为莱布尼茨笔下的儒家只是其单子论的表达，和中国文化无关，这样的分析并非完全没有道理。但当莱布尼茨、伏尔泰用中国思想来表达自己的时候，不是正说明了中国和文化和启蒙思想家存在着这样和那样的关系了吗？怎能说启蒙运动和中国文化所无关呢？

[4] 谢和耐《关于 17、18 世纪中国与欧洲的接触》，载《亚洲学报》（Gernl, Jacques:A Propos des contacts entre la Chine et l'Europe aux XVIIe et XVIIIe siècles; Acta Asiatica）东京，1972 年，第 79 页。

运动，为何启蒙思想家们以遥远的东方作为自己的理想，以儒家思想作为自己战斗的武器和思想的旗帜呢？自五四以来中国思想界认为儒家思想是落后的封建思想，它怎么能和代表进步，代表着自由、平等、博爱的启蒙运动思想联系在一起呢？对此，我们可以从社会经济发展、国家治理体制和哲学思想价值这三个方面来回答这个问题。

第一，中国当时的社会富裕程度要比欧洲要高。

来华的耶稣会士们、传教士们是抱着"中国归主"来到中国的，他们勤奋学习汉语，认真阅读中国的文化典籍。在他们了解了中国的历史，熟悉了中国的实际生活后，在实际的社会活动中他们感受到当时中国社会、经济的安宁与富足。法国传教士马若瑟（Joseph de Premare, 1666—1736）曾记下了他对珠江三角洲的观感："珠江两岸一望无际的水稻田绿的像美丽的大草原。无数纵横交错的小水渠把水田分成一块块的。只看到远处大小船只穿梭来往，却不见船下的河水，仿佛它们在草坪上行驶的。更远处的小山丘上树木郁郁葱葱，山谷被整治得犹如杜伊勒利宫（Tuileries）花园的花坛。大小村庄星罗棋布，一股田园清新的气息。千姿百态的景物令人百看不厌，流连忘返。"[1] 从这里可以感受到传教士来到中国的感受，尽管他们也报道了中国贫穷的一面，但总的来说，传教士们认为中国一个高度富裕的帝国，这点在多数传教士的著作中都有介绍和描写，从历史学来看，这些报道是真实的。看到传教士所报道的中国的各类数字和情况，启蒙思想家看到一个国土比欧洲还要广阔，人口如此众多，经济如此繁荣的帝国，他们认为："不论在哪一个时代，都没有人能够否认这是世界上最美丽的国家，是已知的人口最稠密而又最繁荣的王国。"[2]

不少人认为来华耶稣会士对中国的介绍是为了他们的教会利益，为了获得欧洲对其传教的支持，美化了中国。当时中国的社会经济发展并非那样好。

---

[1] ［法］杜赫德编，郑德弟等译《耶稣会士中国书简集》（上），大象出版社，2005年，第138—139页。
[2] ［法］魁奈《中国帝国专制制度》，商务印书馆，2018年，第46页。

但近年来的世界经济史研究证明来华耶稣会士们说的大体是符合事实的。

从世界经济角度来说，德国经济史专家贡德·弗兰克（Andre Gunder Frank）在其《白银资本：重视经济全球化中的东方》一书中认为直到18世纪末，亚洲是世界经济的中心，而不是欧洲。因为当时欧洲人渴望获得中国的手工业品和加工后的农业产品，丝绸、瓷器和茶叶，但没有任何可以向中国出售的产品。而明代确立了银的货币制度后，对白银有一种无限的渴求。而此时西班牙人在墨西哥等地发现了白银。于是，他们就用从美洲采来的白银来换取中国的产品。同时，由于中国的白银价格要比欧洲高得多。"从1592年到17世纪初，在广州用黄金兑换白银的比价是1∶5.5到1∶7，而西班牙的兑换价是1∶12.5到1∶14，由此表明，中国的银价是西班牙的两倍。"[1] 无论从需求还是从套利的角度，白银围绕着中国经济发展在旋转，白银流入欧洲后又造成了欧洲市场的价格革命，推动了欧洲的经济发展，这样当时中国成为世界经济的主车轮，而欧洲不过买了一个三等票，坐上了中国和亚洲发展的快车。[2]

另外，弗兰克还从人口、贸易等几个方面来说明中国当时的富裕程度远远超过欧洲。只是近代以后西方强大了，他们的历史学家不再讲这段历史，而是拿出一套欧洲中心主义的理论。弗兰克说："所谓的欧洲在现代世界体系中的霸权是很晚的时候才发展起来的，而且很不彻底，从来没有达到独霸天下的程度。实际上，在1400—1800这一时期，虽然有些时候被人说成是'欧洲扩张'和'原始积累'并最终导致成熟的资本主义的时期，但是世界经济主要是笼罩在亚洲的影响之下。中国的明清帝国，土耳其的奥斯曼帝国，印度的莫卧儿帝国和波斯的萨非帝国无论在经济上还是在政治上都极其强大……"[3]

相对照而言，欧洲当时在技术上并没有特别的发明，如库恩所说，认为

---

[1] ［德］贡德·弗兰克著，刘北成译《白银资本：重视经济全球化中的东方》，中央编译出版社，2008年，第182页。

[2] 同上，第26、69、240—251页。

[3] 同上，第231页。

17—19世纪的工业革命是科学技术引起的纯粹是一个神话。也不存在一个欧洲的制度更先进，开始向外输出这样的历史事实。[1]

可以这样说，当时的中国社会生活的富裕程度并不比欧洲差，甚至在不少方面要强于欧洲。法国汉学家谢和耐认为："雍正朝（1723—1735）和乾隆朝（1736—1765）的中国农民较之路易十五朝的法国农民，普遍而言，吃得更好，生活更为舒适。"[2] 在以往的中西文化交流史研究中，大都认为来华耶稣会士对中国的介绍过于美化，他们对中国的赞誉只是为了获得欧洲对于他们传教的支持。这样的看法有其合理性，但不全面。来华的耶稣会士们的确是希望通过介绍中国的富裕而说明缺乏"牧羊人"，从而唤起欧洲对传教事业的支持。但中国社会生活的富裕是个事实。同时，也应看到来到中国的耶稣会士的确被中国富裕的生活所打动。利玛窦所说的"这片幅员辽阔的土地，不仅像我们欧洲那样由西到东方，而且由南到北也是一样，都物产丰富，没有国家能与之相匹敌"[3]，这是一个事实的判断。中国历史之悠久，国土之辽阔，社会之富庶超过欧洲，从而引起他们对中国的关注，开始将中国作为一个榜样的想法油然而生。[4]

第二，中国国家治理的中央集权制优于欧洲的贵族制。

当时的欧洲是贵族和教会统治的天下，从法国来说，贵族拥有了全国土地的四分之一，在自己的封地内，这些贵族"或者借着农奴制度，或出租部分土地给佃农而主持土地的划分与耕耘，他们也制定法律和命令并承担审问、

---

[1] ［德］贡德·弗兰克著，刘北成译《白银资本：重视经济全球化中的东方》，中央编译出版社，2008年，第285页。

[2] 转引自［美］王国斌著，李伯重、边玲玲译《转变的中国：历史变迁与欧洲经验的局限》，江苏人民出版社，2018年，第25页。（以下简写为《转变的中国》）。

[3] ［意］利玛窦著，文铮译《耶稣会与天主教传入中国史》，商务印书馆，2014年，第9页。

[4] 只是长期以来的欧洲中心主义者扭曲了这段历史，如林恩·怀特认为："在1500年左右崛起成为全球霸主的欧洲，其工业能力和技术远比它所挑战的亚洲的任何文明国家强大——更不用说非洲或者美洲。"［意］卡洛·M.奇波拉著，苏世军译《工业革命前的欧洲社会与经济》，社会科学文献出版社，2020年，第295页。这种意见已经渐渐被学术界所抛弃，由1498年哥伦布的航海引起的地理大发现，是欧洲真正超过亚洲的原因，欧洲人用刀和火耕种了这个世界，获得了财富，而后才有技术的发明引起的工业革命。在1500—1800年这300年间，世界经济的主车轮是亚洲，而不是欧洲。

判决与惩处之责，他们也设置学校、医院与慈善机构"[1]。而当时教会则拥有6%到20%的全国土地，以及国家大约三分之一的财富。国王存在，但国家在管理上是软弱的。18世纪末，"德意志境内几乎没有一处彻底废除了农奴制度，同中世纪一样，大部分地方的人民仍牢牢地被束缚在领地上。1788年，在德意志大多数邦国，农民不得离开领主庄园，如若离开，得到处追捕，并以武力押回。在领地上，农民受主日法庭约制，私生活受其监督，倘若纵酒偷懒，便受处罚"[2]。

但在耶稣会著作中，中国的皇帝拥有极大的权力，国家的管理体系采取的是郡县制，而不是贵族分封制。"普天之下莫非王土，率土之滨莫非王臣。"尽管皇帝拥有极大的权力，但权力运作原则是理性和有序的，因为政府内的一切事物都要以奏折的形式禀呈给皇帝，官员要在其中禀明所要做的事情，而皇帝所要做的只是批准或否定这些官员的建议，在事先没有相关官员建议的情况下，皇帝几乎从不擅自主张。利玛窦感叹地说，虽然中国是君主制，但实际上这"更像共和制制度"[3]。实际上当时中国的国家管理能力远在欧洲各个国家之上，19世纪以前欧洲没有任何一个国家有人口统计，而中国这项制度从2000年前就已经确定，到18世纪时已经普及全国，而此时欧洲的人口统计是由教会来完成的。[4]

伏尔泰与当时大多数启蒙思想家一样，主张君主制，因为欧洲当时处在中世纪的后期，按照伏尔泰的说法国家处在"分崩离析、力量薄弱、濒临解体"的状态。[5] 有一个强权的皇帝"也是当时唯一能与教会相抗衡的力量"[6]。中国中央政府的强大同欧洲的分散的贵族、领地的特权体制相比形成明显差

---

[1]［美］威尔·杜兰特、阿里尔·杜兰特著，台湾幼狮文化译《伏尔泰时代》，天地出版社，2018年，第297页。
[2]［法］托克维尔著《旧制度与大革命》，商务印书馆，2013年，第65页。主日（dies dominicus）即星期日。主日法庭（Jsttice dominicale）即星期日法庭。
[3]［意］利玛窦著，文铮译《耶稣会与天主教进入中国史》，商务印书馆，2014年，第33—34页。
[4]［美］王国斌著，李伯重、边玲玲译《转变的中国》，江苏人民出版社，2018年，第244页。
[5]［法］伏尔泰著，梁守锵译《风俗论》（下），商务印书馆，1995年，第174页。
[6] 孟华《伏尔泰与孔子》，新华出版社，1993年，第140页。

别，而且这种君主制并非完全的独裁，而是一个受到官僚体系的制约君主制。乃至魁奈说"世界上恐怕没有别的国家能像在中国那样更自由地对君主实行劝谏"[1]。托克维尔在谈到法国大革命时曾说，大革命就是"在各自领域努力摧毁豁免权，废除特权，他们融合不同等级，使不同社会地位趋于平等，用官吏取代贵族，用统一的规章制取代地方特权，用统一的政府代替五花八门的权力机构"[2]。在这个意义上，显然这是18世纪启蒙思想家学习中国管理体制的一个自然原因。[3]

当时，欧洲的国家治理中还有一个恶习，即卖官鬻爵制度。当时法国为了找到财源，"或是靠出卖特许证赚钱，或是靠设置个中国新官职赚钱，国家强迫各集团购买新官职"[4]。来华的耶稣会在中国却看到完全不同于欧洲的另一种官员选拔制度——科举制，即文官考试制度，这样的管理和选拔人才的方法在欧洲是没有的，利玛窦详尽地解释了中国的科举制度，并说："那些执掌国家大权的人都是通过科举考试，从举人和进士一步一步晋升上来的……他们做官不靠任何人的恩惠与情面，不要说官员，就连皇帝讲情也无济于事。完全凭考试成绩以及在以前任职期间所显示的智慧、德行与才干。"[5]利玛窦感叹地说："这是区别于世界任何一个国家的形式。"[6]几乎所有来华耶稣会的汉学著作都介绍了中国的科举制度，对中国的这种通过考试来选拔国家管理人

---

[1] [法]魁奈《中华帝国的专制制度》，商务印书馆，2018年，第86页。
[2] [法]托克维尔著《旧制度与大革命》，商务印书馆，2013年，第49页。
[3] 孟德斯鸠是"贬华派"的代表，他从自己的气候与地理环境决定社会制度的理论出发，认为有三种类型的国家制度：依仗美德的共和政体，依仗荣宠的君主政体，依仗畏惧的专制政体。他认为"中国是一个以畏惧为原则的专制国家"，但由于中国的宗教、习俗、道德、法律是融合在一起的国家，价值中国的气候和地理特点，孟德斯鸠在判断时也相当困难，也不很一致。他又说："由于某些特殊的或许是独一无二的情况，中国的整体没有达到它所应该达到的腐败程度。大多基于气候的物质原因抑制了这个国家的道德原因，进而演绎除了种种奇迹。暴政归暴政，气候将使中国的人口越来越多，并最终战胜暴政。"[法]孟德斯鸠著，徐明龙译《论法的精神》（上册），商务印书馆，2019年，第151—152页。
[4] [法]托克维尔著《旧制度与大革命》，商务印书馆，2013年，第145页。
[5] [意]利玛窦著，文铮译《耶稣会与天主教计入中国史》，商务印书馆，2014年，第32页。
[6] 同上，第20页。

才的办法给予了高度的赞扬。[1]

当时的欧洲情况是完全不同的。当时，欧洲拥有土地的贵族同时拥有政治地位，在贵族的领地中实行的是世袭制，而在国家层面则是买官鬻爵制。在当时的欧洲政府管理部门根本没有考试制度，在大学也没有正式的考试制度。由此，魁奈对中国的科举制度给予很高的评价。他认为，欧洲当时的社会管理制度和中国的这种考试制度是完全无法比拟的。在当时除了中国外，都忽视这个体制的重要性，而这个制度是政府的基础。这种文官考试制度说明当时在社会治理上中国是成熟的，优于当时欧洲的社会管理制度的。

中国的这种官员考试选拔的制度不仅对法国，而且对整个欧洲都产生了影响。欧洲最早的大学考试可以追溯到1219年，而当时的考试只是口头面试，书面考试到1702年才有，学校的考试制度的确立在18、19世纪才得到发展。法国学者布伦蒂埃认为法国通过竞争性考试来补充文职官员的制度起源于中国的科举制度。而英国"1855年5月21日颁布的枢密院敕令，反映出英国刚着手制定的考试制度于中国古老的科举制原则之间有着惊人的相似之处"[2]。邓嗣禹先生详尽考察了中国的考试制度在西方传播接受的过程，用历史证明这个制度对欧洲社会管理制度的影响。[3]

科举制度构成了中国官僚体系的基础，而国家管理是由一帮文人来管理的，在来华的耶稣会士看来儒家并非宗教，而是道德哲学，这样中国实际是被这些儒学文人所具体运转，也就是说，是"哲学家"在管理着这个国家。利玛窦在其《耶稣会与天主教进入中国史》一书中对儒家的性质做了判断，他说：

---

[1] Teng Ssu-yu, *Chinese influence on the Western examination systen*; Havard Journal of Asiatic Studies, 7(1943)267-312；中文翻译，参阅《中外关系史译丛》第4辑，上海译文出版社，1988年，第200—232页。

[2]［美］邓嗣禹《中国科举制在西方的影响》,《中外关系史译丛》第4辑，上海译文出版社，1988年，第227页。

[3] 邓嗣禹《中国考试制度史》，吉林出版集团，2011年。

代序：论儒家文化的世界意义

> 中国最大的哲学家莫过于孔子，他生于公元前551年，享年70余岁，一生授人以言行与文辞，人们都把他视为世间至圣至贤的人，旷古未有，因此非常受人尊敬。说实话，他所立之言与他合乎自然的生活方式绝不逊色于我们的先贤古拉，甚至还超过了我们很多古人。故此，没有一个读书人不把他的言行和著作视为金科玉律。直至今日，所有的帝王依然尊崇孔子并感激他留给后人的治世学说。在以往约几个世纪里，他的后代子孙一直受人尊重，帝王赐予其族长高官厚禄和世袭的爵位。除此之外，在每个城市和学官里都有一座规模宏大的孔庙，庙内立有孔子塑像和牌位，以供读书人依古法举行祭孔仪式。……但他们并不把孔子视为神祇，也不向他乞求什么，所以祭不能被视为真正的祭祀活动。[1]

中国这种文人治国的体制与当时教会占据国家治理中心的体制形成鲜明的对比。启蒙运动的核心就是用理性取代宗教信仰，打破教会对社会的统治权是其在政治上的核心目标。"18世纪哲学家的另一部分信条是与教会为敌；他们攻击教士、教会等级、教会机构、教义，而且为了更彻底地推翻教会，他们还想将教会的基础连根拔掉。……基督教之所以激起这样强烈的仇恨，并非因为它是一种宗教教义，而是因为它是一种政治制度；并非因为教士们自命要治理来的事务，而是因为他们是尘世的地主、领主、什一税征收者、行政官吏；并非因为教会不能在行将建立的新社会占有位置，而是因为正被

---

[1] ［意］利玛窦著，文铮译，梅欧金校《耶稣会与天主教进入中国史》，商务印书馆，2014年，第22页。此译本是利玛窦原本，未经柏应理修改。［意］利玛窦著，何高济等译《利玛窦中国札记》，［意］利玛窦著，文铮译，梅欧金校《利玛窦书信集》，商务印书馆，2018年。关于利玛窦的研究参阅沈定平《明清之际中西文化交流史》，商务印书馆，2012年；宋黎明《神父的新衣：利玛窦在中国1582—1610》，南京大学出版社，2011年；夏伯嘉《利玛窦：紫禁城里的耶稣会士》，复旦大学出版社，2012年；韩琦《通天之学：耶稣会士和天文学在中国的传播》，生活·读书·新知三联书店，2018年。关于利玛窦在中国社会的影响，参阅汤开建《利玛窦明清中文文献资料汇释》，上海古籍出版社，2017年。利玛窦明确地说他翻译了"四书"，并寄回了欧洲，但手稿至今没有下落。德礼贤神父（Pasquale D'Elia）的《利玛窦全集》（Fonti Ricciane）第一册第330页和第二册第33页都提到利玛窦翻译了"四书"。或者他对"四书"的翻译作为来华耶稣会士的汉语学习教材在使用。参阅［美］孟德卫著，陈怡译《奇异的国度：耶稣会适应政策及汉学的起源》，大象出版社，2010年。

粉碎的旧社会中，它占据了最享有特权、最有势力的地位。"[1]

教会不仅享有巨大的世俗权力，而且在精神世界也占有统治地位，教会垄断着拯救人类的唯一途径，教会占据着到达彼岸唯一道路的，教会控制着几乎所有的教育机构，他们审查着人们的精神生活。自然，教会成为启蒙思想家所倡导的人类走向理性和幸福生活的最大障碍。正因为此，伏尔泰在《讥讽基督》(Christmoque) 上签名时发出了著名的呼吁："消灭无耻。"[2]

以上两点从社会经济发展与国家管理的角度说明当时的中国无论是社会富裕程度还是社会管理制度都要优于欧洲，而且中国是一个和欧洲面积几乎一样大、人口超过2亿的大国。当时法国不到800万人，苏格兰和威尔士不到700万人。伏尔泰说："这就是中国人超过了大地上的所有民族，无论是他们的法律、风俗，还是他们种种儒生所讲的语言自今4000年以来都未曾变化。"[3] 在这样的大国，依靠着通过学习儒家著作，依靠公开竞争科举制度，选拔上来的文职官员，同时依靠一整套的法律制度，维持着皇权的专制制度。这就是启蒙运动的思想家们所希望追求的开明君主制。[4]

第三，儒家思想为启蒙思想家解构启示神学提供了思想武器。

一个富饶的东方大国为启蒙思想家提供了一个想象的乌托邦，一个现实的国家管理制度给启蒙思想家提供了一个可效仿的、理想的君主制度。那么，从中国所发现的历史观和哲学思想则是打动他们的内在原因。

比如，中国历史纪年直接冲击了《圣经》的历史纪年。

欧洲关于中国上古史纪年的争论是由于来华耶稣会和在中国的托钵修会

---

[1]〔法〕托克维尔《旧制度与大革命》，商务印书馆，2013年，第47页。
[2]〔法〕让·皮埃尔·里乌、〔法〕让·弗朗索瓦·西里内利著，李棣华、朱静、许光华译《法国文化史3：启蒙与自由——十八世纪和十九世纪》，华东师范大学出版社，2012年，第49页。
[3]〔法〕安田朴、谢和耐等著，耿昇译《明清间入华耶稣会士和中西文化交流史》，巴蜀书社，1993年，第19页。
[4] 中国和欧洲的明显差别是"欧洲在政治组织方式上杂乱无章，众多的效型政治单位（包括城邦、主教领地、公国和王国）并存。而在此时的中国却是一个幅员广大的帝国，基本不存在欧洲式的贵族、宗教机构和政治传统"。〔美〕王国斌著，李伯重、边玲玲译《转变的中国》，江苏人民出版社，2018年，第77页。

关于中国礼仪的争论所引起的。来华耶稣会士在欧洲出版的著作，例如卫匡国的《中国上古史》，柏应理在《中国哲学家》一书所附的中国历史年表等，向欧洲展示了一个完全不同于《圣经》神学史观的东方民族历史。这些对启蒙思想家产生了重大的影响。[1]

我们以伏尔泰为例来说明中国历史观对他的影响。当时的西方社会以基督教历史纪年作为整个人类史纪年，以《圣经》历史作为整个世界史。这种历史观是中世基督教神学观的必然产物。最引起欧洲震动的是来华耶稣会士对中国历史和文化的报道。无论是卫匡国，还是柏应理所提供的中国历史年表，都是欧洲人无法想象的。因为按照中国历史的纪年，早在《圣经》所记载的大洪水时期以前，中国的历史就已经存在了。按照《圣经》的说法，亚当诞生于公元前4004年，而大洪水期在公元前2349年，按照《旧约》的解释，全世界都应是诺亚的后代，他的一家是在大洪水时唯一幸存的。但是中国的历史纪年伏羲在公元前2952年就已经存在了。

如果中国的历史纪年是真的，那么欧洲的基督教历史纪年就有问题，这是一个非常大的政治、宗教问题。

伏尔泰认为中国人的历史是最确实可靠的，"因为，中国人把天上的历史同地上的历史结合起来了。在所有民族中，只有他们始终以日蚀月蚀、行星会合来标志年代。……其他民族虚构寓意神话，而中国人则手中拿着毛笔和测天仪撰写他们的历史，其朴实无华，在亚洲其他地方尚无先例"[2]。伏尔泰的这个结论是有根据的。

因为他读到了来华耶稣会士宋君荣（Antoine Gaubil, 1689—1759）的书。宋君荣是法国来华耶稣会士，他根据中国先秦古籍对日食、月食等天文现象的记载，在巴黎出版了《中国天文学史》一书。伏尔泰在《风俗论》中提到

---

[1] 参阅吴莉苇《当诺亚方舟遭遇伏羲神农：启蒙时代欧洲的中国上古史论争》，中国人民大学出版社，2005年。这本书无论是在史料上还是在思想性上都是十分杰出的，是中国学术界关于这一问题研究的代表性成果。

[2] [法]伏尔泰《哲学辞典》（上册），商务印书馆，1997年，第74页。

宋君荣核对孔子书中记载的 36 次日蚀，显然他是在读到了宋君荣的书后得出的结论。"中国的历史，就其总的方面来说是无可争议的，是唯一建立在天象观察的基础之上的。根据最确凿的年表，远在公元前 2155 年，中国就已有观测日蚀的记载。"[1]

伏尔泰还提到中国上古史上的伏羲氏、尧，他说尧在位约 80 年，"帝尧亲自改革天文学，……力求使民智开通，民生安乐"，"他说在尧之前还有 6 个帝王，其中第一个就是伏羲氏"，"他于公元前 2500 多年，即巴比伦已有一系列天文观测时在位；从此中国人服从于一个君主。中国境内有 15 个王国，均处于一个统治之下……"[2]

由于伏尔泰所依据的史料是耶稣会士的著作，我们从中看到的是他开阔的学术眼光和对异族文化的平等精神。正如他说的："总之，不该由我们这些远处西方一隅的人来对这样一个在我们还是野蛮人时便对已完全开化的民族的古典文献表示怀疑。"[3]

显然，中国的历史纪年对《圣经》历史观是一个严峻的挑战，中国历史纪年问题成为当时欧洲的一个极敏感的政治、宗教问题。[4]

来华的耶稣会士同样被这一问题困扰。但他们企图扼守着《圣经》的历史观，为了做到既符合《圣经》的历史观，又坚持利玛窦的传教路线，承认中国文化和历史，以便在中国扎下根。他们开始从西方文献中找解决的办法，他们发现了希腊本的《圣经》是公元前 2957 年，比拉丁本的《圣经》公元前 2349 年早了 500 多年，希腊本的《圣经》的历史纪年大体能和中国的历史纪年相融。中国历史上也有大洪水时期的记载，如大禹时期，这样可以把中国人看作诺亚的后代。

---

[1]［法］伏尔泰《风俗论》，商务印书馆，1996 年，第 207 页。
[2] 同上，第 208 页。
[3] 同上，第 209 页。
[4] 其实，不仅仅是伏尔泰，对中国文化多有批评的孟德斯鸠在关于世界历史是否只有 6000 年左右的寿限的讨论中，他直接运用中国的材料来嘲讽基督教的世界只有 6000 年的说法，参阅［法］安田朴:《中国之欧洲》(下)，河南人民出版社，1994 年，第 222—223 页。

但这样做也是前后矛盾的，因在中国的大禹时期，约在公元前 2357 年，这个和拉丁本《圣经》中记载的洪水期公元前 2349 年大体接近，而如果采用希腊本《圣经》的历史，人类的洪水期发生在公元前 2579 年，这点无法和中国历史相协调。

用希腊本《圣经》的历史纪年可以和中国历史上的伏羲纪年相一致，但与中国的洪水期不一致；反之，用拉丁本的《圣经》的历史纪年可以和中国大禹时期相一致，但又无法说明伏羲为何早 500 多年而存在。

来华耶稣会士的这种理论矛盾在卫匡国的《中国上古史》、曾德昭的《中华大帝国史》《中国哲学家孔夫子》等一系列人的关于中国历史的著作中都存在。

伏尔泰明确指出虽然中国历史的纪年不同于《圣经》历史的纪年，虽然中国历史在《圣经》上所说的大洪水时期以前已经存在，但中国的历史是可靠的。他说："中国这个民族，以它真实可靠的历史，以它所经历的、根据推算相继出现过三十六次日蚀这样漫长的岁月，根源可以上溯到我们通常认为发生过普世洪水的时代以前。"[1]

并不能以西方宗教的历史观来度量、纠正东方民族的历史，他说："中国的读书人，除了崇拜信仰。他们尊崇正义公道。他们无法了解上帝授予亚伯拉罕和摩西的一系列律法，以及长期以来西欧和北欧民族闻所未闻的弥赛亚的完善的法典。"[2] 但中国人的历史是无可怀疑的，在西方人还处在野蛮的偶像崇拜之中时，中国这个古代的国家早已"培养良俗美德，制定法律"，成为礼仪之邦。

伏尔泰的结论是，西方所编写的否认中国上古史的书都是错误的。因为中国上古史证明了西方"整个一个民族说：你们撒了谎！"[3] 伏尔泰无疑是伟大的，他开启了将人类历史从神的历史回归到人类自身历史的进程，这个进程是欧洲启蒙运动以来的怀疑与批判精神的自然延续，在他身上得到了总体

---

[1] ［法］伏尔泰《路易十四时代》，商务印书馆，1997 年，第 597 年。
[2] 同上，第 593 页。
[3] ［法］伏尔泰《哲学辞典》（上册），商务印书馆，1997 年，第 321 页。

性的论述。[1]

所以，中国历史使启蒙思想家走出了欧洲长期信奉的《圣经》神学历史观。"用中国历史来攻击《圣经》中人类起源说和世界寿命说才真正返回威力。"[2]

识上帝。这样理性成其次，儒家的哲学观念与启蒙运动思想家主张的自然神学有着内在的联系。牛顿的《原理》一书在欧洲出版后，大自然的万有引力引起人们震惊。这样在神学上逐渐形成一种新的神学解释，这就是不同于启示神学的"自然神学"。自然神学对上帝的认识不再像启示神学那样完全依赖于宗教经验和神的启示，而是通过理性和经验来认识宗教信仰中的重要内容，而自然成为上帝的作品，对上帝这个作品的认识要通过理性来完成。马克思说："自然神论——至少对唯物主义者来说——不过是摆脱宗教的一种简便易行的方法罢了。"[3] 自然神论认为真正的启示是自然本身；真正的上帝是牛顿所显示的上帝；真正的道德是与自然谐和的理性生活。所以，当时在欧洲主张自然神学是要受到批判的，最典型就是哲学家斯宾诺莎的遭遇。他因为主张自然神学而被驱除处境，迁移到荷兰生活，靠磨眼镜片为生。[4]

儒家哲学传入欧洲给启蒙思想家一个可以用自然神学来解释世界的例子，因为在孔子那里没有人格神的存在，但同时又有宗教性关怀的特点，特别适合欧洲从启示神学向自然神学转型的思想潮流。伏尔泰谈到孔子时说："他不是先知，他不自称得到神的启示，他所得到的启示就是经常注意抑制情欲；他只

---

[1] 关于伏尔泰与中国的研究，在中国学术界有2本书，一本是孟华的《伏尔泰与孔子》（新华出版社，1993年），一本是陈宣良的《伏尔泰与中国文化》（首都师范大学出版社，2019年），尽管陈宣良的著作中也有不少启发人的论述，但总体上来说，完全无法和孟华的这部著作相比，他缺乏20世纪90年代以来中国学术界所开启的学术研究的基本写作方法，在知识上缺乏对欧洲史的基本了解和对中西文化交流史的基本了解。其思想仍停留在20世纪80年代的思想状态中，作者无法理解伏尔泰对儒家文化的态度。20世纪80年代是中国当代学术思想史的重要年代，一个中国文化的启蒙的时代，它对于十年"文革"的批判与反思至今仍有着重要的意义。但80年代并非仅仅有西学热，亦有庞朴先生、李泽厚先生、汤一介先生对中国文化复兴的研究，当今天中国走进世界舞台中心时，我们应对五四以来百年的西学接受史做反思，对中国文化在更长的时段，更广阔的视野中展开研究。孟华先生的著作给我们提供了一个广阔的研究视角，一种比较文化的研究视角，一种严谨的学术论证。

[2] 吴莉苇《当诺亚方舟遭遇伏羲神农：启蒙时代欧洲的中国上古史论争》，中国人民大学出版社，2005年，第568页。

[3] 《马克思恩格斯全集》第2卷，1957年，人民出版社，第165页。

[4] 洪汉鼎《斯宾诺莎哲学研究》，东方出版社，1997年。

是作为贤者立言，因此中国人只把他视为圣人。"[1]孔子的学说就是教导人们掌握理性，认识自然。而且儒家的天人合一思想，道法自然的倾向，这些思想自然引起启蒙思想家们的关注。特别是后来的宋明理学的核心"理"的概念，整个学说中的理性精神都得到欧洲启蒙思想家的青睐，引起他们思想的共鸣。

我们以莱布尼茨和他的弟子沃尔夫为例，来说明这一点。

莱布尼茨对自然神论持一种认可的态度，他对斯宾诺莎的思想是接受的。晚年他针对龙华民的《论中国人宗教的几个问题问题》写下了《论中国人的自然神学》长文。[2]龙华民在《论中国宗教若干问题》[3]中通过引用《性理大全》《易经》《尚书》《论语》《中庸》等中国典籍来证明中国哲学是无神论，宋明理学中所讲的"理"是物质性的。他的结论是孔子的学说"导致了人心的堕落，也抹杀了中国学者的智慧，将他们的智慧局限在可见可触的领域。……中国学者陷入了最严重的邪恶的无神论之中"[4]。莱布尼茨则认为，龙华民和利安当并未很好理解中国的经典，他们所引出的中国经典段落，"无论是古代的也好，后来的也好，我认为都不能为他们的指责作证，不管是对于人的灵魂的指责或是对上帝和天使的指责。这些指责都是从外面强加给经典的原文，它们甚至破坏了经典原文，把原文弄得荒唐不稽，矛盾百出，成为招摇撞骗的东西"[5]。莱布尼茨不同意把儒家写成是无神论，他从自己的自然神

---

[1] ［法］伏尔泰《风俗论》（上册），商务印书馆，1994年，第250—251页。

[2] 龙华民的原文葡萄牙文，写于1622—1624年间，嘉定会议之后被下令同其他所有文件一起焚毁。龙华民死后，其手稿被汪儒望（Jean Vialat）获得并转交给利安当，后者把它翻译成拉丁文。西班牙多明我会士闵明我（Dominick Fernandez Navarrete）1670年据拉丁文本翻译成西班牙文，并做大量评注，收入其撰写的《中国君主制的历史、政治、伦理和宗教概论》一书，1676年在马德里出版。1701年巴黎外方传教会的西塞主教据拉丁文本译成法文，与利安当的《论中国传教事业的几个重要问题》同时出版，莱布尼茨回应龙华民的文章写下《论中国人的自然神学》长文。李文潮先生和H.波塞尔教授将此文做了系统整理并将其编辑在莱布尼茨《中国自然神论》一书中 Wenchao Li、Hans PoserGottfried Wilhelm Leibniz: *Discours sur la Théologie Naturelle des Chinois*, Edited by Hans Poser and Wenchao Li (Frankfurt: Klostermann, 2002).

[3] 李文潮《龙华民及其〈论中国宗教的几个问题〉》，《国际汉学》，2014年，第25期；李天纲《龙华民对中国宗教本质的论述及其影响》，《学术月刊》，2017年，第5期。

[4] ［意］龙华民著，杨紫烟译《论中国人宗教的几个问题》（节选），《国际汉学》，2015年第2期，第156页。

[5] ［德］莱布尼茨著，庞景仁译《致德雷蒙的信：论中国哲学》（续二），《中国哲学史研究》，1982年第1期，第103页。此文就是莱布尼茨《论中国人自然神学》法文版的翻译。

论立场出发，认为在孔子哲学中找到这种自然神论的存在。[1]

首先，他认为孔子不是无神论，他是承认上帝存在的。他说：

> 中国某国君曾问孔子，在祀火神或较次一等的灶神之间，应作何种选择，孔子的答复是若人获罪于天，即上帝一则也只可向天求恕。[2]

这指的是《论语·八佾》中的一段话："王孙贾问曰：'与其媚于奥，宁媚灶。'何谓也？子曰：'不然，获罪于天，天所祷也。'"这段话反映了孔子的天道观，他认为天是不可得罪的。莱布尼茨从孔子这段话得出了孔子是信天的，天是独一无二的神。这是莱布尼茨对孔子思想的一个重要判断。这是给予他的自然神论所做出的。文化间的理解充满"变异"，这种基于自身又基于外来文化刺激的"变异性理解"往往成为文化发展的动力。他基本同意利玛窦对中国文化的看法，同意他的"合儒"政策，因为利玛窦这种"适应文化"的解释使基督教和中国儒家思想达到了某种契合和沟通。莱氏采取了同样的立场，尽量从两种文化的相同点入手，沟通中西两种文化。

莱布尼茨对孔子的鬼神观的分析，进一步体现出了他对孔子思想的深入把握，开始触及孔子思想的根本特点。[3]

如何看待中国文化中的泛神论，这是使西方来华传教士很头疼的问题。莱布尼茨不像龙华民那样批判这种泛神论，而是重新说明它，给予理解。在他看来，这不过是在众神的崇拜中表达了对最高神的崇拜。个别事物的妙用表达的是一种伟大而独有的本原的功能，而且四季之神灵、山川之神灵都是治天的"上帝"。

---

[1] Gottfried Wilhelm Leibniz, Der Brriefwechsel mit den Jesuiten in China (1689-1714), S106, Heraugegeben und einer Einleitung versehen von Rita Widmaier, Textherstellung und Ubersetzung von Malte-Lundolf Babin, Felix Meiner Verlag 2006.

[2] 秦家懿编译《德国哲学家论中国》，生活·读书·新知三联书店，1993年，第100页。庞景仁先生的译文分别于1981年7月、9月，1982年1月在《中国哲学史研究》第3期、第4期和1982年第1期上发表。秦家懿的译文1993年在其编辑的《德国哲学家论中国》一书中发表，两篇译文各有风格，中文略有不同。本文对两篇译文兼而用之。

[3] 孙小礼《莱布尼茨与中国文化》，首都师范大学出版社，2006年；詹向红、张成权《中国文化在德国：从莱布尼茨时代到布莱希特时代》，中国社会科学出版社，2016年。

从这个角度出发,他说明孔子为什么对泛神论是默许的态度,认为孔子这样做只是"认为我们在天之神灵中,四季、山川与其他生命的事物中只应崇拜至高的神灵,即是上帝、太极、理"[1]。

孔子本人是这样的态度,但一般民众很难从对鬼神的崇拜中解脱出来,这样,孔子对弟子们"不愿多谈此事",这就是子贡为什么说"夫子之文章,可得而闻也。夫子之言性与天道,不可得而闻也";为什么孔子在答子路时说"未知生,焉知死?"为什么会有"子不语怪、力、乱、神"。

龙华民不理解孔子这种态度,他认为孔子和中国的古人们一样是不信神的,"孔子的方法腐化了中国学者的心,并蒙蔽了他们,使他们只思考有形有体的事,并因而落入至恶入陷:无神论"。[2]

莱布尼茨不同意这种看法,他看出了孔子学说的宗教性特点。一方面他表现了一种宽容和理解,认为孔子这样做,是他觉得一般老百姓有这种泛神论是正常的,这样的事没有必要,也"不愿意让弟子们研讨";另一方面,莱布尼茨还是对孔子学说的性质做出了较为准确的判断,他的结论是:"孔子毫无否认鬼神与宗教的存在的意思,他只是不要弟子们过分争论这事,而叫他们只在对上帝与诸神的存在满足,并表示尊敬,又为取悦神们而作善。"[3]

莱布尼茨在孔子思想看到一个自然神学的东方版本,因为自然神学并不否认上帝,而是主张通过人的自然理性在自然中发现上帝。在信仰与理性的关系问题上主张以理性作为信仰的基础。孔子的这种思想和自然神学异曲同工。如法国汉学家谢和耐所说:"与笛卡尔一样,莱布尼茨亦认为,上帝创造了自然法则,在大多数情况下,上帝也不再干涉法则的运行。"[4]

所以,儒家思想对莱布尼茨的影响是很显然的,如李约瑟所说,从他的《论中国自然神论》译文可以看出"他长期都深受中国思想的启发,他由此而

---

[1] 秦家懿编译《德国哲学家论中国》,生活·读书·新知三联书店,1993年,第110页。
[2] 同上,第112页。
[3] 同上,第112页。
[4] 李文潮、[德]H.波塞尔编《莱布尼茨与中国——〈中国近事〉发表300周年国际学术讨论会论文集》,科学出版社,2002年,第179页。

得到的远远不只是单纯相信它（指朱熹理学）与基督教哲学相吻合而已"[1]。

沃尔夫则是从自然哲学角度来介绍孔子的学说的重要代表。沃尔夫（Christian Wolff）是莱布尼茨的学生，当时德国著名的哲学家，他对中国儒家哲学十分关注，不仅仅是阅读了柏应理所主编的《中国哲学家孔夫子》一书，还阅读了来华耶稣会士卫方济（François Noël, 1651—1729）以拉丁文翻译的《中华帝国经典》一书，卫方济这本书在对儒家著作的翻译上更为丰富，除翻译了《大学》《中庸》《论语》以外，还翻译了《孟子》《孝经》和朱熹的《小学》。沃尔夫当时做了一个非常有名的讲演——《中国人实践哲学演讲》，正是在这个讲演中，他对儒家的自然哲学给予了高度的评价，同时，也因为这个讲演，他丢掉了教席，受到了虔诚派神学家的攻击和批评。他在谈到孔子哲学时说：

> 中国人的伟大哲学家孔子，在他身上可以看到有系统知识性的自然倾向；因为他的观念中所包含的东西，不仅展示了他的深刻洞察力，而且它们相互之间也以极美妙的方式相互联结，从而如果一个人既具有系统知识性、又具有与孔子言行相对应的概念，那么他就能将孔子极为清楚，但还不够明确的观念中所包含的真理在一个有序系统中表达出来。……但对于孔子来说，这一系统知识性的自然倾向并不多余误用，否则孔子就不会得到关于道德和政治事务的独特观念，而且这些观念已构成了一个非常美妙、且与真理相合的系统。[2]

孔子哲学的这种自然倾向表现在"他没有关于上帝的明确观念，不知道

---

[1] 李约瑟《中国科学技术史》第2卷《科学思想史》，科学出版社、上海古籍出版社，1900年，第533页。赵林《莱布尼茨—沃尔夫体系与德国启蒙运动》，《同济大学学报（哲学社会科学版）》，2005年2月。文化之间的交流既有知识性的，也有理解性的，而任何理解性的交流尽管具有"变异性"，但它也是以知识的传播为基础的。莱布尼茨通过各种途径了解了儒家文化的基本内容，根据自己的文化加以理解。这就是实质性的接触。因为"变异性"理解，就完全否认文化之间有"实质性的交融"，是不符合文化交流的实际历史近程的。

[2] ［德］沃尔夫著，李鹏译《中国人实践哲学演讲》，华东师范大学出版社，2016年，第14页。

上帝是世界的创造者和领导者,因为他从来没有提到过这些,也从不借上帝的属性来获得行善的动机"[1]。但沃尔夫并不认为孔子哲学是无神论,因为,在孔子的哲学中根本就没有"Deus"这个上帝的概念,"也就根本无从谈起是不是否定 Deus 存在的无神论"[2]。他说,我们所讨论的古代中国人,"他们不知道创始者,没有自然宗教,更是很少知道哪些关于神圣真实的记载。所以,他们只能够使用脱离一切宗教的、纯粹的自然之力以促进德行之践行"[3]。

很显然,沃尔夫对孔子哲学的理解与莱布尼茨有着不同,在莱布尼茨那里自然神学是他区别于启示神学的根本之点,这样莱布尼茨认同孔子具有宗教感的自然倾向。而沃尔夫则主张以人的理性的建立,来完成宗教的诉求,同时他也反对无神论,因为无神论是人的道德的建立使无关的学说,尽管他的反对者将其看成无神论。有些学者认为"沃尔夫的道德学说虽然具有独立于启示宗教的自主性,但启示宗教却被设计成一种基于理性形而上学和实践哲学之上的公民宗教,也即一种可以将人引向自然德行教育的方式"[4]。

即便这是这样,我们应该承认沃尔夫所说的启示宗教是完全不同于中世纪的启示宗教的,尽管他使用了"启示宗教"这个概念。因为,启示宗教的核心在于所有基督教的教义来自上帝的启示,而自然神学则依赖于理性,仅仅凭借理性与经验来构建关于上帝的教义。所以,沃尔夫仍是自然神学的主张者,只是他比莱布尼茨更加强调孔子哲学中的自然性和道德性,但在强调理性的重要性上沃尔夫和莱布尼茨是一致的。因为,当时沃尔夫的反对者"虔诚主义"主要就是反对在宗教上强调理性和哲学思辨,他们认为宗教的核心是个人意志和虔诚。

应该说,沃尔夫在理解孔子哲学思想上是抓住了一个核心性问题:道德实践。《论语·颜渊》里仲弓问仁,孔子回答说"己所不欲,勿施于人"。《论

---

[1] [德]沃尔夫著,李鹃译《中国人实践哲学演讲》,华东师范大学出版社,2016 年,第 29 页。
[2] 同上,第 39 页。
[3] 同上,第 13 页。
[4] 同上,第 40 页。

语·雍也》记载孔子说"夫仁者,己欲立而立人,己欲达而达人"。从仁的积极方面考虑就是"己欲立而立人,己欲达而达人",这是尽己为人谓之忠。如果从内省来说就是"己所不欲,勿施于人",这是恕。孔子的道德可以称为"忠恕之道",在生活的实践中按照这样的原则去做就能实现仁。这就是沃尔夫所说的:"如果中国人为人的行为规定了什么,或者为德性与道德之践行确立了什么,那么只能因为他们认识到这些与人心之自然是相一致的。因此毫不奇怪,他们付出的努力都换来了成功。因为他们不做任何有悖自然之事。"[1]

无论是中国历史纪年的自然历史观还是孔子哲学中所体现出的自然理性的追求都成为启蒙思想家们解构中世纪启示神学的武器。[2]

通过以上三点分析我们看到儒家思想对启蒙运动时期的思想家们的确产生了重要的影响。中华文明成为欧洲文明发展的重要外在力量。[3]

如何看待中国文化对欧洲的影响呢?如何理解启蒙思想家从儒家思想中获得思想的武器?我们能从这段历史反身自问,重新思考中国文化的历史和当代价值吗?

四、重新理解中西文化关系与儒家文化的当代意义

通过以上的分析,我们需要对长期以来所形成的中西文化关系重新做界定,需要从世界文明史的角度重新探究儒家文化的当代意义。

第一,从长时段全球史的历史重新理解中西文化关系。现代工业社会产

---

[1] [德]沃尔夫著,李鹏译《中国人实践哲学演讲》,华东师范大学出版社,2016年,第12—13页。

[2] 关于中国文化在18世纪欧洲的影响中国学术界的研究与进展参阅:[德]利奇温著,朱杰勤译《十八世纪中国与欧洲文化的接触》,商务印书馆,1963年,1991年版;朱谦之《中国哲学对于欧洲的影响》,福建人民出版社,1983年;[法]安田朴著,耿昇译《中国文化西传欧洲史》,商务印书馆,2000年;[法]毕诺著,耿昇译《中国对法国哲学思想形成的影响》,商务印书馆,2000年;范存忠《中国文化在启蒙时代英国》,上海外语教育出版社,1991年;阎宗临《传教士与法国早期汉学》,大象出版社,2003年。

[3] 张西平、李颖《启蒙的先声:中国文化与启蒙运动》,北京大学出版社,2020年;张国刚、吴莉苇《启蒙时代欧洲的中国观:一个历史的巡礼与反思》,上海古籍出版社,2006年。

生于欧洲，为什么欧洲在 19 世纪领先于其他地区？西方兴起的原因何在？长期以来"欧洲中心主义"者认为这要归于希腊文明，那里蕴藏着欧洲领先世界的所有秘密，这要归功于基督教信仰，像马克斯·韦伯所说，没有基督新教就不会有资本主义的兴起。而欧洲以外的国家不具有这样的文化基因，例如中国的儒教与道教。因此，欧洲是进步的，亚洲是落后的，欧洲是民主的，亚洲是专制的。只有接受希腊文明、基督教文明，这些地区和国家才有希望。[1]

真实的历史是这样的吗？非也！让我们看看希腊文化与东方文化的关系。希腊是西方文化之根，这是欧洲中心主义者常说的话。但实际上，希腊文化的形成主要是受到埃及文化、亚述文化等东方文化的影响。希腊历史学之父希罗多德（Herodotus，约公元前 484—公元前 425）实际上是个波斯人，只不过后来定居在希腊而已。他认为，希腊的纪念仪式、习俗都是从埃及搬来的。希腊人是从埃及那里学会了"占卜术，并将他在埃及学到的许多东西几乎原封不动地带到了希腊……希腊几乎所有神的名字都来自埃及"[2]。为何希腊和埃及有如此紧密的关系呢？因为希腊曾经是埃及的殖民地。这些是有着历史学的根据的，在希腊悲剧中仍可找到大量的近东的古代语言的残存，如埃及语、古叙利亚语等。

从世界文明史的源头来说，希腊是排不上的。尽管雅斯贝尔斯（Karl Theodor Jaspers, 1883—1969）提出了"轴心时代"，实际上，在人类古代文明源头中没有希腊，它们是埃及文明、两河流域文明、印度文明和中华文明。近东的亚述、苏美尔文化即古代美索不达米亚的居民创造了世界上最早的辉

---

[1] 罗伯特·杜普莱西斯著，朱智强等译《早期欧洲现代资本主义的形成过程》，辽宁教育出版社，2001 年；朱孝远《近代欧洲的兴起》，学林出版社，1997 年。这些著作主要从欧洲内部研究欧洲的兴起。[美] 杰克·戈德斯通著，关永强译《为什么是欧洲：全球史视角下的西方崛起（1500—1800）》，浙江大学出版社，2010 年，作者站在欧洲中心主义立场说明欧洲的崛起，但相反的意见是，从 1400—1800 年，世界经济最发达的核心在亚洲，这就是中国和印度，欧洲正在追赶亚洲，参阅 [美] 罗伯特·B. 马克斯著，夏继果译《现代世界的起源——全球的、生态的述说》，商务印书馆，2006 年。

[2] [英] 贝尔纳：《黑色雅典娜：古典文明的亚非之根》，吉林出版集团公司，2011 年，第 84 页。

煌的文明。[1]希腊正是从东方的两河流域文明和埃及文明中学习到了文字、文学、艺术、宗教，当然也包括科学技术。西方一些严肃的学者完全承认这一点，他们认为所谓的西方文明，即欧美文明，与其说起源于克里特、希腊、罗马，不如说是起源于近东。因为事实上，雅利安人并没有创造什么文明，他们的文明来自巴比伦和埃及。希腊文明为世人所羡，但究其实际，其文明之绝大部分皆来自近东各城市，"近东才真正是西方文明的创造者"。为更清晰地表达东方文化和西方文化的关系，学者们明确地说："巴比伦与亚述文明是西方的祖先，东方是西方文化之根，这才是真实的历史。"[2]

意大利的文艺复兴最早是将由阿拉伯文翻译的希腊文献重新回译成意大利文，从中发挥出新的思想。文艺复兴是欧洲文化和阿拉伯文化的交流为起点的。[3]这说明了：在历史上巴格达曾处在全球经济的中心，它不仅接受了新的亚洲思想，并对其重新改造，然后传播到伊斯兰教的西班牙地区，由此传向欧洲。这一点，一些西方学者也是承认的。[4]

上面我们提到的欧洲启蒙运动与中国文化有着直接的关系。当来华的耶稣会士将中国经典陆续翻译成欧洲语言，在欧洲各国出版后，在欧洲逐步形成了18世纪的中国热。中国热表现出了中国古代文化对欧洲的影响。"这时中国在世界历史上的影响达到了巅峰。……中国在世界历史和世界地理上都引人注目，……世界历史上任何一个时期都没有像启蒙时期这样，使得中国的商业贸易相对而言如此重要，世界知识界对中国兴趣如此之大，中国形象在整个世界上如此有影响。"[5]在社会生活层面，当时的欧洲上流社会将喝中国茶、穿中国丝绸的衣服、坐中国轿、建中国庭院、讲中国的故事作为一种时

---

[1] 于殿利《巴比伦与亚述文明》，北京师范大学出版社，2013年，第3页。
[2] [美]J.J.克拉克著，于闽海、曾祥波译《东方启蒙：东西方思想的遭遇》，上海人民出版社，2011年。
[3] [英]约翰·霍布森著，孙建党译《西方文明的东方起源》，山东画报出版社，2009年，第157页。
[4] [英]杰克·古迪著，沈毅译《西方中的东方》，浙江大学出版社，2012年。
[5] [英]艾兹赫德著，姜智芹译《世界历史中的中国》，上海世纪出版集团，2009年，第275—276页。

髦的风尚。Chinoiserie，这个词的出现，反映了法国当时对中国的热情。[1]这"突出地反映了这样一个事实：在相当长的时期中，各个阶层的欧洲人普遍关心和喜爱中国，关心发生在中国的事，喜爱来自中国的事物"[2]。

对中国学者来说，首先要走出晚清后我们所确立的中西文化关系的认知。很长期间来中国学术界习惯于用晚清来比较中国和欧洲的关系。实际上中国近代的社会发展经历了两个阶段，第一个阶段是晚明到清中前期，即1500—1800年，第二阶段是1840—1911年。这两个阶段中国和欧洲的关系是完全不同。这里讨论的主要是第一个阶段。

葡萄牙人来到东方，初期曾经和明军有所交战，但均不是明军对手，他们根本无法将曾经在西非和东非沿岸的殖民政策运用到中国头上，这样只能采取和平的方法，以贸易和传教的方式才在东方立住了脚。当时，葡萄牙人是以晒海货的名义在澳门住了下来，西班牙人虽以殖民形式占领了菲律宾，但对中国仍不敢贸然行事，主要以贸易来往为主。双方还合作共同剿灭海盗林枫。葡萄牙人在中国收购丝织品瓷器等，然后带来东南亚的香料等，他们当时只是"从当亚洲内部贸易的运货人和中间人"[3]。中国的士大夫们对利玛窦所介绍的西学很好奇，尤其是欧洲科学知识，基督教就是在康熙年间站稳了脚跟。而欧洲的知识分子在读儒家的书，充满敬仰与好奇。因此，1500—1800年间中国和欧洲的关系是平等的关系，两大文明相遇，虽然不断有些争吵，到礼仪之争时达到高潮，但没有战争，没有杀戮，只有贸易与文化交

---

[1] 启蒙时代的欧洲思想演进首先是欧洲自身思想发展的结果，这些西方学者已经做了很好的研究，参阅［法］费尔南·布罗代尔著，顾良、施康强译《十五至十八世纪的物质文明、经济和资本主义》，商务印书馆，2017年；［德］E.卡西勒著，顾伟铭译《启蒙哲学》，山东人民出版社，1988年；［德］马克斯·霍克海默、西奥多·阿道尔诺著，渠敬东、曹卫东译《启蒙辩证法：哲学断片》，上海人民出版社，2006年；［英］以赛亚·柏林著，孙尚扬等译《启蒙的时代：十八世纪哲学家》，译林出版社，2012年；［美］彼得·盖伊著，刘北城译《启蒙时代：现代异教精神的兴起》，上海人民出版社，2015年。这些著作的分析与研究是相当深刻的，但西方的这些研究著作却将启蒙思想的演进仅仅局限在欧洲思想之内了，对东方、中国思想的参与与影响很少关注。

[2] 许明龙《欧洲18世纪中国热》，山西教育出版社，1999，第121页；严建强《18世纪中国文化在西欧的传播及其反应》，中国美术学院出版社，2002年。

[3] ［美］斯塔夫里阿诺斯著，吴象婴、梁赤民译《全球通史：1500年以后的世界》，上海社会科学院出版社，1999年，第77页。

流。这样的情况在整个人类的文明发展史上都是较为罕见的。这是中国和欧洲共同的文化遗产,对今天这个纷争的世界也有着极大的启发意义,说明在历史上中华文明和西方文明是可以和平相处,相互学习的。历史是我们最好的老师。

第一,要从全球史的长时段来重新理解中西文化之间的关系。有些学者把欧洲文化看成是一个"自我成圣"的历史,外来文化对欧洲的影响不足为道,欧洲之所以能在文化交流中发展,根本在于它有极强的自我调整与发展能力。这样的看法,无论是从世界经济史,还是这里所说的世界文化交流史来看都是站不住脚的。

百年以西为师,我们的确从西方文化中学到很多好的东西,至今西方文明仍是我们要继续研究与学习的文明。但现在已经到了结束对西方文化的"学徒期"的历史时刻,每日仰视西方文化的时代结束了。以平等、包容的学习一切文明、文化的基础是对自己文化的自信。回到"各美其美,美人之美,美美与共"的健康文化心态,是我们研究和处理中西文化关系的基点。

第二,要有一个文明互鉴的方法论。在文化交流中任何一种文化对异文化的接受都有一个重新理解和重新解释的问题。任何外来文化与本土文化的融合都有一个变异、适应的问题。重新解释后的异族文化已经经过了解释者的加工,解释者依据自身的文化结构对外来文化进行了过滤。这种过滤、解释后的异族文化与原本的异族文化已经有较大的不同,在比较文学中有些学者将其称为"误读",从"哲学角度来说,这是一种正常的解释,它有其合理的根据",这种"误读",这种"变异",是有其自足性的。

这点当代解释学大师伽达默尔(Hans-Georg Gadamer)已讲得十分清楚,我们在解释和接受任何历史知识时,我们本身的知识和境遇发挥着重要的作用,他称之为"偏见"。他说:"构成我们存在的过程中,偏见的作用要比判断的作用大。"[1] 这个观点是很有启发性的,人们在对任何文化、历史的理解中,

---

[1] [德]伽达默尔著,夏镇平、宋建平译《哲学解释学》,上海译文出版社,1994年,第8页。

已具有的"偏见"起着十分重要的作用，正是这种"偏见"决定着我们对新东西的接受，"我们是被某种东西所支配，而且正是借助于它我们才会向新的、不同的、真实的东西开放"[1]。所以，偏见并不是什么错误的东西，如伽达默尔所说："偏见并非必然是不正确的或错误的，并非不可避免地会歪曲真理。"[2]

伏尔泰对中国文化的接受，对孔子的解释正是在他的"偏见"支配下进行的，这种"偏见"是他不可避免的，他在法国高举起启蒙的旗帜，反对宗教迫害，反对非理性的宗教狂热，此时当耶稣会介绍到欧洲的儒学正巧是一种宗教宽容的"儒教"，是一种道德理性高于非理性崇拜的学说。它自然会引起伏尔泰的关注。这样孔子成了伏尔泰眼中的孔子，中国宗教成了伏尔泰阐说后的中国宗教。

同时，伏尔泰理想的政治制度是开明君主制。他的这个政治理想，与古希腊的民主制完全不同，同样罗马的君主制也不能给予他们支持，因为恺撒也是经过选举产生的。在西方他找不到思想的武器，而当时法国贵族制，僧侣阶层严重阻碍着社会的发展。这时来华耶稣会士所介绍的中国政治体制、皇帝的专权和考试的文官制度有机结合，使这个庞大的国家运转良好、社会富足，一个东方的榜样出现在他们面前。这样开明的君主制"在中国找到了他们的范例和根据。他们崇拜中国的理由其实很简单。他们所以引证亚洲，是因为欧洲过去没有任何东西可以作为他们的依据。……但在远东有一个与罗马同样古老的帝国，现在依然存在，人口和整个欧洲一样多，没有世袭贵族及教会的特权，由天赐的皇权通过学者—官吏的官僚机构来统治。这里的模式适合于新君主主义者，是一个可以引用的范例"[3]。由此，孔子被称为启蒙思想家的榜样，中国政治制度被称为他们的理想。

任何成熟文化的发展与变革都是其自身内在变革的需求所推动，但任何成熟文化的发展与变革也都是在与外国文化的交流中获得知识、思想，从而

---

[1] ［德］伽达默尔著，夏镇平、宋建平译《哲学解释学》，上海译文出版社，1994年，第9页。
[2] 同上，第9页。
[3] ［英］赫德逊著，王遵仲等译《欧洲与中国》，中华书局，1995年，第292页。

推动、加速了文化本身的发展。在理解启蒙思想家对儒学的接受与理解时，不可以把此时他们对儒家的接受想象成为此时儒家在欧洲扮演着像中国一样的角色，其实是完全相反的。"19世纪的分析家把法国大革命放在一个较长时间的历史框架下，认为启蒙运动时期的思想与社会的根源，即在中古时期自治市内自由民（Burghers）的形成。"[1] 启蒙运动是精英分子要从国家争取权力，所谓"市民社会"是欧洲近代国家形成的条件，意识形态掌握在与国家相对立的精英知识分子手中。"欧洲国家很少对人民承担义务，而精英反倒向政府要求自由及代表制，这是他们形成新的意识形态与制度的基础。"[2] 显然，启蒙思想家借助儒家所要达到的政治目的与儒家在中国所扮演的、与国家政权更替治理社会的作用完全不同。[3]

这说明启蒙思想家借用了儒家思想中具有普世价值的思想，但其所有达到的目的却是根据欧洲自身的文化传统所决定的。[4]

这点从中国文化的发展史中我们可以得到深刻的体会。我们纠正欧洲自我成圣论，打破西方中心主义，说明在其文化发展中东方思想文化的作用。但同时应记住，这种作用是通过双方的交流，通过欧洲文化自身发展的需求来完成的。所谓的后现代学术立场，消解掉历史的互动，将文化史看成一种自我意识的表达是违背基本历史事实的。[5]

---

[1] ［美］王国斌著，李伯重、边玲玲译《转变的中国》，江苏人民出版社，2018年，第227页。

[2] 同上，第241页。

[3] "在中国，国家与社会之间的区别并不那么明确。在政治方面国家官员与社会精英之间的额联系强得多。"［美］王国斌著，李伯重、边玲玲译《转变的中国》，江苏人民出版社，2018年，第96页。Pye, Lucian, *Asian Power and Politic*, Harvard University Press, 1985

[4] 中西之间的文化交流，互为他者，不断地展开自我更新。这种文化间的知识交流与思想借用所发生的历史过程，既不能用形象学完全加以解释，也不能用"郢书燕说"来概括，尽管这两种解释都有合理之处，但仍不足以解释文化之间互动、互视以及由此产生的自我更新的历史过程。笔者将在另外的论文加以专门研究。张国刚《中西文化关系通史》（下卷），北京大学出版社，2020年；周宁《跨文化研究：以中国形象为方法》，商务印书馆，2011年。

[5] 有些学者认为"研究西方的中国形象，有两种知识立场：一是现代的、经验的知识立场；二是后现代的、批判的知识立场。这两种立场的差别不仅仅表现在研究对象、方法上，还表现在理论前提上。现代的、经验的知识立场，假设西方的中国形象是中国现实的反映，有理解与曲解，有真理或错误；后现代的、批判的知识立场，假设西方的中国形象是西方文化的表述，自身构成或创造着意义，无所谓客观的知识，也无所谓真实或虚构"。周宁《天朝遥远：西方的中国形象研究》，北京大学出版社，2006年，第4页。

第三，要从文明比较中重新理解以儒家为代表的中华文化的现代意义。1798年以后，欧洲对中国的崇拜几乎完全消失了，19世纪成为西方文化主导的世纪，亚当斯密认定了中国在经济上的败落，中国成为一个停滞的帝国；黑格尔则完全把孔子抛到一边，中国成为一个没有哲学的国度。大多数欧洲的历史学家一笔勾销了18世纪他们对中国崇拜的历史。而未走出亚洲的中国终于在列强的枪炮中倒下了，从此中国开始百年以西为师的时代。在苦难中融入世界的中国洗礼了自己精神世界，包容与学习使我们的文化完成了新陈代谢。

但百年只是历史的一个瞬间，当下当中国结束了对西方的"学徒期"，开始以平等的新的姿态拥抱这个世界时，如何对待自己的历史，如何处理好以儒家为代表传统文化在我们精神世界的位置成为一个无法回避的问题。

正是中国文化和启蒙思想家的这段历史给了我们反观中国文化，认识中国文化特质的一个新视角。因为，以往我们对儒家文化的评价都是在中国历史文化范围内来评价它的，至多将其放在东亚汉字文化圈来评价它。18世纪中国是西方的榜样，19世纪中国成为要靠基督宗教"救赎的民族"。西方的中国观是"变色龙"，中华文化虽随时代而不断变革，但其精神的内核并未变化，我们需要在长时段中来理解自身的文化，从世界文化发展的的角度，在更宽泛的视野来审视中国文化。这也正是梁启超先生所说的"在世界研究中国"。

对宗教的批判，对世俗生活的颂扬。让思想回到世间，让历史走出神学，让理性主导生活。这是启蒙思想家们必须正视的问题。抛弃了上帝设计的生活，那必须找到一个新的世俗生活的榜样，这就是中国，这就是儒家。

在孔子思想中，"天"是占有位置的，但龙华民说孔子是"无神论"显然是错误的。中国思想到孔子时已基本完成了从神到人的转变，孔子理论的重点是人世间。不过，这并不意味着他完全放弃了"天"。"未知生，焉知死？"对宗教之问的悬置，使其将重点放在人间；"祭如在，祭神如神在""敬鬼神而远之","天""神"在孔子的思想中仍有其地位,是最终的依托,是精神支撑。从孔子全部的思想来看,还不能说"天道"已完全内化于"人道"之中。人世显然重要,他所追求的重点是从"人道"中寻"天道",外在于人的"天"依然存在。这点匡亚明先生解释孔子的"天"时较为客观。他认为,孔子"把'天'字喊出来,以便减少心灵上的负担,增加一点精神力量。天是人的宗教感情的寄托,可以给人以心灵上的慰藉,但是它的作用仅此而已,在孔子那里,它不再具有支配一切的神威了"[1]。李泽厚先生认为在孔子那里一半是哲学、一半是宗教。孔子具有宗教感,但又不是启示神学的一神信仰的宗教,而是有中国特点的对"天""神"的崇敬。[2]

孔子并不否认人死后的问题需要思考,但最重要的是当下的生活,是"知生"。所以,孔子最伟大的贡献是回答在人离开神时如何生活,在世俗生活中何以成人,而这正是启蒙思想家们所追求的,远古的中国早给出了回答。

研究伏尔泰和18世纪的专家孟华先生已经察觉到了这个问题,她说:"事实上,我们已经看到,18世纪的法国面临的许多的大问题都与殷周之际的中国相类似。其中最主要的,就是由于神、人地位的变化而带来的一系列的转型问题:宗教的、道德的、政治的等等。孔子继承、总结和发扬了中国古代文化传统,以'仁'为纲,先于法国两千多年,较完美地回答了这些问题,这是18世纪的欧洲和伏尔泰需要孔子的先决条件。"[3]

王国维先生在《殷周制度论》中,对中国文化特质的形成起源有一个精辟的论述,他认为,殷周之变是旧制度废而新制度兴,旧文化废而新文化兴。这里的新文化、新制度就是"纳上下于道德,而合天子、诸侯、卿、大夫、士、庶民以成一道德之团体"[4]。从宗教学上看,周文王改变了商朝的"凡事必占,以巫为先"的做法,确立了"先人而后鬼,敬德保民"的文化。从此,

---

[1] 匡亚明《孔子评传》,齐鲁书社,1985年,第212页。
[2] 李泽厚《中国古代思想史》,生活·读书·新知三联书店,2008年。
[3] 孟华《伏尔泰与孔子》,新华出版社,1993年,第146页。
[4] 王国维《观堂集林》卷10,《殷周制度论》;《王国维全集》第8卷,浙江教育出版社,2006年,第316—317页。

中国文化开始从对苍天的敬仰与社会的无序转变为对人生的关注和以嫡庶制为核心的"道德之团体",到孔子时则从理论上完成这一重大转变。这也就是李泽厚先生所说的"由巫到礼,释礼归仁"[1],陈来所说的"从自然宗教到伦理宗教"[2]。在人类文明的漫长历史中,中华文明是最早完成了从宗教性制度文化转变为世俗性制度文化的民族,而人类社会的发展方向就是世俗化方向。中华智慧具有一整套的关于在世俗化生活中保持道德和理想,使人成为人,成为具有道德的人的理论和方法。在当下现代化生活中,以儒家为代表的中华传统文化成为中国人的精神家园,彰显了它的现代性意义。[3]

但不可否认,儒家作为一个以人文教化为核心的思想,它这种对鬼神"敬而远之"的实用主义态度,显示出儒家的世界观在宗教层面的不足,"宗教是人类掌握世界的一种方式"[4],"半宗教"终究无法回答生活在社会底层民众的宗教之问。但儒家文化的这个特点,造成了中国文化的两大特点:

第一,宗教的宽容。以敬天法祖为宗旨的儒家文化,完全没有一神论的宗教的特性,它在回答宗教之问的不足的同时,造就了它的另一个伟大的品格:"和而不同"的文化观与宗教的宽容精神。中国成为在世界文明史几乎没有宗教战争的国家,同时,对所有外来宗教都持一种包容开放的态度。"中国固有的传统文化根基深厚并且富于包容精神,其结果是吸收外来和同化晚来文化同时存在,外来文化的进入丰富了中国文化,却并不丧失中国文化特有的本色。"[5]

第二,文化的多元。以儒家为核心所形成的中国文化的大传统,成为社

---

[1] 李泽厚《由巫到礼 释礼归仁》,生活·读书·新知三联书店,2015年。陈来《古代宗教与伦理:儒家思想的根源》,北京大学出版社,2017年;陈赟《周礼与"家天下"的王制:以〈殷周制度论〉为中心》,中国人民大学出版社,2019年。

[2] 魏衍华《原始儒学:早期中国人的大成智慧——孔子思想与先秦社会的互动》,山东人民出版社,2019年;袁宝龙《文明演进视野下早期中国公共阐释话语体系的重构》,《西北大学学报》,2020年第4期。

[3] 相比较于以基督宗教为其底色的西方文化,在"上帝死了"之后,如何协调宗教传统与世俗化生活至今仍是一个问题。参阅杜维明《现代精神与儒家传统》,生活·读书·新知三联书店,2013年。

[4] 《马克思恩格斯全集》第8卷,2009年,人民出版社,第25—26页。

[5] 牟钟鉴、张践《中国宗教通史》(下册),中国社会科学出版社,2019年,第920页。

会之主流,但"中华文化不只是三坟五典,八索九丘,还有充满生机、活力的炽烈、动跃的一面"[1]。这就是民间宗教所构成的小传统。大传统与小传统的有机统一,儒家正统与民间宗教互动,构成了中华文化的多元与生动的一面,也是其千年不衰的重要原因。

长期以来,我们以欧洲近代化的经验来解释中国的传统,陷入"现代与传统""东方与西方"对立的模式,实际上欧洲经验具有局限性,[2]而且欧洲思想也不是"自我成圣"的,它也是在文明互动中形成自己近代传统。当代中国虽然被迫卷入西方主导的现代化,但现代中国仍与传统中国不可分割,由此构成了中国自身的现代道路。以上研究证明孔子所代表儒家学说的价值,不仅要从中国文化本身的演进来看,还要重新从世界文化史的演进来看,在一种宏观的视角中,在一种比较文明的研究中我们才能认清自己的文化,才能揭示出儒家文化的当代意义。关于这一点中外学者都做了深入的研究。[3]笔者只是从比较文明史的角度来论证以儒家为代表的中国传统文化的世界性意义。这正是"不识庐山真面目,只缘身在此山中",若要"侧看成岭""横看成峰"还要登上更高的视点。

---

[1] 马西沙、韩秉方《中国民间宗教史》(上册),中国社会科学出版社,2017年,第4页。

[2] Senghaas, Dieter, *The European Experience: A Historical Critique of Developmen Theroy*, Leamington Spa: Berg Publishers, 1985.

[3] 李泽厚《论语今读》,中华书局,2017年;杜维明《现代精神与儒家传统》,生活·读书·新知三联书店,2013年;[美]成中英《从中西互释中挺立》,中国人民大学出版社,2005年;郭齐勇《现当代新儒学思潮研究》,人民出版社,2017年;[美]狄百瑞著,李弘译《中国的自由传统》,贵州人民出版社,2009年。

孔子或君主之学
Confucius ou La Science des Princes

涉及中国古代皇帝与地方官员政治治理中的信仰和特殊道德的诸原则

Contenant les Principes de la Religion, de la Morale particulière,
du Gouvernement politique, des anciens Empereurs et Magistrats de la Chine.

由医学博士贝尼耶节略并译为法文
Abregée et Mise en François Par Mr. Bernier, Docteur en Medecine

致读者：作为阅读孔子的导言或钥匙

中国人记载了自首位皇帝伏羲至今的4658年的历史。他们甚至有从伏羲到今天所有皇帝的连续历史，且不像欧洲人怀疑罗马史那样质疑本国历史的真实性。耶稣会神父卫匡国同样做此断言，他为我们提供了一部简史，"对此毋庸置疑"（de qua ne dubitari quidem potest）。这就似乎有必要依据《圣经》七十子译本而非希伯来人的说法来确定古代的时间范围，因为后者大大缩短了世界被造以来的时间。如果希伯来人的年表是正确的，那么中国君主制的开端就处于大洪水前668年左右；但是按照七十子译本，世界存续的时间会更长，中国君主制则可能开始于大洪水之后668年。

第一书（《大学》）

伟大而重要的君主之学通常由三部分组成。第一，培养或彰明上天散发到所有人身上的自然之光，这样，它就可以以非常纯净、非常清澈的镜子的方式，去除激情和贪欲的污点，恢复其原初的光明。第二，以其自身的榜样和英明表现，在美德和良俗上更新人民。第三，坚定且持久地居于至善（le Souverain Bien）之中，也就是说，他们的一切行为都符合正确的理性（la Droite Raison）。统治人民的人应该希求这些，因为国家的和平、安宁和福祉以及君民的幸福都取决于此。想要以德治国，[1]但国中恶习横行，美德、理性和良俗却荡然无存，这就只是空想。

至于首位皇帝之前的状况，他们确信中国那时被分成众多的小国，有对应数量的拥有主权和绝对权力的小君主，在这样的统治之下中国延续了很长时间，因为有人说延续了六千年之久，有人认为更久，也有人认为更短一些，大家各持己见。但是，真正的年代学家毫无顾忌地承认没有什么是确信的，因为没有可以基于其上的历史可以证明。

显然，由于缺乏相关历史，他们没有谈及诺亚的世界大洪水的只言片语，卫匡国同样也说："关于诺亚大洪水，中国保持沉默。"（Diluvio noemico, altum apud Chinas silentium.）他们只谈到了君主制建立很久之后持续九年的洪水。

---

[1] "以德治国"的法语原词为"bien gouverner un Royaume"，直译作"好好统治一个王国"。结合下文可知，作者意在表达"通过倡导良好的道德品质与行为规范来治理国家和社会"，即汉语概念中的"德治"。译文把动词词组"bien gouverner"与名词词组"bon gouvernement"统一译作"德治"，下同。原书无注释，本书所有注释及正文括号中的文字皆由译者添加，后文不再补充。——译者注

在中国古代的皇帝中，主要有五位[1]以其非凡的智慧而闻名：伏羲、尧、舜、禹、成汤和武王，他们不仅有智慧，还虔敬（piété）、独具仁爱（charité）、天赋卓绝（étendue de génie）、灵魂崇高（grandeur d'âme）、宽宏大量（générosité）、慷慨布施（libéralité）、品行谨慎（prudente conduite）和政治清明（sage politique），并备受崇敬，他们把这些视为真实和自然的典范，所有统治者都应该以此作为德治的榜样。在这五位帝王当中，尧和舜又是最出名的，不仅因为他们罕见而独有的美德，更是因为中国人将此二人视为他们的立法者（Législateur），因此他们也被视为帝国的主要创立者。

只要这五位皇帝或立法者所制定的法律或习俗一直有效，帝国就能安定、光荣且幸福地繁荣永续。一旦皇帝和人民懈怠了，那就只剩下动乱、战争和不幸了。

在上述的法律和习俗当中，有一些在某种程度上与崇拜和信仰相关，因为它们规定了给一些更高的存在（Estres supérieurs）献祭牺牲的特殊方法。例如，唯有皇帝一人能以其所有臣民的名义祭天，诸侯（les petits Rois）只能祭城市和山川的守护神（les esprits tutélaires），而个人只能祭房屋的守护神。

这五位皇帝或立法者普遍认为，美德是德治的基础，除非君主和臣民真正而坚定地合乎美德，否则一个国家不可能实现德治。

他们还相信，在一切有助于将美德引入一个国家的方法当中，最有效且最特殊的就是教育孩子孝顺父母（piété paternelle），即爱戴、尊重和全心全意地服从他们的父母，我们可以说这是他们的"政治奥秘"（Arcanum politicum）或者帝国统治的主要基础，以下大概就是它们的思想和推理了。

他们说，世界的混乱以及生活中随之出现的一些离奇之事，都来自这样一个事实，即孩子们追随青春期的冲动而盲目地沉溺于他们的激情之中。所以应该尽其所能地让他们重视、爱戴、崇敬、完全而彻底地顺从或敬重

---

[1] 原文数词写作"五位"，实际列出六位皇帝，下文同样依原文译出。该讹误不存于《中国哲学家孔夫子》（*Confucius Sinarum Philosophus*）。

他们的父母，从而心甘情愿地服从父母的教导，听从他们有益的建议和劝告。父母能够给予他们这些，是因为父母比他们有更多的知识和经验，也更加稳重。

他们补充说，法律应该强调孝顺父母，更何况这是建立在自然、正义和理性之上的，因此也建立在那给予我们理性的天意（la volonté du Ciel）之上。因为，有什么比这更正义、更符合理性呢？爱戴并尊重那些深爱我们的人、给予我们生命的人、关心并辛勤养育我们的人、哺育我们的人、供养我们的人以及教导我们的人。无知且毫无经验的孩子们，还能采取比服从父母的指导更好的方法吗？是上天激发了父亲对孩子的自然之爱，并赋予了他对于孩子自然的权威和优势。因此，上天让我们顺从父亲的指导。所以，我们必须顺应天意，我们也应该服从他们。如果我们遵循上天的旨意，我们将会得到各种恩典和成功；相反，如果我们不遵循，将会遭受各种不幸和灾难。这就是他们防止一些困难的推理方式。

上天对一切的安排多么明智！一位父亲或许会是一个恶人，但是他会自然而然地爱自己的儿子，并教导他追求美德（la vertu）。但是，在这样一个国家里，每个父亲都以他自己的父亲、祖父、叔伯、姻亲、邻居乃至他所认识的所有家庭的父亲为榜样，在充满重视、爱戴、尊重、温和与顺从的精神中长大，父亲们又怎么会变得凶恶呢？美德难道不会在每个家庭中世代相传，在父子之间相继传承吗？

出于所有可以想见的原因，中华帝国这些著名的立法者和创立者们试图激发并奠立这一虔诚而重要的准则（maxime），即孩子们要爱戴、尊重和服从他们的父母，为了维护它、激发它以及抚养和教育孩子，他们还有什么没做到呢？有多少法律、习俗和礼仪不是为此而出台的呢？

如果一位父亲生病了，他的儿子必须坦诚地放下一切来照料他，来服侍他，来安慰他，来履行所有他可以想象到的义务（les devoirs）。

在一年中的某些日子里，例如父母的生日，孩子们要按习俗来拜见父母。

他们庄重而威严地站在父母的座位附近，将父母视为尘世之神（les Divinités terrestres），还会在父母面前跪拜几次，脸贴地面，充满令人感动的谦虚。这标志着他们对父母发自内心的真实而诚挚的重视、爱戴和尊重。

如果父亲去世了，孩子们就会悲伤不已，痛哭不止。全家人都会悲痛，所有亲人都会悲伤。除了温和而哀伤的音乐和严肃、悲伤又简朴的宴席之外，在葬礼上还有很多特别的仪式，这些仪式因每个人的身份地位不同而不同。

就服丧而言，他们要服丧多久、悲伤多久，几乎令人难以置信！整整三年！孩子们都要哀悼父亲的过世，这通常从他们卸下所担任的公职开始。在这段时间内，他们不会离开自己的家园。他们通常会将自己的居所、食物和家具更换成更简单的：只坐在一张低矮的小长凳上，不喝酒，不吃任何精细的肉，只吃简单的蔬菜；他们穿的衣服也不过是一块粗糙的白布，白色就是他们在家里服丧的颜色；他们睡的床也非常不舒服。

甚至他们平常说话的方式都会改变，并且表达出痛苦和悲伤。正在服丧者，自称是可怜而忘恩负义的儿子，因为他并没有通过自己的善行和关怀来延长父亲的生命，反而因为自己的疏忽和给父亲带来的痛苦而提前结束了父亲的生命。如果他要写字，只能写在黄色或者蓝色的纸上，这也是中国人表达悲伤的颜色。但更值得称赞的是，中国人这种孝心不只表现在父母死后的服丧之时，还体现在他们终其一生对父母的尊重、服从和赡养上，甚至有些人看到老人变得衰弱，就辞掉一切——职务、公职甚至要职，由他们自己来照顾老人。

除此之外，只要孩子们还活着，就可以庆祝父亲的生日；每年在特定的日子里，也可以重复同样隆重的葬礼、同样的宴席、同样的音乐和同样的仪式。所有这一切都是为了回忆这位亲爱的父亲，这样，他们自己的儿女就可以效法他们，为他们做同样的事情，爱戴他们，尊重他们，并为他们哀悼。

而且，这些睿智的政治家一方面要求孩子们拥有上述美德，另一方面也希望父亲是美德、节制、庄严、谦虚、温和、虔敬、正义、仁爱和宽厚的榜样，这样美德在每个家庭中既是家庭内的又是世代相传的，它经历了一种从父亲到儿子的传承。不会有其他情况，上面已经提到，在这样的国度里孩子们可以说普遍是用美德、服从和牛奶养大的。

在我看来，从这一切中您应该已经了解，一个以这种对父母的爱戴、服从和顺从的精神来抚养和教育的家庭，一个以所有孩子和仆人之间和平、和睦、团结和相互尊重的精神来滋养和教育的家庭，他们会愉快地而非强迫地服从法律和地方官员，进而心甘情愿地服从君主的命令。他们远不会想到叛乱和反抗，甚至不会发起诉讼和争吵，只表现出温和、和平、坦诚、友善和谦卑，正如这个伟大且强大的中华帝国的统治者所希望的那样。现在请您想象一下，整个皇室家族都在同样的精神下得到哺育和培养，包括君主、宰相、地方官员乃至整个国家的所有家庭都是如此。如此您就会将理解他们如此强调这种孝顺（obéissance filiale），并将其作为政治之本（le capital de leur politique）、作为民众普遍服从与温和团结的基础的原因；正是它带来了稳固持久的和平、帝国的普遍幸福以及君民的洪福。

他们认为将美德引入国家的第二种最有效的方法就是君主的以身作则。的确，我们也承认"世人皆效法君主"（Regis ad exemplum totus componitur Orbis），但是我们满足于说这话，好像这样我们就通往美德了，而不是像他们一样把它作为政治之本和德治之基、作为美德和良俗的源泉。但国家的幸福必然来自此。因此，正如您将从本书中看到的那样，也没有别的什么是他们更依赖的了，因为他们没有任何理由、动机和例子不使君主合乎道德，并说服他，作为君主他要成为人民的好榜样。

您会相信吗？在中国，音乐与和谐（l'harmonie）被认为是甜蜜、融洽、团结、安宁、平静、良俗、美德乃至帝国的幸福和安定的最重要的部分之一，甚至想要变更、改变或者废除音乐，那几乎就像想要失去国家一样。[1] 然而，

---

[1] 指中国古代相传为周公创制的礼乐制度。《礼记》里有《乐记》篇："乐者，天地之和也；礼者，天地之序也。""故乐者，审一以定和者也，比物以饰节者也，合奏以成文者也，所以和合父子君臣、附亲万民也。是先王立乐之方也。"

他们有他们的理由，我保证您不会觉得他们是在无理取闹。

我当然可以讲完其他所有关于美德的准则，他们也将其视为政治和德治的主要基础，但您在阅读本书的时候自然会注意到这些。我之所以告诉您一些先例，是为了让您提前一点走进他们的想法和精神世界，从而让您做好准备，不要觉得他们非常奇怪。他们所看重的东西，您或许从来就没有想过会像他们认为的那么重要。

他们和我们之间的巨大差异，不仅体现在看待这些事物的方式上，还体现在是否看重这些事物对一个国家的德治和良俗所产生的影响上，这无疑会激起您的好奇心来仔细研究它们。如果我们的判断没有错，如果他们也不比我们好，那么人们会明白什么呢？因为这不像柏拉图的"理想国"一样只存于理念中，从来没有实现过。可以确定的是，这个伟大的中华帝国依据这些原则（les principes）已经实行了超过四千年的德治，而这些原则首先在我们看来或许不值得被视为根本。

哪怕它只有这么一件伟大而令人惊叹的古物，也无疑会令您肃然起敬。您可能会说：我手里拿着一本有史以来最古老的书籍。那么，我们先不要扔了它，而是要看看它都写了些什么并且认真地研究它。

这一学说尤其值得我们关注，因为它不是一部哲学家作为第一作者从头脑（sa teste）中想出的作品。因为孔子非常诚实地承认，他不是一位创造者，而只是一位普通的使者（le héraut）。这部著作属于最初且古老的几位皇帝，他们历经百余年的统治之后，最终创立并巩固了一个最能保证君民幸福的帝国德治学说。

尽管如此，您总能愉悦地看到世界上没有人能长久地保持美德、智慧、谨慎、诚信、真挚、虔敬、仁爱、温和、坦诚、礼貌、庄严、谦虚和服从上天的命令。但对于那些除了自然理性（les lumières naturelles）[1]之外不再拥有其他知识的人，还有什么可要求的呢？

---

[1] "自然之光"。

的确，您会发现在这些内容（les matières）之间很少有什么秩序和联系，它们几乎是一些松散而没有关联的碎片，甚至有几处重复。但是，我不知道，对于那些与所有人交谈并且想要灌输其学说的立法者来说，这种方法是不是最好的。他们认为，仅凭几句话，给人民提供一般的原则是不够的。通过小段的文字、他们的提问和回答，他们就能知道如何使一个人经历所有的情形和生活状况，并且知道如何以非常恰当和非常熟悉的方式给予他教导，就像他们给予我们那样。现在让我们来看看我们的作者吧，即那位被认为不是作者而是这一学说的复兴者（le restaurateur）。

这位哲学家在中国受到如此崇高的敬拜已达2000年之久，他的后代现在还拥有王公的地位，而且在所有重要的城市里都有庙宇（Temple）或者学校（Collège）来专门纪念他；[1]任何人如果不经历几次关于孔子学说的严格考察，不对孔子的教导了然于胸，就不可能被提拔为官。对于这一切，我不再感到惊讶，因为我们必须承认，孔子的确是一个伟人。啊！他是如此洞察人心，他对教导君主和治理国家有着深刻的见解，他坚信只有拥有美德的人才会拥有幸福。在我所认识的人当中，还没有哪一位能像他那般睿智、那般谨慎、那般真挚、那般虔敬、那般仁慈。几乎每一个段落、每一则故事、每一段逸事、每一回求教、每一次解答，无不或指向美德，或包含着如何实现德治或特殊生活行为的睿智教导。我相信我曾在拉莫特·勒瓦耶先生（M. la Mothe le Vayer）的书中读到——他禁不住要说——"圣孔夫子，为我等祈（Sancte Confuci, ora pro nobis）！"如果勒瓦耶先生读过孔子的这些著作，就不会说什么；而如果孔子是基督徒，我们就不会说什么！毫无疑问，公众应该感激尊敬耶稣会士柏应理神父，他在其他三位通晓汉语的同会神父的协助下，翻译了一个拉丁文译本，又将其从中国带回给我们，并于去年即1687年献给国

---

[1] 西汉公羊学称孔子为"素王"，自北宋起，孔子家族嫡系后裔被封为"衍圣公"。纪念孔子的庙宇和学校即孔庙和学宫，乃中国古代的地方官方学校，兼有祭祀孔子和培养人才的双重功能。

王。[1] 现在来谈一点我的工作。

对于中国人而言，古代的注疏家和孔子的门徒所说的话与孔子的文字具有同样的分量和权威，这不仅因为它们与孔子的文字都拥有相同的精神，还因为文字是如此容易被破坏、曲解和断章取义，而且文字非常晦涩难懂以至于没有注疏家的帮助，其他人几乎不能理解这些文字。我相信我会不停地说：某位注疏家这样说，某位注疏家那样说；那位阁老（colaus）一会儿补充这一点，一会儿补充那一点。这使得拉丁文译文读起来令人感到非常困惑和无聊，对于我们这些人而言，译者需要迅速指出要点，并且快速引导我们找到有用且有益的信息。我认为，如果不插入那些乏味的干扰内容，我就能够偶尔将作者的话和注疏家的话非常简单而统一地交织在一起，因为它们通常是无法区分开来的。因此，我会进行大量的删减，会删除那些对于我们来说毫无助益的重复的或细枝末节的内容。

尤其是对于前两部书，因为它们是两部主要或基础的书，且包含了孔子学说的实质（le fond），人们确实在其中发现有大量重要的教义以及许多非常重要的准则和教导（instruction）。但是，由于这一切安排的如此糟糕，协调的如此糟糕，有太多多余的重复和无用的细枝末节，以至于我们清楚地看到，可怜的孔子只存在于零零碎碎的文字中。我不得不改变几乎全文的面貌：剪裁、删除、调换甚至添加一些文字，有时两三行，有时三四行，以便从一个主题过渡到另一个主题，在它们之间建立某种联系，使其易于理解。在这方面我做得非常认真，以至于我在某处插入的内容都是在别的地方出现过的或者与作者的精神、实质和教义相符合的重要内容，而且我始终尽可能地使用相同的术语、相同的表达和相同的方法。

第三部书有十卷，比前两部书长了五到六倍，而我没有以同样的方法来

---

[1] 此处的拉丁文译本，指由柏应理在路易十四赞助下于1687年在巴黎出版的 *Confucius Sinarum Philosophus*，署名的译者有殷铎泽、恩理格、柏应理、鲁日满。该书的中文全译本《中国哲学家孔夫子》（四卷本）由梅谦立、张西平主编，罗莹、汪聂才副主编，于2021年1月由大象出版社出版。由此处可知，贝尼耶本书可能写于1688年。

处理它。尽管它几乎只是些零散的篇章（它们彼此之间没有延续和联系，而且在无数非常美好的事物当中，同样有很多冗词赘句和重复），这第三本书几乎只是对前两本书的确认。然而，由于其用语既不晦涩也不混乱，所以我不必做太大的改变，而是非常贴合作者，严谨到几乎是纯粹的翻译，我力图给您提供一个纯正的孔子，可我也很担心人们会指责我以自己的方式制造了一位新的孔子。

但是，经常有人问我：这么多的道德有何意义呢？这些道德几乎是所有人都同意的相同的教条。您可以说出比所罗门王和《传道书》更好的东西吗？如果不谈超越其他一切道德的基督教道德，只讲自然道德，那么爱比克泰德的道德，或者苏格拉底、亚里士多德、普鲁塔克、塞涅卡和西塞罗的道德，难道还不够吗？您难道没有将您的伽桑狄（Gassendi）的道德告诉我们吗？您是如此尊重他，以至于建议您所有最好的朋友都去阅读他，并且在其一生中不断地重读他。孔子的道德有什么特殊益处呢，它能告诉我们什么新的东西吗？

诚然，所有这些道德都是极好的，而且比孔子的道德更好地被领会或整理了，但是正如我前文所言，了解到后者总是令人高兴的：当欧洲还处在野蛮和粗野的时代，世界另一端的人们却早就已经思考了这一问题（cette matière）。还应愉快地看到他们曾拥有并且仍然拥有一些道德和政治的准则（maximes），我们从未相信它们对帝国的治理而言至关重要，例如孝顺、君主的典范，甚至音乐，就其和谐美妙而言，它能使残暴的人类变得温和。且借着诗句中随音乐歌唱的睿智指示，它能愉快地教导年轻人，尤其是对年轻君主的教导具有卓越的效果。

但是，我向您承认，这不是促使我从事这项工作的主要原因。我之所以进行这项工作，主要是因为我注意到没有哪一种道德能够（比孔子的道德）更好地教育君主，使他们更加睿智、更加谨慎、更加恭敬地履行职责。孔子的道德在不知不觉中灌输，威严和庄严是君主不可或缺的品质，但这些品质还必须用极大的温柔和仁慈（humanité）来调和。它还指出，君主必须了解国家诸项事务的细节，必须乐意听取人们对他的抱怨和指责，或者给他提出的忠告和建议。如果君主无视真相，偏听谄媚之言，那他迟早会身败名裂。

最后，一言以蔽之，它表明君主除了关心他的臣民之外，不应有其他兴趣，这样他就能爱臣民所爱，恨臣民所恨，就像慈父爱子一样爱他的臣民，唯有如此才可以实现真正的伟大、真正的荣耀以及稳固而持久的名誉。

由于我深爱着我的祖国和我的君主，我甚至想象这（一道德原则）或许可以服务于那些伟人，他们将被选为年轻王子的导师和股肱之臣。因为我们的王子不幸在高傲、蛮横和严苛的氛围下长大，这是如此普遍又非常有害；而使用这一道德原则就可以激发王子身上的爱、温和、美丽、纯朴、人道和仁慈，却不会丧失他们与生俱来的威严和崇高。总有一天，这会给国家的整体利益以及守德者的个人荣耀带来巨大的益处，而他们也必然会受到所有人的重视、尊敬甚至崇拜。[1]

现在的问题是要知道君主应该拥有何种教导，以便于在其国内发扬美德、消除邪恶，因为最重要的是要充分了解事与物的自然秩序，懂得什么重要什么不重要，知道什么必须先行什么必须后为，否则人们只会陷入纷争而一无所成。对于一棵树而言，最重要的是树根，最不重要的是树枝。在做事上也是如此，有一些事是基础且根本的，绝对应该要在其他那些次要的事之前去做，次要的事则自然排在首要的之后去做。这些都是我们古代的国王、皇帝和立法者们非常认可的，他们希望通过他们想遵守的规则与方法来让我们学习，以便能够革新帝国并实行德治，他们同样认识到美德是唯一的基础。

因而，当他们开始实行德治并因此在臣民中引入美德和良俗时，他们认为有必要从他们自己做起、从培养自己的理性做起。他们所做的就在于提升自己的理解力（entendement）[2]，也可以说就在于参透和穷尽事物的原因和本

---

[1] 前文实际上是贝尼耶撰写的导读，从下一段开始是对《大学》内容的缩译。
[2] "致知"。

质（la raison et la nature des choses）[1]，以便能够区分真与假、善与恶、诚实与不诚实、公正与不公正等[2]。他们希望皇帝借此可以管理好他自己的王国，以便那些组成帝国之躯的所有诸侯都能效法他做同样的事情，由此整个帝国将会得到良好的治理[3]。但是，因为他们已经认识到在家庭的治理中父亲的榜样具有神奇的效果，而各个王国的良好治理取决于家庭的秩序和治理[4]，家庭的治理则取决于一家之主的素质；所以他们希望，在培养了被认为是一切基础的理性之后，君主要预先考虑好在内外两方面来塑造与培养自己的人格[5]，培养自我必要的素质，以便以身作则并使整个家庭坚守责任，使家庭成为可靠而甜蜜的港湾，没有油腔滑调，不会出言不逊，敬爱妻子，尊重仆人，真诚地爱着孩子，其余亦然。

上至天子（le fils du Ciel）下至黎民百姓，对其教导的首要原则和根本之处在于塑造和培养他们自己的人格，这亦是管理与德治小国的根本乃至德治整个帝国的根本。

您会赞同君主本人不修边幅且疏于管教，而王室、小国乃至整个帝国能够实现德治吗？这是不可能的，除非您认为在树根已经干枯的时候，树枝与树叶依然能长得青葱翠绿。将主要的当作附属的，而将附属的当作主要的，肯定都不合情理。自己的人格（la propre personne）才是主要的，这是根本，人们都认为如此。

但是，为了不偏离我们从一开始就说的话，由于我们最古老、最著名的皇帝与立法者以及最睿智、最深刻地了解自身利益的人，他们都赞同君主的典范是国家德治的一般而最初的基础；正如我所说的，他们都同意应该从他们自己做起，从认真培养他们的品行、美德和理性开始。简言之，应该从培养他们的理性本性（nature raisonnable）开始，这是上天赐给所有人的宝贵而

---

[1] "格物"。
[2] "正心、诚意"。
[3] "治国"。
[4] "治家"。
[5] "修身"。

崇高的礼物。

正是基于此，君王（Yu-Uam，商汤）将这样一些话镌刻在他通常就餐前洗手的盆子上："每天都要洗涤你自己，每天都要更新自己。"君主们，你们也要净化你们的人民并更新他们，洗涤你们自身，净化你们自身，并不断地更新你们自己，这就是国家更新之本，为了更新臣民、改革臣民、使他们恢复理智并履行他们的职责，君主的典范是最有效而自然的方法。

虽然人民四处散居在帝国广袤的土地上，但是他们的精神和眼睛总是聚焦在他们的君主身上，他们视整个朝廷和皇宫为中心，好像那是他们的财产、命运和幸福的来源。

"哦！文王（Yen-uam）的美德深沉又奥妙。"我们智慧而博学的颂歌如是说，"他恰当地知道如何将美德的永恒光辉与他的行为相结合，他经常自察以达到他为自己规定的至高的完美境界，并且不断稳固它。"因为他知道对于成功地统治臣民而言，最有力量和效用的是一种爱——那普遍地给予每一个人的仁爱，所以他做了什么呢？作为君主，他坚持并遵守着仁爱的范围。此外，他知道臣民的首要美德是荣誉、是尊重和崇敬君主，作为臣民，他坚持并遵守这种尊重，始终履行一个敏锐而忠诚的臣民的所有职责。他还知道孩子们首要且主要的美德在于孝顺，他将自己看作一个儿子，始终服从，从不懈怠，他履行了一位真正而诚挚地爱着自己父亲的儿子的所有职责和义务。而作为父亲的主要美德乃是一种对孩子天生的温柔和真挚的关爱，他将自己看作一位父亲，坚持并遵守这份对孩子的爱，他不时地表现出这种爱，并非出于某种普遍有缺陷的放纵，而是出于对美德的不断指导和教导，并将其传递给他的子孙后代。最后，由于诚信（la bonne foy）乃是人际交往与自然群落中最值得称赞和最值得推荐的，在对待臣民时，他坚守诚信并且竭力不违背自己对他们所说的话。

文王对于所有人的普遍的虔敬和仁爱是多么罕见而令人钦佩！据我们的编年史记载，他的美德甚至惠及死人身上。据说，有一天文王在乡下不期遇见一名陌生男子的尸体，他深为触动，甚至当即脱下皇袍作为裹尸布，将这尸体包裹起来以便埋葬它。国中贵族如是说："如果我们的君主对于干枯的尸骨都如此虔敬，那么对于生者、对于其他人就更不用说了。"我们的编年史还告诉我们，在帝国的每座城市、城镇和乡村都按比例分配资金，按照年龄和身体状况来赡养一百名贫困老人，直到现在我们还在遵循着他这一虔诚的教导。

他经常对他的儿子说："当你看到一些值得效仿的善行时，例如宽容、慷慨或施舍的行为，请记得效法善行既不可怠慢也不可懒惰，要永不疲倦地与邪恶做斗争！"

"我可以像其他人一样审理和判决诉讼，但重要且必须做的是借此让人民互相尊重和彼此相爱，从而不会提出诉讼。"只应期待君主及其所任命的枢机大臣身上具有这种威严和美德典范。

无论人们多么狡猾或诡诈，一个圣人凭着他的美德就能有效地阻止他们，以致他们无法或者至少不敢显露并施行他们所设想的诡计。的确如此，在没有酷刑的威胁下，唯有美德的威严才能降服人民的意志，才能消除人民之间的争执与诉讼。

真切由衷地厌恶有害又邪恶的事物，就好像厌恶肮脏而恶臭的东西一样；相反，真心诚意地为善良美好的事物而感到快乐和欣喜，就像看到美丽宜人的东西而感到高兴和欣喜一样。这就是坦率和真诚，其意在于纠正并清除所有的掩饰和欺骗，这样它就不会自欺，而是对自己感到高兴和满意。因此，君子（l'homme parfait）会认真关注自己的内心，关注他所有的思虑以及思想活动，以免一不小心就有什么虚假或掩饰的东西进入他的内心。

当一个小人（meschant homme）独处一室而没有旁观者时，没有什么坏事是他不去想的；当他见到一个好人时，就开始伪装并掩饰自己，遮盖起恶毒的言行，改换成老实人的面貌。但是，他的伪装和掩饰有什么用呢？好人很快就认出了他，仿佛亲眼看到他的脏腑一样。有一条真实的无可争辩的谚语这样说："相由心生（Tel qu'est un homme dans l'intérieur tel il paroit dans l'extérieur）。"[1] 所以，追求完美的君子应该认真关注自己的内心，无论做任何事情，他的思想和意图都应该始终保持纯洁而真诚。假装和掩饰都是徒劳的，所有事物都有可以被识别出来的标记和特征。一个带着香料的人尽管想要掩盖它，那香气还是会让人发现它，而一个长着肿瘤的人也会因为传染和臭味而被发现。美德与恶习一样，它们不可能被长久地掩藏起来，无论您多么想掩藏它们，所有的伪装和诡计都毫无助益。

美德就如同财富一样，财富能装饰房屋，美德则装饰人。如果一个人的保险箱里有很多金银，他就会让它出现在家具和整个房子的外表上；如果一个人内心充盈着美德，它会立刻散布在他的全身并显露在整个身体的外在习惯中，这正是他的内在通过外在展现出来了。由此可见，一个品德高尚的人不会在内心受到任何愧疚的折磨，所以他感到自己的内心宽广舒畅并享受着非常甜蜜惬意的平和与安宁，以至于整个人充满了喜悦和宁静。他是如此的真实，他的外在完全取决于内在。当一个人不再是个人激情的掌控者，而是听任自己被愤怒或恐惧、喜悦或悲伤过分支配时，人们会看到他整个人的变化和错乱，所以尽管他睁着眼睛看却如同看不见，即便他支起耳朵去听却如同听不到，虽然他张开嘴巴吃东西，但他闻不到也分辨不出食物的味道，就好像他没有吃一样。有眼能看，有耳能听，这些都是人的外在功能，如果心不在焉，由它主管的其他器官也就不能发挥它们的功能了。但是，让我们回到人的教养（culture）和正直上来吧！

我们自己个人的守则和良好教导（la bonne conduite）乃是整个家庭的守则和良好教导的根本，这也取决于组成家庭的每个成员的素质和要求。一个家庭里的父亲通常有不同的偏好，他会爱一些人而恨另一些人，轻视一些人而重视另一些人，对一些人温柔而对另一些人严厉。想要恰当地持守中庸是很困难的，无论是高于或者低于那恰当的度都会一事无成。因为，如果我们

---

[1] 原文直译为"有怎样的内在，就有怎样的外表"。

爱某人会只看到他好的一面，而如果我们恨某人眼里则只有他的坏，这样我们并不能对其品质的好坏做出公正的评价。因而，一个能够做到爱一个人或重视一个人却又知道且不掩饰其恶习的人，或相反，一个能够恨一个人或鄙视一个人同时又知道并看到其良好品质的人，都非常罕见。一句谚语由此而来，它这样说道："盲目爱子的人看不到自己孩子的恶习，沉迷于贪婪的人不知道自己土地的肥沃。"[1] 现在让我们来看看家庭的守则。

既然宫廷或者王室如同整个王国的根基，如果君主不能以他的榜样来治理自己的家庭，他又如何能治理整个王国呢？相反，如果他完全专心于自身人格的美德和修养，以便他的儿子、兄弟和妻子都能以他为榜样而履行自己的职责，那么作为美德的典范和楷模，我会说，他足不出宫门，就可以通过一个一个的相互影响而在整个王国推广。原因在于，尽管宫廷不同于王国，但是在治家（l'économie）与治国之间有很多相似和共同之处。正如在每个家庭中都有子女们应该服从的父亲一样，同样王国内所有臣民都应该服从他们的君主；如同在家庭中哥哥对待弟弟要温和而宽容，弟弟则要尊重哥哥；同样，在王国里大臣和地方官员对待平民百姓必须温和且重视，而平民百姓也必须尊重和服从长官们。

就像在家庭中父亲对其孩子的爱是自然、温柔而真诚的一样，一位好君主对其臣民的爱也是自然、亲切而真诚的。同样，一个新生儿不需要向其母亲表达他自己的意愿和需求，因为那天然爱着他的母亲会猜出这些意愿和需求，并满怀爱意地满足他。因此，从来没有一个女人需要先学习如何抚养和哺育孩子，然后才结婚。同样，弱小无助的人民也不需要向君主公开表达自己的愿望和需求，天然关爱他们的君主会预知而猜测到它们，并且同样满怀爱意而不辞辛苦地满足他们所有的需求。

君主的典范作用能有多大影响呢？如果那唯一的王室是虔诚的，而且知道如何在家人之间保持相互关爱，那么它的声誉就会传遍整个国家，所有效

---

[1]《大学》原文：故谚有之曰："人莫知其子之恶，莫知其苗之硕。"

法它的臣民也都展现出他们的虔敬,并且彼此之间友善相待。国王若正直、谦恭而宽厚,那么整个国家都会盛行美德、正直和礼貌。相反,倘若国王自身既不虔敬也不仁爱,又被肮脏而卑鄙的贪婪所蒙蔽,只考虑他自己的特殊利益,那么整个国家(的人民)就会效仿他一样堕落而腐败,(王国)也就马上陷入动荡和混乱。[1] 有条谚语说得非常对,"有其君,必有其民"(tel est le Prince, tel est le peuple)。君主不出皇宫就能控制或者扰乱整个国家,使其变得正直或者邪恶!的确,国王和他的臣民之间有着天然的关联,甚至连一个冒失的用语或者一次鲁莽的出游都能毁了最重大的事务。因此,唯有国王的美德才能稳固整个国家。

尧和舜在统治帝国时非常虔敬且宽厚,人民都追随他们;桀和纣的统治则非常残忍和暴虐,人民也跟随他们并模仿他们的邪恶与恶毒。可以说,前两位君主也许能主张不公正的事情,而人民会服从;但后两位若偶尔在他们的公开法令中主张正义,人民也不会服从它,因为人们看到他们对外命令的是一回事,而王室所做的却是另一回事。君主自身合乎道德、无可指责且没有罪过,才可以向人民提出同样的要求;但是,如果君主没有美德,沉溺于恶习并且将它们隐藏在人格之中,却想对外流露出美德,这是不可能的。他对自己都如此卑鄙,怎么可能会对他人好呢?

一位国王对于他的王国来说就像第一推动者(le premier Mobile)一样,他可以通过自己的榜样来训练大臣和臣民们。如果国王在其家庭里履行一个非常顺从的儿子对父母应尽的责任,那么以他为榜样的人民就会受到激励并且服从他们自己的父母。如果他对孤儿和将被收养的儿童充满同情,臣民们也会在自己家里做同样的事,他们也会对孤儿和弱小的仆人有同样的怜悯和仁慈。上级与下级之间的联系如此紧密,以至于前者每做一件事后者都会立即追随他们。君主自身拥有整个王国的尺度(la mesure),他可以凭自己的人格来衡量所有的臣民;以他为榜样,他可以带领臣民们爱他所爱、恨他所恨。

---

[1]《大学》原文:"一家仁,一国兴仁;一家让,一国兴让;一人贪戾,一国作乱。"

那些跟您生活在一起、您所见到的人，那些在您前后、左右、在您之上和在您之下的人，都拥有同您一样的灵魂、同您一样的激情、同样的愿望和同样厌恶的东西。因此，您在您的上级中所讨厌的事情不要在您的下级当中去做；您在下级中所憎恨的事情，也不要在您的上级当中去做；同样，那些走在您之前的人当中令您讨厌的事情，不要用在那些将跟随您之后的人当中；而那些在您之后的人当中令您怨恨的事物，也不要用在那些走在您之前的人当中。

最后，您谴责您右边的人所做的事情不要对您左边的人去做；相反，您指责左边的那些人的事情也不要对您右边的人去做。这是一条伟大的法则，这是生活的普遍教导，这是王国和帝国幸福的基础，正是这样，君主才能与其臣民拥有同样的心灵、同样的灵魂，臣民才能爱其所爱、恨其所恨，君主也才能成为臣民的父母。

经常有这样的君主，"他们就像高耸的南山环绕着可怕的悬崖峭壁一样"。的确，"他们的崇高、伟大和力量让所有人望而生畏"，但是人们并不爱他们，为什么呢？因为他们不了解臣民的利益，因为他们不知道如何通过自己衡量他人，因为他们仅仅追随自己的激情和欲望，忽略了臣民想要的和对臣民有利的东西，也不会费心去惋惜并排除对臣民有害的事情。

当商（Xam）朝在人民的爱戴中保全自己时，上天眷顾其德行、顺遂其意愿，它就能幸福地延续下去并能和平地统治；但是，当它丧失了其祖先的美德、失去人民的爱戴之时，它也就失去了上天的宠爱，同时也失去了上天因其德行而赐予它的帝国。现在由周（Cheu）朝来统治，它回顾商朝的统治，谨防重蹈覆辙，从而不失去上天的宠爱，也不会失去以天为师的帝国。

帝国的存续和保全依赖人民的爱戴，人民的爱戴依靠美德，唯有美德才能使君主变得受人爱戴。因此，君主合乎美德，他就是臣民意志的主人；作为臣民意志的主人，他就是他们财产的主人；作为其财产的主人，他就是维持和维护帝国所必需的一切的主人。美德是根本，是力量，是原则和基础；

财富则是附属品，它必然跟随美德。如果君主忽略了作为根本的美德，而执着于作为附属品的财富，只想着以正确或错误的方式积累财富，模仿他的人民无论如何都会纷纷效仿，他们就会在起诉、争吵、暴乱、盗窃和抢劫中彼此毁灭并日趋衰竭。

由此产生了这样一条谚语："吝啬且不公正地聚敛财富，人民就会松懈、散漫乃至灭亡；为了共同的必需品而谨慎地分配财富，民众则会聚集而联合起来"。

晋国（Cin）的宰相好奇地询问楚国（Cu）使者其国家的宝石如何，后者的回答令人称赞。他说："虽然我们楚国盛产黄金、珍珠和宝石，但是在我们看来这一切与美德相较都是一文不值。我们的君主根据智慧、主张、正派、正义和虔敬而选取了两人，他们成了王国的两个坚固而稳定的支柱，这就是我们所珍视的宝石和珍宝。"

"啊，我会多么高兴啊！"伟大的秦国（Cin）君主曾感叹道，"如果我能拥有一位正派而真挚的人，他内心平和、宁静，没有嫉妒、没有偏见，拥有一个高贵而宽广的心胸，以至能够识别并爱惜有才华之人，就如同他自己拥有这些才华一样；看到别人拥有智慧和美德就会心中欢喜，不只是口头夸赞，而是真心实意地敬重他们，他会让他们来到自己身边，任用他们，并根据他们的才能给予相应的职务和地位。我认为这样的人如同我的国家的坚实基础，他会使我的人民保持永恒的和平、统一和安宁；他不仅会保证我的子孙拥有王国并巩固他们的财产，甚至对于整个国家都大有裨益，还会开疆扩土。倘若恰恰相反，如果我的某位大臣心胸狭隘且卑鄙吝啬，只考虑自己的特殊利益，傲慢地将一切都归于他自己的才能，并且嫉妒那些在智慧与美德上都出类拔萃的人，在内心憎恨他们，千方百计地在工作上排挤他们、排除他们，想尽一切办法阻止他们因为功劳而升职。对于这样的官员，我认为他不仅是无用之人，不对他抱有任何期望，而且认为他对我的人民、我的子孙以及我的国家而言是场灾难。"

一位君主应该立即摆脱如此危险的大臣，将其流放并驱逐到远离本国的蛮夷之地，这样才是真正的虔诚，才是真正爱自己的人民。知道如何通过自己的人格来衡量愿望与心愿，也即知道如何去爱他人、如何去憎他人。相反，见到一位有功劳、有智慧且高尚的人而不愿意重用他，或者如果您想要任用他却不愿尽早这样做，这就像看到一个小人身居高位却不把他拉下来赶得远远的一样不公正，或者处理得太晚、太慢，也是犯罪。这就是不知道如何统治，不知道如何爱人，也不知道如何憎人；而是爱别人所憎的东西，憎别人所爱的东西，这与人共同的天性相抵触，会招致所有人的憎恶和嫉恨。这是想要失去人民的爱戴，从而使帝国陷入毁灭的危险之中。

贪求、渴望不停地积累财富通常是国王与君主们失败的原因，这会使他们偏离君王的美德之路。他们不曾留意，假如没有离开美德之路，没有犯罪、暴政与不公正，没有失去正直君主和国民之父的宝贵名声，他们就会实现自己的愿望而且不断增加财富。他们只需要确保在国内没有游手好闲的人，每个人都开心而认真地工作；工匠和商人可以轻松愉快地发展他们的技艺和交易；那些以耕种土地为业的人既勇敢又专注，他们可以在合宜的时节务农而不被打扰；那些从国库中获得收入的官员的数量要少，要小心翼翼地裁掉所有多余的人；最后，那些能分配王室财富的人，分配财富时要非常节制、精打细算而富于远见。他们只要这样做，就会发现他们会永远富有，王室的财富也会永远充足。

君主要真正有德、温和、宽厚、有为，确实爱他的子民，希望他们变得富有，更多地关注民众的利益而不是他自己的利益，从而获得世人的爱戴和祖国之父的永恒之名；这就是所谓的通过蔑视财富来展示他自己的人格并以此扬名。不要反其道而行之，只管采用任何公正或不公正的手段来聚集财富，由此招致人民的憎恨；这就是所谓的重视财富而贬低他自己的人格，以财富为荣就会令自己被人鄙夷和憎恨，被后人所厌恶。

我们从未见过君主以温和、宽厚、虔诚或仁爱来对待臣民，而臣民却不以忠诚来回报和蔼可亲的君主，不爱戴他，不忠于他；同样，我们也从未见过人民爱戴并忠于他们的君主，而君主的事业会不成功，结局会不幸福。那么，当人民如此忠于君主的时候，就会视君主的财富与国库如同自己的，和平时如同自己的一样守护它，战争时如同自己的一样捍卫它。可见对于一位君主来说，让自己受到人民的爱戴，并以温和、宽厚和仁慈来吸引他们，是多么重要。

如果一个以皇家财政为生的当朝大臣（un Grand du Royaume）当真不能恰当地饲养鸡豚来获利和养家，如果他在自己家里当真连牛羊都不养，这大概和他的地位不匹配，因为他可能获得了一些肮脏的收益，这会对那些习惯于依靠小本薄利而谋生的底层人民（menu peuple）造成很大的伤害。为了养活和维持他的大臣们而使人民负担过重的税收，又以地租和皇家收入为借口残忍地逼他们破产并把财产夺为己有，这与一位君主的伟大是多么的不配！如果一位君主不巧有这样一位不公正地增加税收的大臣，对他来说还不如有一个公然盗窃国库的大臣；因为后者只会伤害一个人，前者则会伤害很多人。君主怎么会忍受在自己的朝堂上有这样一个将会成为窃国大盗的恶棍、这样一个人民的吸血鬼，任由他残忍地吸取和耗尽臣民的血汗呢？！

如果掌管朝堂的人一心只想着聚敛财富，您要知道这种想法只会来源于一个邪恶而卑鄙的人，他会用诡计来引诱君主，让君主认为征收重税和滥用职权是个美妙的方法，是让国家富裕的非常合适的手段，且没有比这更公正、更公平的了。我认为："如果有这样一个足够卑鄙和奴颜婢膝的人，就没有什么坏事是他招惹不来的。他随意掠夺和盗窃臣民的财产，会引起人民对他自己和君主的仇恨，也会引起上天的愤怒。毫无疑问，上天会突然降下大灾难，在人们当中会发生暴动、破坏、谋杀和屠杀，而好人却无法阻止这些。君主不应该仅以个体或私人的范围来看待自己的利益，还应该将其扩展到君民之间相互公平、相互关爱的范围之上。"

第二书（《中庸》）

众所周知，美德或完美由过度与缺乏之间的中道（Milieu）组成，但这中道是崇高的，而且很少有人知道如何秉持它。并非在今天人们才抱怨它，这是个老毛病，这是一场古老的争吵，一直以来都是这样。[1]

我非常清楚地知道为什么有那么多人不履行这一皇家的中道之路，原因如下。这一时代的智者们超越了中道，因为他们陶醉在自己的高谈阔论中，相信自己知道比中道更多的事情，甚至更高的事情；并且他们忽略了中道，把它当作微不足道的东西。粗鲁的人达不到中道，因为他们不知道它，或者他们被困难吓倒从而不相信自己的能力，并且他们怀疑自己是否能够达到中道。我也知道为什么还有一些人不认识中道之路，即便它已经如此明显：智者或者那些自称智慧的人，倾向于跟随比较危险和不寻常的原则或道理，他们经常会错过中道，并且走向极端，然而粗鲁的人对于认识并达到中道感到绝望，也因而不会成功。

错误的一般原因在于，在我们的行动、判断和决定之前，我们没有充分审视事物，没有正确地衡量双方的理由，就太过仓促地采取行动。这就像吃喝一样，没有人每天不吃不喝，但在如此常见且平凡的事情当中，很少有人知道如何辨别好的和健康的酱汁，以及很好地判断饮料和菜肴的性质和功效，

---

[1] 在耶稣会士翻译的《中国哲学家孔夫子》中，将"中庸"与西塞罗的"mediocritas"作类比，贝尼耶在这里直接将"中庸"翻译成"中道（Milieu）"。在西方思想传统中，"中道"源自亚里士多德，由西塞罗和奥古斯丁延续下来，通常翻译成"节制""克制"。参见前揭《中国哲学家孔夫子·第二卷》第139—140页。

因为其中混合了各种不同的食物且受到制作技艺的影响。如果我们执着于了解它，我们就不会像我们经常做的那样超越节制的界限。

帝舜是真正谨慎的楷模，在处理国家事务时，他不相信自己，不相信自己的判断，不相信自己的谨慎，而是乐于请教大臣们（相信他们）的判断和谨慎，并且会仔细检查他们的所有答复，无论这些答复多么普通和平庸。如果碰巧大臣们向他提出了不合理的建议，他其实是不会采纳的；尽管如此，他还是知道如何谨慎地隐去（其中的）错误，从而温和地保住大臣们内心的坦诚和他们可以时不时提醒君主的信心。如果他们的建议符合理性，他就会采用，而且会抓住机会指出和赞美建议当中好的方面，从而鼓励他们下次可以更愉快、更自信地向君主提出他们的看法。如果这些建议稍微偏离了中道，他会手持理性的天平，采用两个极端之间的中道，这样事务就不是按照他个人的判断而是按照大臣们的判断和建议来执行的。舜因此在治国技巧上闻名，并成为一位伟大的皇帝。

我们这个时代（具有）欺骗性的谨慎，你可耻地从我们古代君王的谨慎堕落（而来）。今天，每个人都说"我很谨慎，我知道应该做什么、不应该做什么"；因为他只着眼于自己的利益和自己的便利，却不考虑不幸的后果和他会坠入其中的危险，他因而轻易地陷入众多困境当中，最后掉进一个永远无法脱离的陷阱里。每个人都说"我有足够的智慧"，他甚至为自己选择一个中道来执行，但他碰巧被懒惰所征服，他的计划哪怕一个月都不能坚持，对这种人而言，知晓和懂得中道又有什么用呢？

人们可以认为真正谨慎的人，是我亲爱的弟子颜回。因为他不仅令人欣羡地懂得分辨事物然后选择中道，而且从他获得美德的那一刻起，他就拥抱它，可以说他紧紧地将它抱在胸前，怀着爱慕把它藏在心中，永远也不会放弃它。

确实有一些人能够和平地统治世界上的王国，也有一些人会拒绝高官厚禄，还有一些人可以勇敢地赤脚踩刀剑；但是，中道似乎看起来很容易做到，但是需要另一种力量（force）以及其他的斗争与工作才能达到它。

要懂得温和地自我管理，并且对他人保持一定的宽容，从而竭诚治理并带领他们进入美德；不要一直过于严厉地惩罚他们的懒惰和迟钝，不要首先报复那些拒绝服从的人；而是要耐心地忍受他们的过错，从而温和地使他们逐渐服从理性，这就是南方人所知道的中道。这是他们所拥有的力量，也是他们的智者们懂得实践的力量。

顽强而坦然地躺在长矛与盾牌上，见到自己深陷死局也无所畏惧，且不厌倦这样的生活，这就是北方国家的美德和力量。尽管如此，其中往往有许多鲁莽的成分，而且会频繁地违背中道的规则。所以，我亲爱的弟子们，这不是我要求你们的那种力量。

君子总是注意克制自己，他真正知道如何使自己适应别人的品行和习性，但是，由于他是自己的主人，他不会允许自己因为经常与软弱而懒惰的人交往而堕落；他不会不加区别地追随每个人的行动和倾向，他会在那些背离美德和理性的人当中保持正直，不屈服于任何一方，不随波逐流。这才是强大的力量！如果他在一个践行美德和法律的国家当官，在那么多的荣誉当中，他不会改变自己私下自处时所持有的品行和生活准则，他不会因为排场和荣耀而自高自大。相反，如果美德和法律都遭到蔑视，一切都处于纷争与混乱之中，如果他甚至遭受匮乏和其他痛苦的折磨，以致陷入死亡和最后的绝境，然而在所有这些不幸当中，他并没有改变，而是始终坚定不移地坚持他曾经做过的事情；这需要何等（高尚）的美德、何等伟大的灵魂与何等（强大）的力量（force）啊！这就是不断战胜自我的力量，相对于南方国家和北方国家的力量，我更喜欢这一种，也希望你们拥有这样的力量。[1]

有一些人鲁莽地超越中道的界限，追求一些我不知道的隐秘且非比寻常的美德，他们喜欢做一些非凡的事情，以便让自己在将来的几个世纪里声名

---

[1]《中庸》原文："故君子和而不流，强哉矫！中立而不倚，强哉矫！国有道，不变塞焉，强哉矫！国无道，至死不变，强哉矫！"耶稣会士用拉丁文"fortitudo"翻译"强"，贝尼耶因之用"force"来翻译。

远扬；但是对于我来说，我不想这么做，我专心研究的是平常需要知道什么和做什么，君子走寻常的道路。

还有一些人，他们并不鲁莽地追求非凡深奥的或者超越自己力量的事情，但他们已经踏入了美德之路，就像人们应该做的那样；然而，他们胆怯地停止在中途并可鄙地丧失了本心与勇气。君子不会就此止步，他会始终坚定不移，他勇敢地尝试完成他所开始的事情，他在各个方面都保持中道，没有过度也没有不及。

为了美德的爱而逃离世界、荣誉和其他的一切，也因而不被人所见、所知，却不会感到难过、苦恼和遗憾，这其实是非常伟大和困难的事情，只有圣人（le parfait sage）才能做到；能完美地认识中道正是如此之难！

然而，由于上天赐予了所有人以理性之光（la lumière de la raison），[1] 也即自然法则（la règle naturelle），圣人们（les Sages）正是以此来认识和辨别真正的中道。因此，所有人都能以某种方式来获得关于中道的实践知识，每个人根据他的天赋和所处的自然环境而有所不同，甚至是粗俗的人和胆小鬼，都能够认识如此美丽的规律，并使自己的某些行为遵循这一规律，尽管他们不能像圣人（le Sage parfait et accompli）一样做到最好。

天地已为人人所知，然而由于元素（Elements）和时代的变迁，人类发现了一些可抱怨的事物，以及一些令他烦恼的事务，但他对于其原因却一无所知，因为没有一种智慧如此完美，能够理解或洞察如此伟大的美德。所以，我们不要惊讶，即使中道的规律是普遍的且印在所有人身上，但君子对它的了解比其他人更完美，因为，君子的精神"像鸟儿一样能飞上高天，又如鱼儿一样能沉入海底"，他们的美德和理性在高低之间游刃有余，能见于最伟大的事物，亦能见于最微小的事物。

尽管在天赋上有所区别，但我们可以认为没有人缺乏理性之光，因此所有人都应该努力去以自己的方式认识真正的中道。事实上，谁不知道在君臣、

---

[1] 西方语境中，"理性之光""自然之光"，指人的理性。

父子、夫妇、兄弟以及朋友之间存在普遍的理性规律呢？无人不知，因为这一规律就在于人本身，它自然地印刻在人的精神当中，而人自己所创造的规则包含在或隐或现的非凡原则当中，它并非内在于人，而是外来的，不能被视为理性的规则。

"工匠拿起手中的工具是为了打造另外一个类似的工具，他眨着眼睛从一旁端详，仔细检查后者是否符合前者的形状和标准。"君子也有类似的举动，当他要规范（régler）一个人时，他不会寻找一些外在的、远离这个人的东西，而是通过这个人自身，通过一种内在的、自然地印在他的脑海中的规则来规范他。然而，这一比喻并不完全正确，因为工匠所使用的规则是外在的，离上天自然地赐予人的规则非常遥远。

忠实、诚恳而真挚地通过自己来衡量他人的人，正是我们所说的不偏离自然法（la loy naturelle）的人，并且他受到内心深处的这条规则的指导，它不断地命令他：他不想让别人对他所做的事情，也不应该对别人做。君子（le parfait Sage）根据四条规则来执行他所有的行为，而我认为自己几乎无法遵守其中的任何一条：第一条，我要求我的儿子所做的，我也对我的父亲这么做；第二条，我要求我的臣民所做的，我也忠诚地对我的君主这么做；第三条，我请求我的伙伴和朋友所做的，我提前对他们这么做；第四条，我希望从我的弟弟那里获得的温和与敬重，我也对我的兄长保持同样的态度。此外，君子在平常的言谈中非常地慎重，如果他觉察到自己说的太多或者太少，他就要强迫自己去履行职责，作为一个对自己严苛的审查者，他致力于做到言行合一。正是这位君子，他的美德笃实、坚定、恒久，我远远在其后追随他，总是要试图模仿他。

君子满足于自己的命运和处境，他所做的一切都与他的地位和处境相符合，不去渴望任何远离其地位的东西。[1]

如果他富有而受人尊重，他就依此行事，但不至于沉溺奢侈和不正当的

---

[1]《中庸》原文："君子素其位而行，不愿乎其外。"

享乐，也不会因铺张和傲慢而冒犯任何人。如果他贫穷又出身低贱，他也依此行事，不会去做一个庄重而廉正的人不应该做的事情。如果他置身国外，他就像外国人一样行事，并且举止既与平日相仿，又符合在外国人当中居住的要求。如果他处于不幸、苦难和辛劳当中，他就按照这样的状态行事，始终坚定不移地做他最初打算做的事情。总之，在任何生活状态中，他都能成为自己的主人，满足自己的命运，凡事都顺遂他的意愿。[1]

如果他身居高位，他不会以不人道的方式待人接物，也不会令下属胆战心惊；如果他地位低下，他不会为了获得上级的青睐和支持而去奉承。他只想着完善自己，不对别人提任何要求，因而对任何人都不会发怒。身处高位，他不会抱怨上天（le ciel）没有给予他成功或者用厄运来折磨他。身处低位，他不会责怪别人，也不会将自己的厄运或过错归咎于别人，而总是安于自己的命运，他从不要求任何远离他所处状态的东西。

因此，君子居住于宁静之地，以平静的心态等待天命（le commandement du ciel）；相反，一个小人（un meschant homme）则会匆忙冲上一条危险的道路，寻求纯粹无缘无故的命运，以及跟他的优点一样少得可怜的成就，这一点点成就可以说纯粹靠运气和机会获得的。[2]

君子就像弓箭手一样，如果弓箭偏离了靶子，他会责怪自己，而不会在自己的人格之外寻找错误的原因；如果君子偏离了中道的目标，他也只会在自己身上寻找原因，而不会将错误的原因归咎于别人。

我们只能逐渐达到中道的完美，而且是有办法可以做到的。君子的习惯是效法长途跋涉的人或者登高望远的人，前者从最近的地方开始旅行，后者从最低的地方开始攀登。

"从你的家庭开始，让你的妻子喜欢和平与融洽，那么全家都会享受无比甜蜜惬意的和谐、和平、融洽与欢乐。让兄弟之间、长辈与晚辈之间、儿媳

---

[1]《中庸》原文："素富贵，行乎富贵，素贫贱，行乎贫贱。素夷狄，行乎夷狄。素患难，行乎患难。君子无入而不自得焉。"

[2]《中庸》原文："故君子居易以俟命，小人行险以徼幸。"

与女婿之间都能融洽地相处，这会带来永远持续的喜悦，并会连续不断地传给儿孙。"在这样和谐的家庭当中，父母将会生活得多么幸福和安宁啊！

同样，要让神灵（les esprits）在你的家庭当中得到敬拜与尊重，它们就像上天的大臣一样，受其委托去守卫和保护尘世的事物（les choses sublunaires）；它们照看行星和其他的星辰，掌管元素、帝国、王国、郡县、家庭、山脉与河流。难道我们还不知道舜留给我们的榜样吗？！这位伟大的皇帝、睿智的立法者，只要他巡视他的王国，就会祭祀上天、祭祀皇天上帝，这样的祭祀只有皇帝才能执行；然后，他用次一级的方式祭祀六个主要的神灵（six principaux Esprits，六宗），祭祀四时、冷热与日月星辰；他由此转向那些远处的神灵，即主宰山川的神灵，最后祭祀那些无处不在的无数神灵并履行自己的义务。他下令在帝国的一百座主要城邑里饲养动物，以便在指定的时间作为牺牲；他还让民众知道，为了人民的幸福，他们必须为这些庄严的祭祀日做准备，全力去敬拜（honorer）皇天上帝、掌管名山大川和大地四域的神灵。

的确，我们不能看见他们，也不能听到他们，因为他们属于另一个更高的境界。然而，我们仍然能够通过感官以某种方式感知他们，因为他们能通过他们的影响显示自己；这些不和谐的影响又是如此地和谐融洽，只能来自他们的智慧（intelligence），他们彼此密切结合，并且融入万物，从而让万物跟随他们的引领来生存行动。

正是这些神灵的存在，使天生心存感激的人懂得克制，他们避免恶习，保持身心纯洁以便按照应有的仪态和敬畏来祭祀神灵；他们将无数的神灵视为充满万物的巨大海洋，尊敬神灵如同神灵就在他们的头顶、左右与四周一样。

"嗟乎！如果那些给神灵献祭时怀着尊重和崇敬的人，他们的愿望都不能保证实现，那些在祭祀中随便而怠慢的人，他们的愿望就更不会得到保证。"

也不尽然。无论神灵的微妙之处如何隐秘，他的影响却非常清楚明白，因而他无法一直隐藏自己；唯有神灵才能使天地之间发生连续不断的运动，也唯有他们有能力使善人幸福，恶人不幸。

在您看来，帝舜的父母为什么在世上始终享有如此盛名，为什么他能把天子的尊严传递给他们？为什么他能富裕地拥有四海之内的一切，为什么他能从一介农民当上皇帝，为什么他能幸福地统治50年，能活到100岁，为什么他的名声传遍大地？他的高贵与成功绝非偶然，而是出于既定的意图，上天要褒奖他的美德，由于他在父母生前孝顺、爱戴且尊重他们，过世之后每年都以隆重的葬礼祭奠他们，甚至在皇宫里以祭奠君王的器具、排场、礼仪、习俗和仪式来祭奠他的父母。

因为如同上天在孕育万物时所做的一样，它会依据万物的特质而调适，依据这些特质，上天通过湿与热使那些种植在特定和恰当的地区与季节里的植物得以良好生长；相反，它也通过热摧毁那些它认为荒废的、枯萎的与失去活力的植物。同样，对于人，上天也顺应每个人的本性与独特天赋：善良的人，它爱他们，养育他们，让他们兴旺发达；邪恶的人，它打压他们，毁灭他们。

舜，睿智而虔诚的君主啊，我们应该以怎样的颂歌来怀念你生前与身后的名声啊，你的美德伟大而闪耀。你知道如何给予人民适合他们的东西，你也知道如何给予官员适合他们的东西；你把你的美德传播给所有人，你也知道如何普遍地善待所有人。也正因如此，上天将大恩惠施与整个帝国，守卫、保护与维持帝国，让各种财物充满整个帝国，让它长治久安。总之，因为你的大德，上天赐予你帝国。

著名的武王（Yu-Uam）也是如此：他被推举至帝位，他的统治带来那么多的荣耀、幸福和繁荣，他能成为人民爱戴和欣喜的对象，他既富且贵，他从未被迫拿起武器反对一个邪恶而不虔诚的泰坦（un Titan, un scélérat, un impie），没有哪个皇帝在生前和死后拥有如此伟大的名声，最终他的家族统治帝国长达两千四百四十七年，他的后代能延续四十代……如果所有这些不是出于上天的意志和目的，那么，我们应该将这样的繁荣与恩惠归功于谁呢？上天是王国与帝国的主人和至高无上的支配者，它按照功绩和美德来选取与推举接受王国与帝国的人。因此，没有谁的虔敬比武王更伟大、更典范了，我们的史书难道不曾提及？我们难道不知道武王是效法他的父亲文王、他的祖父与曾祖父吗？他日夜服侍病中的父亲，亲自为父亲提供所有可以想见的照顾、义务、职责和安慰，以至于他要在父亲吃饭之后自己才会吃，父亲睡觉之后自己才会睡。在父亲去世之后，无论是在哭泣、悲伤和哀悼中，还是在葬礼和埋葬中，或者最终在每年祭日的祭奠当中，武王给予他所有父母应得的崇拜与崇敬。正是这样的孝顺得到了上天的眷顾和奖赏；正是对其生命创造者的爱戴、温情和尊重，以及对其命令和意志的服从，使他能够从上天那里获得这些好处。

因此，我们可以概括地说，在统治者懂得如何祭拜上天和其他的庄严祭祀之后，孝顺是治国安邦与君臣幸福的基础。的确，如果君主以真诚的爱和尊重来爱戴和敬拜自己的父母，他一定会命令臣民以君主为榜样来爱戴和敬拜他们的父母。因为，任何爱美德的人都希望每个人都拥有美德，如果美德对他有益且重要，对君王也就一样重要。如果臣民不服从他们的父母，君王想要臣民服从他也是徒劳的。但为了慢慢地、完美地达到这一目标，最谨慎的做法是向所有人展现出如同父母对待孩子一样的和蔼与友爱，因为我们确实愿意追随和效仿那些我们认为爱我们的人。如果君主做得很好，人们都效仿他服从他们的父母，那么所有人也会以同样的方式服从君主，并愿意听从他所有的命令，就像服从人民共同的父亲一样。此外，如果他们服从君主的命令，他们会更愿意服从理性和上天的命令，上天是王冠与帝国的分配者。况且，上天从来不会忘记奖赏美德，它将会以怎样的财富、怎样的恩惠、怎样的繁荣来满足他们啊！和平与融洽将会统治一切，帝国将会强大繁荣，君主之下的臣民如同父亲之下的兄弟一样，生活在一个富裕而井然有序的家庭当中，将会过上温和、和平而愉快的生活。

我们要大胆地承认，谁能首先对上天、其次对父母履行他虔诚的职责，谁就一定会顺利地统治，在清楚地了解祭祀上天和孝顺父母的力量和理由之后，他就会像看着自己的掌心一样来轻松地治理帝国。然而，为了回答鲁国君主关于治国之道的问题，我们要加上一句话。

真正的治国之道不需要去远处寻找，它一直都铭刻并记载在我们的木板上，然而缺少以下一点：这些睿智而有德的文王、武王都已经过世了，国家的治理也随他们而去了，再也没有美德的效法者；如果有的话，他们的治国之道很快就会恢复；记载古代法律的木板，只不过是没有车夫也没有向导的漂亮马车。

只有君民合作，他们的心意和美德合一，才能实现德治，并能迅速而轻松地解决最困难的事情。因为美德之于德治，就像得到精心耕种的土地一样，能够促进植物生长；或者如同种在河边的芦苇，能够借助其他植物的养分顺利而快速地成长。

事实上，好的治国之道既依靠君主所任用的治国之人，也依靠君主自身的节制、规范和良好行为，这将成为他人的榜样和模范；君主的规范和良好行为同样取决于普遍的理性法则（la règle universelle de la raison），通过这法则君主可以辨别善恶、正义与不正义，从而拒绝后者，选择前者；他如实而公平地赐予每个人属于他自己的东西，而执行和实现这一理性的法则，需要坚实的美德和对所有人的博爱与虔敬，这被称为"仁爱"（charité）。仁爱通常关注所有人，就像绳结与将人们联结、结合起来的纽带一样，每个人根据职位和处境的不同，或紧或松地联结在一起。

因此，睿智和博学之人的德治总是在于选择睿智之人，而这一选择则取决于君主自身；一个睿智又谨慎的君主不得不培养自己的人格，既借由普遍的理性法则，也要借助对所有人的博爱，其余的一切均取决于此。况且，在人们当中父母是第一位的，他必须侍奉他的父母，而且要比爱他人更爱父母；给予父母的爱和美德也同样会给予所有人；他必须努力了解其他的人，特别是那些在美德和智慧上卓越的人，以便选择他们作为自己的大臣。他必须认识上天或者理性之光，在我看来，这理性之光会激励我们，要求我们所有人要培养美德、孝敬父母、尊敬睿智之人和良善之人、崇敬赐予人以正确理性（la droite raison）的上天；这正确的理性是一切美德的根本和起源。下面有五条古人提供给我们的生活规则和普遍道路。

第一，君臣之间的正义；第二，父母与孩子之间的爱；第三，夫妇之间的相互信任与个体区别；第四，兄弟之间的从属关系；第五，朋友之间和睦相处的相互责任和义务。然而，践行这五条规则依赖于三种美德：分别善恶的特殊明智（prudence）、令我们广泛地爱所有人的博爱、令我们坚定不移地扬善抑恶的勇敢。[1] 但是，我们要特别注意，践行这些美德完全取决于一点：即内心拥有真实、诚挚而坚定的真理与正直，如果三种美德中的任何一个来自虚假、隐瞒和欺骗的心灵，那就不再是一种美德，而是一种邪恶。

此外，有些人生来就有足够的智慧自己去理解这些规则，不需要任何老师的帮忙；有些人稍稍学习也能理解它们；还有些人则需要发奋学习和努力才能理解它们。然而，一旦他们理解了这些规则，也就拥有了同样的美德、同样的知识和同样的明智，尽管有人拥有的比较早，另一些人拥有的比较晚。因此，有些人很幸运，天生就会慢慢地、毫不费力地、自然而然地获得美德；有些人出于贪婪，为了美德带来的利益或用处而追求美德；最后，还有些人在天赋上没有什么优势，他们需要付出艰辛并强迫自己才能获得美德和仁爱（charité）。这完美的仁爱，即爱所有人。也就是说，在行善之时，有些人觉得很容易，另一些人则觉得很困难。无论如何，当他们都达到了目标，就会通过行善变得强大而坚定，最终拥有同样的原则、同样的美德，也能以同样的方式理解事物。

因此，或许有的人头脑粗鲁，但如果他有极大的学习欲望，而且学习美德从不厌倦，他也就接近明智了；或许有的人特别关注自己的利益，并且特

---

[1] 即：智、仁、勇。

别爱自己，尽管如此他还是努力行善，那么他也就接近博爱了；最后，或许有的人心智易受影响，但他始终保有羞耻之心，当别人提及一些肮脏和非法的东西时他会感到羞愧和脸红，那么可以肯定他接近勇敢（la force）了。

因此不难看出，您一旦正确地理解了这三件事，也就知道该如何培养自我，也就知道什么能够完善您的精神并规范您自己的人格。如果您知道了这三件事，也就知道什么对于规范他人和治理国家而言是绝对必要的，因为同样的理性和法律在一个人身上的同时，也在所有人身上。因此，您就会明白君主的修养（la culture）和完美人格乃是其他所有人的基础、根本和准则。

正因如此，任何想要以德治国的人必须记住这九条规则或箴言，它们虽然通俗而平凡，但却绝对必要。第一，要培养自己的理性，完善自己的美德，养成一种习惯。第二，要尊敬睿智之人和良善之人。第三，要爱戴并尊敬父母。第四，要重视并尊重自己的朝臣与地方官员。第五，要调和其他低级官员的意愿，将他们视为自己的股肱。第六，要爱民如子，与民同乐，与民同悲。第七，为了国家的公共利益，要吸引并引进各类工匠。第八，要仁慈、有礼地帮助和保护远道而来的外国人。第九，要以极大的友爱和诚意与王族和诸侯保持良好的关系，从而赢得他们的友谊和忠诚。

如果君主能谨慎地遵循这些规则，毫无疑问对于整个国家来说会大有裨益。因为，如果君主完善自己的美德并且谨慎地运用之，那么法律和上面的这些一般规则将会通过他的榜样在各处落实生效。如果他培养睿智之人，并利用他们的丰富经验和建议，就不会因为不知道如何决策事业和后续事务而左右摇摆。如果他爱戴和尊重父母，那么在其他的亲戚之间、叔伯之间和兄弟之间就不会出现争吵与纠纷，整个家庭都会和睦相处、相互关爱，并且一起谋求整个家庭的益处。如果他重视并崇敬自己的大臣，无论发生多么棘手的事情，面对国家政务他都不会多疑、动摇与不安，因为他能找到一些美德完善、勇敢顽强的人，他们会即刻建言献策、助君主一臂之力。如果君主知道如何逐渐调和职位低微的官员，把他们当作股肱之臣，那么那些身居高位的官员就会更为尽心竭力地侍奉君主，从而所有人都会以君主所期待的忠诚来回报他。如果他爱民如子，那么人民就会以同样的爱与热忱来回报这样一位仁慈的父亲。如果各地各行的工匠都被这样一位伟大君主的名声吸引而来，那么国家将会充满各式各样的财物、器用来满足公共的生活。如果他善待远道而来的外国人，邻国的人民将立即前来避难或投靠他，并且乐于臣服于如此温和、人道的君主。最后，如果他喜爱并乐于支持各地的诸侯，将他们视为自己的朋友，并且以爱和情感联结他们，他的财富和权力就会增长，乃至在全世界变得强大。

　　这些结果都产生自我们所说的九条规则，现在的问题在于如何实践它们，那么要这样做：只要君主戒除恶习，内心纯洁无瑕，保持符合其人格的庄严外表，而且永远不沉迷于违背道德和理性的事物，就能借此培养君主的人格。只要他将那些谄媚之人赶得远远的，远离肮脏的爱情（sales amours）[1]，不看重财富而是尊重美德，那就会激励和鼓舞追随美德的睿智之人。只要君主重视并维护父母的尊严，通过自己的收入增加父母的收入，爱他们所爱，憎他们所憎，就会激励和鼓舞其他人以同样的方式去爱自己的父母和亲人。只要他设置更多隶属于大官的小官员来处理细小的事务，就会勉励高级官员役使他们并更加谨慎地履行自己的职责。只要他信任自己的大臣，根据每个人的功劳给予丰厚的薪水，就会激励大臣们更好地为君主服务。只要君主仅在耕种和收割之外的合适时间里役使人民，减少其赋税，人民就会爱戴并服从他。只要君主每天反省自身（luy-meme），每个月审视自身，付给家里的仆人高工资，就会鼓励他们好好工作。只要他乐意帮助那些要离开的外国人，善待那些要来的外国人，称赞前者的优秀品质，并在公共事务中任用后者，还同情那些能力一般的外国人，这就是所谓的善待外国人。对于诸侯，君主要努力保存和延续那些行将绝嗣的家族，用其同族之人接继其位。他还要努力振兴

---

[1]《中庸》原文"去谗远色"。耶稣会士将"远色"翻译为"procul absit à Veneris"，即"远离维纳斯""远离女色"。

衰落中的诸侯国并让其恢复元气，平息即将发生的叛乱或骚乱，把它从所面临的危险中挽救出来。同样，诸侯会盟之时，君主应该接待他们的使臣，但只在日常确定的时间召集诸侯；当他们离去之时，要体面而隆重地接待他们，不要贪婪地接受他们的礼物，而应保有君主的节制（modération）。这也就是所谓的善待拥护帝国的诸侯。

而且，践行这九条规则，需要凭靠严肃、有效、不加掩饰和任性的坚定与真诚，因为如果其中任何一条规则缺乏这种品质，那就不可能是真实而诚挚的美德，而是虚伪而肤浅的美德。

如果所有相关的事物和行为都获得彻底而坚定的思考和检查，那么这些规则与美德将会很容易践行，并会牢牢地保持在内心当中。否则，它们就会被忘却直至消失。事实上，如果您在讲话之前重复对自己说这些话，确定谈话的内容与方式，届时就不会含糊其词，也不会讲得磕磕绊绊。只要您仔细而坚定地检查并确定一遍应该要做的事情，就不会自寻烦恼，也不会因为失败而难过。如果您在内心对于要做什么已经有一个明确的预判，懒惰就不会阻碍您；如果您偶然在半途停下来，也不会被指责轻率和不坚定。最后，如果在做一件事情之前，您已经按照理性的规则深思熟虑了很久，以至任何事情如果不坚守正直和诚挚的规则，您都不去做，由此就会获得伟大的美德和力量，永远也不会耗尽，永远也不会缺乏。但我们还是要通过下级对上级的例子来进一步解释这一学说。

如果下级不懂得与上级达成共识，人民就不可能获得和平的德治。双方达成共识，有助于低级官员得到高级官员的肯定和信任，其中确有作为基础的规则和道理（raison），即人们一旦信任亲密而平等的朋友，就不会背信弃义。因为，如果一个人不愿意信任自己的朋友，上司对他的廉正会有怎样的看法，他们怎么能信任一个欺骗自己朋友的人呢？同样，保持朋友的信任，也有其规则和道理。因为如果一个人不全心全意地履行对父母的义务，反而背叛父母对他的信任，欺骗他们，那么毫无疑问他也不会获得伙伴和朋友的信任。此外，保持父母对他的信任，也有其规则和道理，即，如果一个人审视自己，发现自己不是以真诚的心来侍奉和尊敬父母，而只是表面上假装如此，他就应该被认为没有侍奉和敬拜父母。同样，一个人坚定而真诚地完善自身，并且达到这样正直而诚挚的心境，其规则和基础在于辨别善恶，因为如果一个人没有这种判断和认识，就永远不能诚挚地完善自己，也不能达到稳固而持久的状态。

  一个人要选择善并且一直保持善，必须遵循五条规则。第一，他要了解一切事物的原理（raison）、原因和适度，不能浅尝辄止，而要充分且广泛；因为致力获得坚固的完美的人必须认真而扎实地学习。第二，在将要学习的事物当中，他可能会发现自己不能完全了解以致产生一些疑问，他要深入思考自己需要询问的问题，并且请教博学而有经验的人。第三，尽管他似乎深入学习了所有事物，然而，一个人很容易因为过或不及而犯错，因此他必须谨慎、仔细地反复思考他的推理，必须权衡和检查每一步。第四，他要毫不含混地明辨事物、善恶与真假，从而做出深思熟虑的判断。第五，所有这一切完成之后，要全力执行他所决定的事务；并且不断地、认真地、毫不掩饰地执行。现在，让我们来看看执行这些规则和箴言时会遇到的困难。

  有些人不想学习，因为不会从中获益，可他们一旦开始学习就不会停止，除非已经学会并理解了。同样，有一些人不愿意提问，因为他们比较迟钝，一开始不明白答案，可他们一旦开始提问，就会一直追问下去直到明白。有些人不愿意深思和推理，因为他们不能轻易理解所思考的内容，可一旦开始推理，就不会停止也不会灰心，直到理解了为止。有些人不想争论和争辩，因为他们对事物的了解不够清楚明白，可他们一旦开始推理就不会停止和气馁，直到能清楚地理解所有事物。有些人不愿意付诸行动，因为他们不够坚定执着，可一旦开始行动就不会停止，直到他们凭借力量和勇气完成工作为止。如果有人能幸运地第一次就成功，那么您即便在第一次或第二次不能成功，在第一百次肯定会成功；或者如果有人在第十次才能成功，您要保持希望能在第一千次获得成功。

如果有人能一直不断地遵循这些规则或者按照这些规则行动,即便他粗鲁无知又没有技艺和天赋的帮助,也不会妨碍他变得非常敏锐而富有远见,即便他现在很软弱,但他在践行美德方面将会变得非常强大。他更不应该对自己的劳动的成功感到绝望,因为有理性的本性(la nature raisonnable),上天平等地赐予所有人的崇高之光,就其本身和其根源而言,都是纯洁的、清晰的、真实的、正直的、没有欺骗和伪装的。既然只有我们的激情的恶性运动才能掩盖和熄灭它,那么谁能勇敢地、不断努力地克制自己的激情,谁就会修复那仍然存在的天然之善,就会激活或复兴那尚未熄灭的原始之光的火花。就像一棵半死不活的树,它只生长出一些小小的绿芽从而显露出一点生机。如果我们小心地照顾这棵树,把所有技艺悉数用上,按时浇水,按时施肥,按时修剪没有希望复活的枯枝,最后勇敢地除掉其疾病的根源,整棵树最终会恢复生机,恢复昔日的活力。

当君主达到完美的状态时,因为其理性不会被激情所遮蔽,那坚固的完美就会显现自身,它如同初升的太阳光一样越来越强,继而就像中午的太阳一样向四面八方散射它的光芒。他的美德之名会触动所有人,每个人都感觉被他的典范引向善与美德,却不知道这美德从何而来。君主将会完全认识自己,并且通过所知看透他人的本性,他将知道如何教育他们、规范他们、统治他们、改变他们的思想乃至改变他们的人生,使他们能够回到他们那被贬低了的本性的纯洁状态。

甚至君主肯定会知道将来的事件,并且通过自己的智慧预测未来,而不需要占卜,后者借由蓍草(herbe Xi)燃烧过的龟壳参看各种条纹、斑点和颜色。我们只需要聆听舜这样一位睿智而虔诚的皇帝的话,看看他是怎么回答禹的,他要选择禹做自己的继承者,然而禹推说自己的功绩不足,并要求人们去询问一下占卜师。

舜说:"如果出现一件令人怀疑和难以解释的事情,我们确实需要求助于占卜（le sort），然而在此之前，我会把需要慎重考虑的事物摆在眼前，反复思忖它所带来的利与弊。而且，我会认真地请教睿智之人和谨慎之人的意见，听完再自行决定要做什么。在这之后，我会要求请出巨龟来占卜。但我已经下定决心让您来接替我管理帝国，在我所请教的所有人当中没有人不同意我的想法，就像您已经声名远扬一样，难道您自己没有看到人民的赞成，大家多么开心吗？毫无疑问，神灵本身也支持我们的选择和意见。除了全体人民的普遍意志（la volonté generale）之外，他们还能有什么别的意志呢？谁会怀疑占卜会做出与我们的想法不同的预言呢？请记住，再次求助于占卜是多余的，因为我们确信所有人民以及神灵的意愿与我们相同。"[1]

这是一位君子的品质，一位通过关注和努力成功净化其理性的人的品质。但是他不会就此止步，也没有放弃其最初的热情，反而越来越强大，他观察、学习、思考、审查、复习他曾学过的东西，并总是尝试学习新的东西。他小心地保存所获得的东西，一直不断积累知识，力图将所有的知识化为实践，以便在任何地方、任何时间和任何状态下都不做什么不合乎理性的事情。因此，他身居高位时，不见其自傲；他地位低贱时，也不见其违法或者违背习俗，或者试图引入新的习俗，或者固执地坚持那些不再使用、随着时间流逝而被改变或消失的习俗。

如果一个人心智贫乏、学识不多、德行不高，却要求别人必须接受他的观点，就好像他是一个心智超凡、经验丰富的人一样；或者他地位低贱，却执着于幻想不在其权限之内或力所不及的事物；或者他诞生于这个时代及其法律之下，却顽固地坚持追随相反的法律并且复兴古代的法律。哦，会有多少不幸降临到他的头上啊！没有其他人能够在宫廷中引入新的习俗，或者随意改变皇宫里的家具及其他装饰，唯有天子或统治者拥有这样的权力，因为他们的智慧与美德相符。另外，任何人都不应该擅自改变文学，或者改动古书的记载，以免借由统一的礼仪、文字和习俗而加强和保持帝国的和平，以

---

[1] 此处或参考张居正《书经直解·大禹谟》。

及由它们所促成和维持的和谐，受到这些新奇事物的扰乱，从而使帝国陷入危险。

我们岂会不知道古代的君主们是多么注重保持这种统一性，而且从远古至今，我们始终试图让人们准确而持续地遵循这一点。哪怕是最细小的事情，人们也不敢做出改变，甚至是在语言上，在法庭、婚礼或学校教育的市民仪式（les cérémonies civiles）上，在城市、宫殿以及住宅的样式上，在书信、印章、职衔、宴会仪式与歌舞上。在我看来，人们唯一敢做的就是不改变任何上述细小的事情，因为这一切都是根据人们的特殊情况而决定的。《礼记》这本书如是讲道："无论是谁，创作淫秽无耻的音乐，或者制造奇异的服装，或者使用奇怪的技艺，或者制造罕见的器具来迷惑与欺骗人民，都要被处死。"这样的国家在一切事物上保持一定的统一非常重要，以免在细微的事物上放松，最终会影响到重大的事物。

所有这些特殊和限定的仪式、礼貌与谦恭，都涉及五则秩序[1]。在君臣之间、父母与子女之间、兄弟之间、夫妇之间、亲朋好友之间，甚至在官民之间都要精确地遵守这些仪式。在我看来，古代君王所发明和建立的所有这些有区别和差异的义务与习俗，都必须被视为绳结与纽带，它们将同一个身体的不同部位与头脑之间恰当地彼此联结起来，这样立即就会在所有人之间产生相互的坦诚与善意，整个帝国因而获得永久的和平与幸福，政体（Corps politique）也享有令人欣羡的稳定、美丽和快乐。因此，他们通常将"五伦"称为帝国之光（la lumière de l'Empire），认为缺乏它们就只会带来盲目、暴行和混乱。

同样，我们帝国的创建者伏羲也是如此仔细、规范与慎重地发明和创立了音乐，因为这位睿智的君主知道人类天生就有作恶和非法享乐的倾向。[2] 为了年轻人——特别是君王的孩子，以及更普遍的那些还没有堕于恶习的青少

---

[1] 即"五伦"。
[2] 此处并非儒家思想，倒是与伊壁鸠鲁学派思想相符。

年——更加热切而快乐地追求美德,他下令将道德中最美丽的箴言写入歌曲中,以便借着音乐的温柔,能让箴言更愉快地进入他们的心灵并在那里扎根。我们睿智的创立者和古代君王们创制音乐,不是为了君主和大臣们的特殊乐趣,而是为了软化人们天生的凶恶,将他们引向温和与美德。因此,任何个人,无论他多么睿智有德,都不敢革新任何国家的习俗。如我所言,唯有统治者能够革新,但他必须拥有完整的智慧和美德。

的确,我一直很喜欢而且很开心地提到夏朝古老的法律和习俗,但由于这个小国后来的君王们(Les Rois)已经从前辈的美德中日益堕落,他们也就不足以证明这些法律是善的,那么我该如何推荐它们,人们在多大程度上会相信我,我一个人又如何遵循它们呢?我也研究和学习过商朝的法律,但是既然现在很多内容已经不被采用了,而且我们现在的帝国也不缺乏与古人比肩的善法,那为什么我要遵循前者而非后者呢?我也仔细研究了现在统治的周朝的法律和习俗,因为它们已经适应了时代和理性,而且在全国普遍使用,即便它们与古代有所不同,我还是会遵循。

我希望过去的君王能正确且合法地创立法律,甚至希望它们不会被完全丢弃。或因年代久远、或因书籍损坏、或因缺乏睿智之人,这些法律似乎已经消失。现代的君王有时也建议人民遵守它们,然而这些君王缺乏相应的美德,对于人民也就没有足够的说服力,人民对他们没有信心,自然不会遵循法律。此外,我也希望个人能够很好地理解甚至培养礼仪和荣誉的指责,并被赋予与帝国相称的美德。然而,因为他们没有王室的尊严,对于人民也就没有权威,如果他们推行古人的善法,人民同样不会相信他们,也不会赞成和遵循他们的新法与习俗。因此,只有睿智或有德的皇帝,才能使所有人遵循法律与条例。

我们再一次看到,正确且正直的君主治国之道,完全依赖于他自己的人格,这能让所有人民都感觉和认识到他的美德。他依照三位古代君王——禹、汤和武王——的方式规范自己的统治,将其所做的事情与天地之法做比较,摒弃一切虚伪和掩饰，不沾染外在的荣耀、浮夸和光鲜亮丽，它们会玷污最耀眼的行为。真正可靠的睿智有德之人应该尽可能地隐藏自己的美德，他的美德如同逐渐明亮的光芒一般日益增长；这能让所有人民都能感受和认识到他的美德。愈是容易被人们发现，也就愈加明显。一个小人或伪君子所伪装的美德则完全不同，它只是美德的影子，会一天天减少，最后如同烟雾一样消失不见。如果您第一次品尝真正的美德的味道，它似乎是平淡无味的；但是如果您慢慢地品尝它，您会发现它非常美味，即便每天都品尝它，也永远不会感到厌烦。从表面上看，它似乎是卑微渺小乃至可以忽略的东西；但是，如果您用精神之眼查看它的内在，会发现它是多么的美丽和优雅。要怎么说呢，它是一件由黄金和宝石做成的金光闪闪的衣服，但是其上覆盖着一块素朴的粗布，它愈是隐瞒，却愈加珍贵。

一位至高的祭司（Pontife）进入神殿，通过在所有人面前完成祭祀来感动和邀请神灵们（les Esprits），在非比寻常的宁静中，在身心交融中，他走近（祭台），即便他没有命令大家沉默，在祭祀过程中，在他周围的一众人群里也听不见任何高声和低语、任何骚动和争论。因为祭司的美德和廉正获得了肯定，他的脸上乃至人格本身都展示出了庄严与谦虚，这是他内在的敬畏与谦虚的标志，它们是如此伟大，以至于尽管他不劝告和威胁任何人，却将所有人限制在自己的职责当中，让所有人都以深深的静默参与祭祀。因此，一位确实可靠的睿智有德的君王，尽管他不表现出明显的慷慨，人民也没有任何回报的愿望，却只以君王为唯一榜样并效仿他，激起美德，并被奇妙地邀请在所有与其职责相关的事情上服从君王。此外，尽管君王不会生气，不以惩罚和酷刑来威胁人民使其害怕或避开邪恶，但是相比于将持有镰刀和斧头的手臂伸到其臣民的头上，前者更令人民敬畏他的人格。

虽然君主将其深厚的智慧和美德隐藏在内心深处，不张扬也不炫耀，只是通过英雄般的事迹和凡人的公共福祉展示出来。但是，中国（各朝代）的所有诸侯和君王都认为这种君主美德的内在威严是天上的而非人间的，他们每个人都尽自己所能地去努力效法它。美德的伟大并非来自外表,而是来自内在的坚定(solidité)和信仰(culte)。如果皇帝陛下(la Majesté Imperiale)的外在的光彩、仪态和庄严,如果他的财富、武器和雄辩之才能对人民有一定的威力,使他们做到尊敬、尽责和服从,然而所有这一切也只能被看作是在后的东西,就像大树的枝丫一样;君主之美德永远是万物的根本,是民众之德的根本,因而也是国家幸福、君臣幸福之根本。

第三书（《论语》）

第一卷

谨严且审慎地效仿圣贤，并孜孜不倦地将此效仿之学付诸实践，如此度日难道不甜蜜且惬意吗？万事开头难，但倘若心意已决，誓必追随美德与智慧，目之所及，皆圣贤之典范、先哲之教诲，如此必将克服重重困难；倘若能持之以恒，便有机会逐渐找回我们明晰完整的本性，所有的努力和实践将由此变得更加轻松自如，您也将由此获得大量的知识，而这些知识将给您带来极大的愉悦和满足。

以如此的方法及恒心加以训练，您的修养也终会得以提升；如果远方的友人或信徒慕名而来，向您请教或投于您的门下，难道您不会倍感欣慰？难道您无法察觉到自己内心的这份喜悦？

但如果相反，我是说如果，其人品学兼优却不为世人所知，（德才兼备却）无人问津，（才高行厚却）无人青睐，但他却并不因此而感到半分痛苦与恼怒，恬然自足于自己亲身力行后的收获及那些真正化为己有的东西，淡然面对那些受外界支配的身外之物，这样的人难道还称不上白圭无玷、德配天地？

若一个人在家自愿服从父母之命，尊重兄长并在其面前表现出应有的谦恭，那么他在外面就极不可能热衷于反对合法的行政官员。而一个人既无心与官员作对，却偏偏喜欢煽动叛乱、扰乱国家，这还从未发生过，此等事例确实是闻所未闻啊。

至善之人极为重视（构成事物之）关键要素，重视事物的根本和基础：核心的东西一旦确立，符合美德与本分的行为准则也便即刻而生，犹如（植物）从坚实的根茎中生长并开花。由此，每个人对父母的孝敬与恭顺，幼弟对兄长的友爱、敬重与谦恭，便是一个人对国家侍以仁心义胆的根源，是对于长官奉命唯谨的基础，因而也是为百姓带来和平安宁的根本。

那些巧舌如簧、（与人言谈中）必嬉怡微笑之人鲜有方正不阿的。我是说，有些人矫揉造作出一副蔼然之态，花言巧语极尽恭维之能事，看似道貌岸然实则假仁假义；这些人极力博取他人的好感以获取名声，完全不在意（自己的所作所为）是否表里如一、言行一致。在这样的人中，我们很难找到一个，甚至我们永远都不可能找到内心具有真正美德之人。

我每日主要在三个方面审视自己，并要求自己反思：替他人做事，我是否忠心赤胆、竭尽心力，把它当作自己的事去做；当我按照人之常情，与我的伴侣和朋友以一种亲切友好的方式相处时，我是否做到真挚与坦诚，而非自我满足于流于表象的和善与友爱；老师所授之教义，我是否在脑中反复体会，并认真地、不断地将之付诸实践。

身为君王，若想治理好国家，有五件必做之事：其一，愿他对国中所有事务都予以关注并仔细研究，绝不忽略任何一桩小事，且谨记，君王的一个小疏忽便可给国家带来长达数年的浩劫。其二，愿他心中存有真诚并铭记真理，愿他坚信唯此二者方为国之珍宝。其三，愿他躬行节俭，削减一切不必要的开支，以确保国库充盈，天下富庶。其四，愿他爱民如子，扶助所有因鳏寡孤独或因遭受粮荒、饥荒及其他灾祸的不幸之人，以此确保臣民爱戴其君，比之如父，恭顺服从。其五，关于公共工程，如果有什么需要修建或修复，而恰巧臣民农事繁忙，愿君王能避开耕种与收获之农忙时节，待臣民农闲时再征调劳力；如此国家方能仓廪实，国库足，国力振，而民众也将更加乐于参与公共工程的建设，从而避免劳民伤财。

愿尚在家中的幼子能尽心尽力地侍奉自己的父母；即使成家立业，也愿他们能关心家中的长辈、亲人，关心他们的同胞，并推而广之，及至所有的国民，并竭力为之效劳。如果着手从事某项工作，愿他们能不断努力，倘若无法完成就不要轻易开始，如此方能谨慎地看待每件事的始终；愿他们真实而诚恳，永远不会自相矛盾；愿他们通常能热爱所有的人，愿他们与每个人都能和平相处，如此他们才会因自己的友善与随和而与那些德高望重之人有更密切的交往，此所谓群贤毕至。这些便是年轻人的主要职责之所在，做到这些之后，倘若他们还有时间和精力，但愿他们能投入文化知识的学习中——这是值得称赞的，将远古圣贤的《诗经》熟诵于心，其中的教义老少皆宜，对于年轻人更是佳言良箴。

一个人倘若仰慕德才兼备之人，定会将平时自己对美好怡人之物的热爱"移情"到这类人身上，其对德行与智慧的渴慕绝不亚于年轻人对感官愉悦的追求；此外，倘若他是一个好儿子，他定将尽心竭力，履行侍奉父母的义务；倘若他是一个忠诚的臣子，他必定会履行侍奉其君王的责任，无论何时只要形势所需，他都会不惜牺牲自己的生命，而不考虑自身；一个人若能与其伴侣及友人和睦熟稔地相处，言辞中处处闪烁着真诚、恳切与纯朴，若真有这样的人，即便有人心怀叵测，说他没有学问，我都会力排众议，认为他不仅学识渊博而且造诣颇深。这会使那些家境贫瘠、不太富裕的人感到一丝慰藉，他们无法放弃家庭义务去从事学业，但只要他们所拥有的及所实践的美德是我们主要从文献典籍中所习得的，那他们便不但可被视为学习过典籍，而且也幸运地拥有了智慧，这一道德的永恒伴侣。

然而，一个正直的人倘若不庄重，甚至根本不在乎他的神情、穿着、举止以及所从事的一切活动是否沉稳严肃，相反总是嬉闹开玩笑，那他在自己的圈子里就绝不会有声望，更有甚者，他还将被人鄙视，而且连他本来辛苦所学的知识学问也不会坚固扎实，经不起考验。

注重外在的人更加不会注重内在——但愿不是如此。既然内在的才是首要的、根本的，那么一个人最基本最核心的学习应当是修身养性，尽管这对世人来说并非那么显而易见，甚至不入他们的法眼；——但愿他内心所热衷的只有真理、善良与真诚。

万不可亲近不如自己的人并与之建立友谊，因为这样的人对自己有害无益；反之，对于比自己更优秀的人要更加重视并多加接触。

倘若您犯下过错，要即刻想到易于堕落乃是人性之弱点，那么不要犹豫，亦不必害怕去改正错误，鼓起勇气站起来，尽力摆脱那些阻碍您甚至打败您的羁绊与困难。

如若一国的统治者及民众的启蒙者在他们的父母去世时一丝不苟地遵循丧葬的习俗礼仪；如若他们发自内心地为逝者哀悼、哭泣、伤痛，而非讲究排场，徒有一副庄严显赫的气派。即使逝者已去久矣，年年仍会举办各种祭典，虔诚地纪念他们，那么民间定会孝道盛行，而且，我断言，随着时光的流逝而日渐削弱与变质的民风民德也必将恢复它起初的活力，民众也将会追随并效仿地方官员为他们树立起的榜样。

我们的老师孔子奉天子之命从一个侯国来到另一个侯国履行重要的使命，每次他都能以特定的方式立刻获悉他所在侯国的政事，他是怎么做到这一点的？是国君愿意跟他交流，还是他好奇地向他人询问？

我们的老师举止温和，令人欢悦，与人交往时态度毕恭毕敬，带着审慎的节制、谦虚、恭敬且不失礼节，借此，老师知道如何巧妙且谨慎地赢得国君与大臣的恩惠与好意，并由此而不知不觉地、却又令人无比舒适地与他们的看法和愿望产生共鸣，如此他们不仅愿意向老师介绍国家政务，而且最终也会甘心乐意地向老师讨教。如此获取大家争相以闻的机密的方法，该是怎样的一门充满智慧与机敏的艺术啊，这与常人所行又是多么的不同啊！

若真想把事情弄清楚（弄清楚现实中子女是否孝顺），并在您心中判定子女是否真正做到了"孝",不要看他父亲还活着的时候子女是怎么做的,因为(那时)他尚未得到自由,无论如何都会顺着父亲的意志行事,您所能做的,便是留心他的心性,观察他倾向于做什么;等他父亲去世后再留意他会怎样做,以及他会选择什么样的生活方式,如果三年后他依然遵循其父遗留下来的生活方式,不忤逆其父善良而真诚的教诲,您便可认定这样的子女是孝顺的,并毫不犹豫地给予他"孝子"的头衔。

在日常生活中行使职责与履行义务,我们确实应该要求得到自己应得的东西,但提出要求时应该有节制、有礼貌、态度温和且人性化;如此,我们的行为才更显高贵;如此,职责与义务才更加神圣并富有美感。这种审慎而不失亲切的温和,正是古人所希望我们对待大小事物的方式,他们知道,唯此方能快乐地实现他们所勾勒的最终愿景。

为避免过犹不及,确有一些事情是我们尽量不去触碰或需小心回避的。如若能充分意识到王室的这种温和、宽厚与人性化的重要性及价值,您会渴望将之付诸实践,然而您若不根据一些适当的、特定的且合时宜的规则做些适当的调整,您随时都会出错,这会给您带来极大的不便。一言以蔽之,当我们将礼仪、温和与仁慈付诸实践时,应当有判断、谨慎,并考虑周全,切不可冒冒失失地行事,不计后果、毫无防范、毫不谨慎、不斟酌情势,全凭头脑一阵发热,如狂风席卷一切般无差别地对待所有人。

倘若所允之诺是正确的、公正的且诚实的,您就有义务一直信守承诺,履行自己的诺言;但有时候您还是会不得已违背自己所许下的诺言或违背正义,为了避免此类情况的发生,在缔结任何盟约或许下任何诺言之前,一定要认真考虑这件事是否是正确的且符合理性。倘若您对他人以礼相待、态度诚恳,并表现出符合对方身份地位的节制与谨慎,那么您便不会被责备,也不会在无奈之下羞愧得面红耳赤,不会因做得过头而承担被当作无赖或傻瓜的风险,不会因无心的过失而被认为缺乏教养或狂妄自大。至于您所倚重的朋友及保护人,不要忘记那些被公认为诚信与正直的人更值得被爱,正因为如此，他们才会成为您在各种事故与遭遇中的靠山和保护人。

君子进食，绝不会喝得酩酊大醉，吃得撑肠挂腹，而是为了维系生存并恢复体力。另外，他在家里也不会一味地寻求舒适与快乐。总之，他对其所做的事情必定用心而勤勉，且对自己口出之言慎之又慎。尽管拥有如许优点，他并不自满自足，也不过度自负，而是积极向那些有智慧有德行之人请教，听从他们的建议，追随他们的典范。这才是我们所称为的"热爱智慧的人"，是名副其实的哲学家。

倘若一个人贫穷，但绝不阿谀谄媚以舒缓他的穷困；一个人富有，但绝不因此自得、目空无人；对这样的人该做如何评价呢？这样的人固然有他的优点，也该得到应有的赞美，但我们却不能说他应该得到至高无上的赞誉，因为在道德上他并非尽善尽美。故不该把这样的人与贫穷且甘于贫穷并自得其乐的人相提并论，这样的人也不能与虽富有却积极履行日常职责，且举止温和有分寸，不骄奢，不鄙薄，不傲慢，凡事诉诸理性的人比肩。

我们古代诗人的话不无道理：新生的美德犹如一块尚未打磨的金刚钻或其他类似的宝石，若想完善它，使其光彩散发、光辉闪耀，那么不要厌倦，继续加工，不断地对它进行打磨抛光。

真正有德行并真正"热爱智慧"的人，绝不会因不为人所知、不被人雇用且才华被他人不屑一顾而烦恼，何况别人爱怎样做那是他们的自由；但他确实会因无法认清人的本性而感到不快与困扰，这会让他不自觉地做出错误的选择，因为他不知道需要躲避哪些人，需要追随哪些人，需要安抚哪些人。

他作为一个真正有德行的人执政，且处处以身作则、为臣民率先垂范，这样的人堪比北极星，看起来他在自己的位置上一动也不动，但众星拱卫，围绕着它不停地旋转。

我们古代圣贤的三百篇诗，其整个学说都包含在这三个字中：思无邪。愿我们的思想都是正直的、纯洁的、诚实的！因为倘若我们从来都不曾有过肮脏或不公道的想法，那么将来某一天真的产生这种想法或将之付诸实施的概率也会大大降低。

倘若君王和官员用连自己都不怎么遵守的法律来治理臣民，让他们因惧怕遭受酷刑而安守本分；国民受一种奴隶般的恐惧驱使，必然会克制自己犯下重大罪行的冲动。但可以肯定的是，恶棍般的奴隶既缺乏羞耻心也不会真正地惧怕罪恶，以对待恶棍奴隶的方式统治国民，国民也不会一直恪守本分，就好像他只是被暴力威吓，出于恐惧而不得不暂时安分一样；恐惧是一个很糟糕的统治者。

相反，如若美德差不多是您用来管理、引导国民的唯一手段，且您自己以身示范，国民便定会适应这种统治方法，但因他们各自的条件有所不同，故他们所具备的德行也会参差不齐。如果您审慎且温和地约束您家中的成员，如果您适度地区别对待您的臣民，量才器使，赋予他们不同的职责，使之既相互约束又能适当合作，如此，方可以一种质朴的羞耻心与一种儿女孝亲般的敬畏将他们约束住，而他们甚至也会自愿且欣然地践行所有的美德。

你们[1]想知道我在求索智慧的道路上，随着年龄的增长而取得的进展吗？我给你们概括一下吧。刚到十五岁，我才立志学习我们伟大先贤的知识体系。三十岁时，我发现自己已到了（思想）稳定下来的年纪；我在追寻美德与智慧的过程中所打下的根基如此之深、之坚，外在的一切都无法将之拿走。四十岁时，我已不再犹豫，疑云消散，因为我了解了事物的固有属性，我也知道它们的完美与不完美之处。五十岁时，我立刻领悟到了天意与天命，明白了正是源于这至高无上的存在[2]，每个事物才获得了它的本性、力量和理由，总之，我探索此本性或理性的完美状态、微妙之处及起源由来，并最终对其缘由恍然大悟。六十岁时我的耳朵能自然容易地听进去很多话，理解力敏锐、洞幽察微，经年的艰苦学习也培养了我的心智，再加上基于最优秀的理论、

---

[1] 贝尼耶对《论语》的翻译把原著的对话体改成了散文体，这让贝尼耶译文中的人称变得更加不确定。此处的法文 vous，可译为"您"，承接上一段中的"君王"，也可理解为与读者对话；但若译为"你们"，则是孔子与其众弟子的对话。人称的不确定性是贝尼耶译文的一大特点。

[2] 即"上天"，原文为 ce souverain Estre。

教义与教诲而发展起来的理解力，这些都便于我轻松而明晰地记住别人说的话或自己所读过的书。到了七十岁，就是我现在这种状态，这都要归功于我长期的思索及在挑战自己的过程中所取得的一次次胜利；我知道我内心所求但又不超规越矩，也不违背诚信与正确的理性——我的欲求与之达成了妥协，毫不费力，也无半点挣扎。

谈及子女对父母应尽的孝顺，简而言之，它包括不要以任何方式反抗他们，但我的意思并不是说孝顺便意味着儿子永远不反抗父亲的命令，因为后者有时也会有失公正、有悖常理；它还包括在父亲过世后，儿子也还必须得承担其跟孝道相关的职责。但因为他从未在律法、风俗、常理、天性对一个好儿子所要求的在分内所尽的义务上出过任何差错，因此父母还健在的时候，他敬爱他们、安抚他们、心甘情愿地顺从他们、服侍他们，尽了所有该尽的义务，做了所有该做的事；父母过世后，他依然履行所有应尽的义务，诸如出殡、举行盛大葬礼、为父母守孝、每年更换供品等所有依照我们的祖先所保留下来的惯例与习俗必须要做的事情。然而，通常能让父母烦心苦恼的只有儿女的不孝，因此做儿子的一定会格外小心，不去做些会让父母不开心或困扰他们的事情，不管是出于情感上的冲动，还是由于过度放纵或者其他类似摧毁身心健康、破家散业、败坏名声的恶习。

我很清楚现在会有人说，孝顺就是子女尽心赡养父母，但若仅此而已，那孝顺之人的声誉及其所受到的赞美就也可能适用于粗人和动物。就好比狗呀、马呀这些动物也都能找到人尽心喂养它们、照顾它们。而惯例、常理和人之本性却希望我们对父母的赡养与照顾出自我们对父母发自内心的爱与尊重；不然，那我们侍奉赡养父母与养活一只家犬又有什么区别呢？

对于真正的孝顺，这些习俗惯例要求一个真正衷心爱戴、敬重、尊敬自己父亲的儿子，眼里要洋溢着发自内心的喜悦，脸上要带着欢欣的笑容。的确，及时响应父母的要求且长久保持和颜悦色的态度，要做到这点确实不易，然而，这却几乎是一种真正且实际的美德的唯一确定的标志。的确，那些不听话的孩子们，尽管不情愿，难道就不能服从他们的父母了吗？在一群兄弟中，那些年幼的，不是也经常被迫做些家里最苦、最累的活？不是也在餐桌旁殷勤地伺候着父母甚至兄长？难道我们可以因此断定他们很孝顺吗？"孝顺"一词只适用于那些一直鞍前马后地服侍父母且总是保持和颜悦色的人。

有几次我终日与我的弟子颜回交谈，发现他从不反驳我，似乎有些愚钝，而且他自己也弄不清楚其内心的想法。但当他退下独处时，我仔细观察他的所作所为，我意识到他沉默和闲暇时的言行举止足以向我证明他这个人并不缺乏智慧，他不仅深入理解了我所教给他的知识，而且每天都身体力行、付诸实践。颜回定然不是一个缺乏头脑或粗鄙无礼之人。

区分人的好坏通常是很难的，若想做到这一点，首先得观察那个您想要了解的人，观察他的所作所为及其所从事的活动，因为小人所为通常都是不公正的、不诚实的，而君子的举止则是公正的、诚实的、公平的。而这也不是"诚信"的绝对可靠的标志，您还得继续深入考察，更加仔细地思考他们的每个行动的目的：他们之所以行事公正、诚实守信，究竟所为何由又所为何图？如果是假意伪善、掩饰伪装，甚至图谋不轨，不管他们的行为客观上有多好，他们也不能被当作是好人。

当然，如若不想被（他们的伪装所）欺骗，就不能停留在这个阶段，还需要更进一步，思考一下这个看起来像好人的人何以止步[1]且何以安放[2]。因为尽管其行为本身是真诚的，确切地说，（尽管）其行为（所展示出来）的目的和意图都是好的，但倘若做这些事情时，他并非心甘情愿，相反却感到被强迫或不得以，以致他的心灵无法从其行为（所表现出）的美德本身及诚实正直中获得宁静与愉悦，那么，这种"诚信"就根本不能被视为完美的诚信；

---

[1] "止步"，s'arrêter，指的是在修身的过程中止步于何种境界。在儒家的概念中，道德人格是有等级的，从低到高依次为：小人、士、善人、君子、仁人、圣人。从一个低级阶段到一个高级阶段，都是一个修身的过程。一个看起来像好人的人，可能修炼到"善人"这一阶段就止步不前了。

[2] "安放"，se fixer，指的是心之所寄。"止步"与"安放"，这两个词语的使用体现了贝尼耶对儒学的深刻理解，这跟他自身的游学经历是紧密相关的。

而且，不管它是一种什么样的"诚信"，都根本不能持久。

那么，如果有人把这种方法付诸实践，谨慎且小心地观察一切事物，这些人又怎会有藏身之地呢？人们又怎会对之毫无察觉呢？放心吧，人们定会轻而易举地将这种人识别出来，不会冒任何是非不分、混淆善恶的风险。

一个人如果能不断地复习他所学过的东西，而且在实践中常常会得到新的启发（因为真理和智慧的源头活水是取之不尽、用之不竭的），要知道这样的人最终将会接触到伟大的知识并成为他人的老师。

完美之人绝不是一个花瓶。他越接近完美，就越有能力实现完美，也就越需要思考如何完善自己；这跟局限于某种特定用途的器物有云泥之别。但由于他才华横溢且多才多艺，因此更适合去做各种伟大的事情。

完美之人总能说到做到；行动在先，教诲在后。总是能够躬先表率，如此方能有效教学。

身为完美之人，不仅拥有极高的智慧且极为善良，这样的人可以说交友广泛，因为他的善良与仁慈有容乃大，愿意对所有人同施仁爱，并促进整个社会的和解与圆融。相反，小人则卑鄙龌龊、利欲熏心、心胸狭窄，这样的人可以说是个别的了，因为除了跟他个人有关的事，什么都不能对他产生影响；而且他可以出卖友情，也可以出售他的"善行义举"，因为他只爱自己，完全以其个人的功利及方便衡量其喜好。

关于这个一般来说跟所有人都相关的"真诚"或"善良"，我很欣慰地记得，我说，每次想起这个鲁国士兵[1]的故事，我便甚感欣慰：鲁国有一士兵，不慎遗失其盾。苦寻而不得，于是自我宽慰道：一个鲁人丢失了盾，他日寻得此盾者，必定还是鲁人。其实，他原本可以说得更好：他日寻得此盾者，终归还是人啊。

---

[1] 这里贝尼耶翻译了耶稣会士原著中的斜体注，但故事本身有误。正确的版本应当是"楚弓楚得"的故事。《说苑·至公·七》：楚共王出猎而遗其弓，左右请求之，共王曰："止，楚人遗弓，楚人得之，又何求焉？"仲尼闻之，曰："惜乎其不大，亦曰：'人遗弓，人得之而已，何必楚也。'"仲尼所谓大公也。

只知埋头苦干却不知思考的人，终将徒劳地消耗他的努力和辛劳；反之，只知思考却不实干的人则会滑入谬误、陷入迷茫。实际上，即便一个人用心学习、获取知识并付诸实践，但如果不经常思考并重新审视已学会的东西，他将永远不会准确且扎实地学到任何东西，相反，他将在某种愚昧和永恒的困惑中挣扎。此外，任何人，如果因为懒惰或某种自信，既不咨询书籍也不向老师请教，只是固执地陷入空洞无物且毫无结果的沉思中，那么，他必定只能触到点事物的皮毛，捕捉些无用且往往是虚妄的意象；他永远都不会坚守任何扎实可靠的学说，却随时都面临从一个错误跌入另一个错误的危险。

有些人致力于甚至执着于一些异于圣贤所言的奇怪教条，并意图将之介绍给民众，这样的"革新者"无论是对他自己还是对国家都将会是一种危害。

您想弄懂很多东西，成为他人所认可的博学之人吗？我想用一句话让您明白什么是知识，或者什么样的人才是名副其实的博学之人。您知道一些东西，对吗？那就大大方方地承认您知道；有些东西您不懂，对吗？那就老老实实地承认您根本不懂。这才是规规矩矩地做学问，才是当之无愧的博学之人。

真正的学问不必求其能解释万物及其本质，即使是最有智慧、最博学的人都无法凭自己的知识做到这一点，真正的学问在于好好学习他的分内之事，以免自以为是，以为自己都懂了其实根本就没懂，而又轻率地相信这些东西，又把这些东西教给无知且容易受骗的百姓，不仅自欺欺人，而且强加于人，而避免这样做的唯一方法便是长时间的深思熟虑、向比我们有学问的人请教，以及效仿给我们定规立矩的智者圣王——尧舜——的谨慎及谦逊。

您想知道在帝国中担当重任的文官之道吗？我很乐意教导您。从您会听到的各种谈话中，做出正确且谨慎的判断，有些地方您会感到困惑，一时无法确定，那么先把它们搁置一旁，明智地对之保持沉默。剩下的尽管您好像有把握，而且肯定能把它们讲出来，但讲的时候还要小心些、谨慎些，因为只有这样做，您才不致说错话。此外，在您会看到的一些平常就有人做或处理的事物上，有些地方可能会冒犯别人，在这些地方您要小心地约束自己，如此您便可在其他方面谨慎小心地掌控局面了，因为您还是难免会后悔曾经鲁莽行事或犯了错误——虽然发生这种情况的概率很小。那么，一旦您如此小心翼翼且充满智慧地调节您的生活、规范您的作风，您将不会以言语冲撞他人，也几乎不会为自己所做过的事情感到后悔，相信我，您终会直上青云生羽翼，且终会因为这份谨慎与美德而得到民间赞誉。

鲁国的现任国君问我，如何才能使民众心甘情愿地服从我的命令且臣服于我呢？提拔善良公正之人到政府担任公职，并知道如何将那些可能会被您视为贪婪、卑鄙、恶毒且奸诈之人排除在外；如此百姓才可能乐于听从他们且信服您。但相反，如若您提拔小人而排斥或忽略君子，百姓既不会心甘情愿地听命于他们也不会信服于您。因为人的天性如此，即便是百姓中的那些藐视诚信、不节制、不公正的人也喜爱官员身上的这些美德，以免遭受恶行及不公正之苦。所以，如果您希望您的臣民心甘情愿地、快乐而持久地服从您，您就该支持他们心中的如此正义的倾向。

至于行政官员，他希望百姓敬畏他、对他以诚相待，也希望百姓能够热衷于习得美德。如果每一次他出现在公众面前都合乎礼仪、态度庄严，没有任何轻浮、不文明之态，也没有任何粗鲁、野蛮、不人道之举，那百姓定会见贤思齐、克恭克顺。此外，他如果顺从于自己的父母及兄长，尽到了一个孝顺儿子应尽的义务，与此同时温和宽厚地对待自己的臣民，臣民们定会被如此合乎礼仪的美德典范所激励，忠诚地回应长官而乐于以宽厚仁慈的标准要求约束自己。倘若他最后选择并提拔了一些公认的诚信之士辅助自己在朝中任职，而对于那些没做出什么成绩也没有什么能力的弱者他也能温和且人道地对待，并不轻视他们、忽略他们；那么所有的人都将被唤醒、被激发，而且他们，无论是伟大的还是微不足道的，都将对美德怀有一种令人钦佩的热情。

现如今，君王的内阁被无赖小人及破坏人民休养生息的肇事者所占据，值此之际，您是否对我辞去要职、无心官场而感到惊讶？莫非您不知道，我们的史书所大力称颂的智者君臣？他所想的仅仅是很好地服从父母，并维持他与兄弟之间——从最年长的到最年幼的——相亲相爱、兄友弟恭，并将这些美德与相处之道的优势在他的家庭成员及帝国中推而广之。相信我，为官理政之道也正在于此。这种方法确实独特，但它也是值得称赞的，并且也是有用的。既然如此，为何我还要担任公职呢？莫非您觉得我应该有一个"行政官员"这样一个头衔？

瓶子若是空的便很容易翻倒，但若装得太满酒也容易洒出来！只有半满的瓶子才是安全的，才站得住、站得稳。倘若君王缺乏德行，抑或依恃其荣誉和骄傲而自我膨胀——因其所谓的功绩被人百般奉承，那他将很容易遭遇各种不幸，而国家也将轻易地随之沦为废墟。相反，如果自己知道得培养一些非凡的能力，并用最优秀的学问和知识充实这些才华，那他就不会耽于自我陶醉，因为他会提醒自己，虽然自己知道很多东西，但还有更多的东西是自己所不知道的。此外，他要是还有许多优点及美德，他就会更愿意听到对他人的赞美而不是给自己的颂词。总之，无论他多么富有、多么有权势，他表现得都好像一无所有，普通得不能再普通了。我们都知道，但凡以这份谨慎、节制以及崇高的灵魂执政的人，他的统治都会很安全。无论是苍天还是人类，他都没有什么可害怕的，而且自然与命运的所有恩赐与好处——它们总是那么爱捉弄人——都将对他有用，为他带来荣光。

一个人既不真诚也不诚信，更没有对真理的热爱，要说他可以对某事很擅长，这我可看不出来。牛车上如果用来拴牛的辕杆处没有轭，马车上要是没有用来套马的辕弓，又该如何行走呢？我想让它们直行几步，它们却在第一个拐弯处便止步不前。真诚是社会的普遍利益；缺乏真诚，无论是对自己还是对国家都百无一用。——这才是君王的高尚德操，它是王冠上最珍稀的珠宝；正是通过这一美德，那些最幅员辽阔的帝国才得以治理得幸福且平和。

我们古代的帝王及其大臣对这种美德的信任到了何种程度呢？两个年幼

的王子在园中戏耍，年长的已被立为储君，他拾起一片树叶，笑着置于弟弟额前，好像在模仿天子分封诸侯。他对弟弟说，我把晋封给你。于是，在场的一位朝廷重臣极为郑重地对他说，大王封他为国君，那他便是国君了。册封是合法有效的，君无戏言，一言九鼎，言必行之。就这样弟弟得到了封地，而且众所周知他身后相继有过二十九位国君。[1]

皇室必得遵循这一良操美德，您问道，那我们是否能进入未来，预测皇室命运，预知其将实施的律法、所采纳的习俗，还有它们是如何创建、延续了多久、最后的结局又将会怎样？关于重要的律法和习俗——它们就像一个帝国的门枢一样，我们都知道商王朝刚刚继承了夏王朝，也沿袭了夏朝的旧制，在重要的律法和习俗上完全没有做任何改变；至于那些所产生后果相对较小的事物，我们能轻易地知道它所抛弃的或所减损的地方，我是说，要想知道在法律的行使和习俗的实践上它做了哪些改动其实是不难的。就好像当前的统治政权周王朝一样，在习俗及律法的实质内容上跟前朝商是一致的，至于它所删掉的或废除的或新增的，也是很容易知道的；即使周朝之后还有一百个王朝后继，如果我们在前代基础上形成对未来事物的判断，那我们现在就可以以某种方式推测并预知每个王朝的命运，及其稳固与否、有何荣耀及进步。

倘若你祭拜了一个你不能也不该祭拜的鬼神，就如同祭拜一个依你的境遇及责任你都应该去祭拜的先祖一样，那你就是一个无耻的谄媚者，因为你企图通过一种违反道德的祭拜获得某种恩赐与帮助——你认为这些都超出了你平日所祭拜的鬼神的能力。但这样做就是在无视我们的先贤及礼法制定者给我们精准规定的秩序与方式，这不是在祭拜鬼神，而是在满足自己的野心及贪欲。只有天子，上天之子，方可以其所有臣民的名义庄严地祭拜主宰天

---

[1] 此处讲的是著名的"桐叶封弟"的故事。这个故事出自《吕氏春秋·应览第六·重言》，还是个大孩子的周成王将唐地封给了弟弟姬虞，姬虞便成为周朝唐国的始封君，所以姬虞又被称为"唐叔虞"。唐叔虞死后，传位于其子姬燮，姬燮在位时将国都从翼城迁至晋水旁，古人有依地而名的习惯，于是姬燮将唐国改为晋国，姬燮是为晋侯燮。

地的神明。国君及重臣只能祭拜主掌山川河流之神，郡守县令[1]祭拜次一级的神明，依此类推，个人依据自己的状况及条件祭拜跟自己身份相符的鬼神。这才是万事万物的自然顺序，这种自然的从属关系决定了低级事物受到中级事物的支配与调节，而中级事物又受到高级事物的支配与调节。我们的古代君王及先哲圣贤已经注意到天体运行和尘世苍生的活动之间存在着一定的联系，万物都在各自特定且合适的位置上运行，而所有天体，无论其远近，其运行时每一个度数的变化[2]都来自那个独一无二且至高无上的动力源。[3]正是基于这最高的运动及天上的这种从属关系，国家之间的从属关系方能得以妥善调节。不顺从或意图改变这种关系者，如若不是逞匹夫之勇便是怀有令人不安的狼子野心。

有些事情是在我们所能掌握的范围之内的，也有些事情是人类的能力所能及的，对于这些事情我们应该多加留心；至于鬼神的秘密，及他们的力量所能达到的神秘范围，我们要谨慎地节制我们的好奇心，不要过度地探求它们的秘密。一个人既看到了自己的职责所在，又知道何谓正义何谓公正，但他或是出于畏惧或是出于贪婪抑或是由于一种肮脏而摆不上台面的弱点而无所作为，那么我们就有理由对他进行谴责；但倘若仅是因为他不了解鬼神的崇高而隐秘的本性，那么我们就不应该指责他，因为那是人类智慧的精妙所不能及的。

第二卷

众所周知，在每年悼念父母的盛大家庙祭典上，通常会有些仪式及供品，但使用八佾的歌舞排列，只有天子才有权这样做，国君（诸侯）只能使用六

---

[1] 即卿大夫。
[2] 贝尼耶曾多次陪同他的老师伽桑狄——利用伽利略发明的望远镜——进行天文观测，这里讲的"度数"应当是指天文坐标，用来记录天体移动的视路径。
[3] 万物的运动都源于上帝，这是伽桑狄的思想，贝尼耶师承伽桑狄，并把这一思想"植入"了《论语》的翻译中。

佾，行政官（大夫）四佾，普通官员（士）两佾；这些由我们的先辈们所制定、并且一直以来都被严格遵守的律法和习俗，又谁人不知何人不晓呢？我说。而区区一个行政官（大夫）竟傲慢地践踏这些规矩，妄想与天子比肩？倘若这都能被容忍，那还有什么是我们所不能容忍的？君臣之间的区别何在？难道不该担心，今日这些僭越天子礼仪之人，他日会不会篡夺天子的权力？如果在一些最微不足道的小事上，革新者与变化都很危险，那么在那些君臣之别被抛诸脑后的地方，又该如何呢？在一个治理良好的国家，我们绝不能容忍有人无视或违反古代习俗及良好秩序，因为允许这种行为便是为日后大患埋下种子，也是引爆日后大规模叛乱的火花。

对于一个丧失诚信、没有坚实美德的人来说，所有的这些职责本分、外在仪式、歌舞盛宴、和谐融洽以及凄美哀伤的音乐于他又有何益？因为所有的习俗及职责本分都应当扎根于他们的内在美德，如果内在无此美德，习俗也好，本分也罢，都不过是对人性的虚妄模拟，都不过是个纯粹的谎言而已。况且，一个缺乏美德的灵魂已经被各种意念折腾得死去活来、陷入无尽的骚动不安中了，相信我，他的内心如此严重失调，所有乐器及声音的协调都是无济于事的。

这些天，一位正人君子前来向我请教职责本分与风俗习惯的根本与要旨，因其想到现如今葬礼、出殡及丧宴的豪华程度和惊人开销，他很困惑，不知我们的先王遵循的是什么样的习俗以及那时是怎么做的。我欣赏并赞叹此人独具慧眼，善于探本溯源及思考事情中的最重大的东西。我是这样回答他的：

他们的本分与习俗跟其他事物并无二致，我对他说道。每一个职责本分都要考虑其实质与内容，然后才是内容之外的增益之物——这不过是一种外在形式的装饰罢了，倘若两者兼具，便能成就完美，我们可以说如此职责本分也就圆满完成了。如果两者必得选其一，那我更倾向于没有那么多装饰的实实在在的东西——在我们先辈的时代差不多就是这样的，而不是没有内容的装饰物。举例说来，现如今丧宴和葬礼都弄得声势浩大，穷奢极侈，而我更喜欢有节制的东西——这更贴近我们祖先的简单纯朴及省吃俭用。至于满棚宾客，我也非常期望他们能够真诚、恭敬与互爱。此外，与其把场面弄得张皇铺饰、把葬礼弄得豪华阔气——这些都只不过是习俗的延伸，我更希望对死者能怀有一种真正的悲痛，流着真诚的泪水，对他们怀有一种永恒的思念与哀悼。简而言之，我希望我们能重新拾起上古时期简单且淳朴的风俗习惯——那时候都很真诚用心而非仅仅做出一些形式表象。职责本分的根本、内容及实质都是一种扎实坚固的真美德，一种正直真诚的精神，一种真挚而真诚的悼念和哀伤，不是表象，更非伪装。

每当置身于我们庄严的传统仪式之中，我都会重新唤起对我们祖先恩德的虔诚记忆，我祭拜他们，尽我的本分与责任，所怀之情感——孝顺、感恩与敬畏——如同他们在场时我应该对他们所表现出的一模一样。

东夷和北狄都有君王，其君王不仅有其名而且有实际的影响与权威，臣民们敬之、从之，并赋予其当之无愧的荣誉；反观我们悲苦的中原华夏，如今却再无君王，因为君臣有别，夷狄尚且能守住这差异，不敢有丝毫僭越，而华夏却因若干世家的傲慢无礼，及其对上古之正义公道与秩序的反对，而抛弃了君臣之道。

泰山，山势冲天，挺拔高贵，只有国君（诸侯）才能祭拜泰山之神灵，而如今区区一个行政官（大夫）便窃取了这份荣耀与特权！他当真以为本性机敏且洞察一切的泰山之神会忽略甚至无视公正与理性的要求、接受僭礼之人的祭品——何况此人行事又是如此的傲慢与鲁莽？

在祭拜我们的父母及先辈的葬礼和家庙祭典上都会有一些仪式，您想知道这些神圣且庄严的仪式以何为本，所谓何求，所为何用吗？我所能告诉您的是，这些仪式跟恭敬孝顺这一基本美德有关——除了我们的先王，还没有谁能把这一美德做到极致的完美；其重要性也只有他们这些具有极高智慧的人才能充分理解。这些伟大的人坚信，君王一旦充分理解了这些虔诚而神秘的仪式之所以存在的秘密原因，就不会忽视跟治理帝国有关的任何事物，管理民众也就无须费多大力气，所有这些事他都会看得很清楚，就好像一切都在其掌握之中。

我记得途经卫国时，那位傲慢且自命不凡的卿大夫——卫国国君身边的权臣——笑着问我，你们那儿怎么会流传这样一句谚语：宁可祭拜掌管锅碗瓢盆的神灵（灶神），哪怕他身份低微，也不去祭拜主管全家居处的神灵（奥神），哪怕他的身份更加尊贵？[1] 他在暗示我，如果我求助于他会比求助于国君本人更有用，因为他猜想我来到此地是为谋求一官半职。不是这样的，我回答道。我当然知道百姓最常供奉的是灶君，我也知道一些无耻小人说着一些不公不义的奉承话巴结讨好、甚至利用他。但我是不会随波逐流的，因为这种流行且不光彩的行事方式实非正人君子所为。如果我听从了您的意见，便是犯下了逆天、欺君之罪，便是冒犯了更高级别的神明，如同冲撞了国君的尊严。如此，为乞求国君的谅解，我还可以求助于什么更高的权力吗？为了得到被我冒犯的神祇的原谅，还有什么更高级的神明我可以向他祷告吗？

正人君子之间从不会起争执。抱歉，您打断我问道，难道在射礼[2]上也不争执吗？说得不错，但且看看他们是如何竞争的。在进入指定的练习场地之前，他们向对手三次行礼作揖，三次礼让对方先射，最后才正式入场。而且获胜者，那个有幸射中目标的人，向败者真诚行礼，伴他们一同下场，请他再次入席，并向他献酒，名曰"不胜酒"[3]，因为正是通过这种令人愉悦的"罚酒"，败者得到了他所得的"惩罚"。这才是真正的君子之争；即使在剑拔弩张的较量中，我们看到的依然是和谐、谦让与礼貌，而不是让卑鄙与私欲在争论中膨胀，以致变得愤怒和暴躁，如同凶猛的野兽般相互争斗。

一个有学问的（文）射手是否能让人交口称赞并获得胜利，这并不取决于是否能够箭箭穿透做成靶子的皮革，其实只要能触碰到靶心即可，因为射

---

[1] 译者注：此处并非中文言文的直译。所以，我在略作润色后，维持了原译。

[2] 贝尼耶将"射礼"译成了"投掷标枪的技艺与艺术"。

[3] 贝尼耶的原文是"Penal（罚酒）"；但根据历代帝王庙大射礼的仪程，胜者为不胜者（不是输者）献酒，不胜者所饮并非"罚酒"，而是胜者对不胜者的关心鼓励，所以此处译为"不胜酒"。

手的力气大小不等同，而且问题的关键不在于力气的大小，而在于射箭的技巧。唉，如果我们一定得争个胜负，赢者将会是那个最守礼尚德之人，而非最强壮之人；然而当下人们考虑的只是武器、手段和军事力量，却忘记了德行才应该成为射礼考察的总目标。

我的徒儿啊，我当然知道，每月初一（朔日）的告祭祖庙所用之牺牲，其数量是惊人的——花百姓的钱把这么多的母羊买来并喂养它们，却不顾百姓的疾苦；我也知道我们把羊交付给诸侯——他们是负责祭告仪式的[1]——但诸侯却将之占为己有；我还知道这个古老的、值得称颂的习俗如今却被忽视，且在某种程度上已被抛弃；出于这些原因，我理解您想在政府预算中取消这笔支出。然而一旦我们不再购买、饲养母羊，那么某一天恢复这一习俗就真的没有指望了。不，亲爱的，有些支出能提醒我们不要忘记自己的本分，这样的支出不该被认为是没有用的，也许有一天，就像我所期望的那样，它们会激起某位君王的虔诚，重建一套如此这般神圣的体制。

我服从我的国君，并尽职尽守，给他所应有的尊敬与他所应受的外部监督，我正是如此侍奉我的国君的。然而总有一些不谨慎的鲁莽之人——要么他们不知我内心所想，要么他们以小人之心度君子之腹——以为我是一个谄媚之人，以为我所做的都不过是些低三下四地乞求国君恩赐的手段。

国君应以何种方式命其臣子做事？臣子应以何种方式侍奉国君？鲁国国君如此向我求教，而我的回答如是：愿国君使唤臣民时谨慎且有节制，愿他不蔑视任何一个向权力机关及向陛下恳求的人，愿他考虑到每个人的功绩、职务、责任、级别和尊严，对有些人要更加和善，而对另一些人却要更加严厉，对一些人要更加信任，对另一些人却要更加小心。臣民侍奉国君时，愿他们忠心耿耿、诚心实意，非但不能欺君罔上，还要心甘情愿地听命于君，不管任务有多艰难，都会勇敢地接受并总能不辱使命。

当年，周天子文王追求以美貌与贤德著称的太姒时，他是狂热地爱慕着

---

[1] 这样的仪式被行称为告朔之礼。

她的，然而人们从未见他做过或说过什么与一个贤达明君身份不符的事或话。婚礼到来的那天，乐声齐鸣，在宴会厅里回响，人们却听不到任何一点叫人害臊的杂音。相反，吟唱的曲乐里所蕴含的是对德行的美好教化，它们本就能够抚平纷乱不宁的思绪。

人们常常会鲁莽地指责国君的行为，有些时候也会找些神秘的东西（为国君的行为加以解释），——其实根本就没什么神秘的。在祭祀社主牌位的地方，夏王室让人栽种了松树，殷王室种了柏树，周王室种了栗树，而这又有何妨！由于那些王室宗族将各自的宫廷设立在帝国的不同地方，很显然所种树木的改变仅仅取决于土壤的改变，有些地方的土壤适合这些树，另一些地方土壤则适合那些树。再说，一件事一旦成定局，就不必再争论了；即使事情尚未完成，也无法再去阻止，谏言也无补于事。在为国君谏言时，但愿我们能够慎之又慎，以免因一些无关紧要的事情而徒增君王的烦恼，抑或过于为了安全着想而用一种错误的解释误导国君！

强大的齐国国君的宰相管仲，是一个器量多么小的人啊！他不是凭着自己的本事与谨慎，建立了许多丰功伟绩，因而在整个国家声名大振吗？怎能指责他小气而吝啬呢？你们看，他们全家都住在一座豪华的府邸里，其设计乃出自他本人之手；在他的建议与授权下，臣民的诉讼纠纷不再全都送往同一个法庭，千差万别的案件现在都归不同的官员审理。这些官员审查起来也都是不紧不慢、优哉游哉的，尽管他不会不知道国君的支出也必然会因此而增长。或许这些也没什么不对，但他的家族还让人在府邸门前竖立一块照壁[1]，要知道只有国君居住的宫殿门前才能竖立照壁啊！置办宴席时，他有装满金银器皿的餐具橱[2]，而这也只是在国君宴请诸侯时才会配置的。如果管仲的家人做了这般违背一个臣子应恪守的本分与谦逊之事——无心忽视也罢，不把国家的风俗放在眼里也罢，侵越他人的权利也罢，我们却依然认为管仲

---

[1] 原文作"vestibule"。
[2] 应该是"反坫"。

恪尽职守,那从此以后还有谁不能被认为是有能力恪守本分且清楚知道自己职责所在的?

倘若说我们的古人对音乐如此喜爱,那并非是因为柔和的乐声愉悦着人们的双耳,而是因为没有什么能比柔美的和声更能缓解人们天生的暴躁,而演奏中所吟唱的诗文只应该是对大人物的颂词和对美德的赞美,这对所有人,无分高低贵贱,都是有用的。然而,我回到我自己的国家鲁国之后,却发现这一点被严重忽视了,而且大量关乎民风与公共管理的事务也几乎被遗忘了!唉,要是能够将这些事务恢复到原初的状态,我真的可以不顾一切!而您,鲁国的大乐师,担任着国家如此重要、如此光荣的职务,难道您从未想过恢复这样一个堪被传颂且大有用处的习俗吗?您知道,当声音与乐器(的音调)协调好时,音乐便开始和声共鸣,然后,声音逐渐降低,但每个声音与乐器依然保持着和谐,因此音乐始终清晰,不会出现混乱和中断。

舜帝所作的韶乐便是如此:它穷尽了所有的乐趣、所有的美感和所有可能的甜蜜;而周武王所制定的武乐,虽然它也确实优秀、甚为威严,却流露出杀伐之气,缺少了韶乐中的极致的柔和。

跟我一起离开时,那个镇守边疆的小官都跟你们说了些什么?他问我们为何因您远离故国、暂居他乡、不被任用而倍感伤怀。他还说,在这个帝国人们无序地生活已经很久了,他希望过不了多久,上天能把夫子变成一口纯铜铸就的钟,(以其金钟之舌发出)活泼而铿锵(的声音),以教导和规范民众。

试想,倘若执政官既不温和也不仁慈,倘若那些互相行礼如仪的人并非打心眼里并真情实意地尊重对方、敬拜对方,再倘若置身于那么多的隆重葬礼之间却没有真正的哀悼与悲痛的感觉,那又如何在自己的国家待得下去?面对这混乱失序的一切,做一个旁观者吗?

无论身处何地,也无论在何处任职,也许您想的只不过是一座住着二十五户人家的小村庄,但街坊邻里间却呈现出一种讲求信义、亲厚友善的风气——这就是我所称之为的体面的居住地；但倘若一个人连这样一个充满了仁慈且无害的地方都无法下定决心居住下来，又怎能说这样的人很审慎呢？

小人既无法久处于逆境的困扰，也无法长安于顺境的舒适；只有君子，无论吉凶祸福，都能唯安于德；只有谨慎之人方能从美德中汲取益处及财富。

热爱人抑或憎恨人，君子是唯一能够正确地处理这两种不同情感的人：因为有些人身上自带一种善良的美德，而另一些人身上的恶行则是令人厌恶的。

倘若一个人认真且坚定地实践着美德，他就永远不会做出什么不光彩、不理智的事情。

财富与高贵是人们所渴求的，贫困与低贱是人们所逃避的，但有时候前者往往求而不得，而后者，除非用些不正当的手段，否则就无法摆脱。真正有仁德、智慧之人会心甘情愿地放弃财富与高贵，安然承受贫困与低贱。否则，鄙视以智慧与美德修身的学问，他又有什么资格被称为有智慧仁德的人？

但愿有智慧仁德的人永远都不会做出有违德行与理性的事情，哪怕是在用以恢复精力的短短的寝食之间；但愿他不管发生什么意外或突然变故都会坚定不移地谨守仁德，哪怕是在所有财富都荡然无存、仓促急迫之时，抑或可以说，在命途多舛、流离坎坷之时。

我至今尚未见过爱慕美德的人，也未见过憎恶恶行的人（之所以这样说），是因为我希望爱慕美德的人对美德如此倾心钟爱，而且如此热切地渴望拥有它，除此别无他物能得到他的青睐。相反，对于那些憎恶恶行的人，我希望他们努力做一个诚信的人，不要让哪怕是极微小的恶行玷污自己的清白。可是怎么就找不到一个人意志足够坚定、愿望足够强烈，愿意而且能够把自己的全副精力投入美德的学习中去呢？哪怕他只能坚持短短的一天时间？哪怕他最终都无法达成目标？说真的，连一天都没有精力去实践美德的人，到目前为止我还真没见过。

但为什么连这么弱的人也不应该有呢？反正我自己是一个也没见到过。

人们犯错，要么是因为过度（做过了头），要么是因为不足（没做够）。每当他犯错时，我们都可以认识到他所犯之错的特点，也可以从他所犯之错的对立面理解什么是美德。

早上聆听过德行法则的人，即使在当天晚上去世，仍然不会为自己曾经来这个世上活过一遭而感到后悔，也不会因自己的死去而生气。

一个读书人倘若立志于实践真正的仁道，但却耻于芒屦布衣、粗茶淡饭，那跟这样的人谈论仁道就一定是不合适的。

在这个世界上，没有规定真正的智者一定要怎样做，也没有规定一定不能怎样做，怎样合适他就会怎样做。

君子将其心思和智慧一股脑地都放在了美德上；小人则相反，他们心之所系都是无情的、残酷的（cruautés）。同样，君子学习并反复思考的是帝国的律法，而小人所想的只有他们自己的利益。

有的人活着只是为了自己的特殊利益，并围绕着一己私利而行事；这样的人定会招来不少人的怨恨。

倘若君王能够或愿意以王室的义务约束自己，并以此治国，那么我请问您，还有什么能够难倒他呢？但若相反，身为君王，不愿以君王的责任义务自我节制，那么制定那么多的繁文缛节又有何用？我且请问您，他又有什么好恼火的？

不必因为没有得到一官半职而伤心难过，您所该担忧的是您还尚未具备足以让您获得该公职的美德。同样，如果没有人知道您，也不必为此抑郁不快；因为唯一能让我们感到不快的应该是我们还不值得被他人知道，除此我们不必担心其他任何事情。

我的徒儿啊，我的学说有且只有一个基础，我所做的一切都基于这个基础：做任何事情都要源于真心、真感情，对待自己如此，推己及人，对待他人亦如是。反之亦然，您希望别人如何对您，您就要以同样的方式去对待别人。能做到这点，就足够了，不需要再做什么其他的事情了。

对那些符合理性的事物，君子都是极富洞察力的；而小人则清楚地区分哪些符合他的一己私利，哪些与他的利益相背。

真正的智者如果看到有德行的人，他首先想到的便是向有德者看齐；他看到的若是一个有不良习性之人，他会立刻趁机反省自己是否有着同样的不良习性。

身为人子，愿他总能听从并服侍自己的父母。即便父母有什么不足之处，他也只是和颜悦色地、一点一点地提醒他们。他若看到父母不愿听从他的提醒，便就此打住，一如既往地履行对父母的责任义务，无论是在事实上还是言语上都不会去伤害他们。即便他会被他们责罚，会被他们的不当行为及所施加的繁重工作折磨得不堪重负，他也不会迁怒于他们。

只要父母还健在，身为人子就不该远离他们，也不该跑到遥远的国外去；即便有时候不得已必须要离开，也要让父母知道自己在哪儿。

父母去世后，三年不背离国家的风俗和普通法律的人，可以说是顺从的。

当一个孝顺的好儿子就应当总能记起父母的年龄，无论如何都不能忘记双亲的年纪，一部分是为（自己会因父母的高寿而）欣喜，一部分是为（自己会因父母的衰老而）恐惧。

古人从不轻易把话说出口，牵制着他们的是一种羞耻心，因为他们意识到，无论是事实上还是行动上，他们都还没有达到其言论所能达到的程度。

那些有良好道德且一直受到礼规法制约束的人，很少表现出他们的不足之处，亦很少犯错误。

真正的智者在言语上几近迟缓，如同哑了一般；相反，行动起来却迅速敏捷。

美德不是孤立无援的，它有自己的理性与信徒。

身为大臣却不断纠缠君王，只能给自己招来羞辱，就如同一个人在伙伴[1]与友人之间纠缠不清会失去人心与友情一样。虽然如此，但愿君王与友人心怀戒备，因为要是自己被人过于随意地警示，就会对警示之言心生厌恶，从而无法愉悦地听进去那些对他们所说的肺腑之言。因为存在着这样一个危险：在真正的朋友之后紧随一个奉承谄媚之人，在忠诚谏言的人之后紧随一个恶意的阿谀者，这不仅会让他们（君王与友人）一个个坠入悬崖，甚至会将他们推向失败与毁灭。

第三卷

虽然我们的弟子公冶长曾身陷囹圄，但他德行修炼得纯熟且坚定，况且遭受牢狱之灾也并非源于他自身的过错，而是由于诽谤者的恶意中伤，所以我把女儿嫁给了他。对我的弟子南容也是如此。南容异常谨慎且德行无双，如果生在一个以法律和道德治国的国家里，他定会受到重用；但如果遇到国家道德沦丧、有法不依，南容也会谨言慎行、知所进退，从而免于毁灭并自救于险境。（对于这样的人）我怎么会犹豫将自己的侄女嫁予他呢？

我的弟子子贱智慧过人、品德高尚，确实如此。但如果我们的鲁国，子贱所出生的国家，没有那么多以智慧和德行著称的人，使得子贱能与他们交往、聆听他们的教诲，把他们作为自己的榜样，并孜孜不倦地从中获益，那么他又如何能习得这份智慧与德行呢？

至于我的爱徒子贡，他就好比是君王们在祖庙里经常使用的华美而珍贵的祭器：这样卓越的才华让他在国家的各种官职中堪当重任。

您说我的弟子冉雍是一个真正的贤人，只是过于寡言少语，不太能言善辩。我呢，不知道他是否正直诚实，这点还有待继续考察，但我想问的是，您如此看重的能言善辩，甚至不免烦冗浮夸的口才，究竟有什么用呢？以滔

---

[1] 法语 compagnons 指的是结伴而行的人。

滔不绝的辩论抑制别人、甚至给他们带来困扰，难道不经常惹人厌恶、遭人怨恨吗？

我曾经为我的弟子漆雕开谋得一份官职，对此，他给我的回应谨慎而又谦虚，令我非常满意。他对我说，不，我还没有足够的知识和能力胜任这个职位。

我的学说，亦即我们的先人所奉行的"圣道"，倘若终将被忽视，该怎么办呢？真若那样，我为什么还在中国待着？让我们登上船舰[1]，漂洋渡海，尽快地逃离这个堕落腐败的时代吧！毋庸置疑，我的弟子子路，他敏捷、勇敢、生来就是担当重任的，他定会欣然追随我；但子路啊，纵使他在好勇、善勇方面超过了我，但他缺乏做出选择及采取最佳方案的必备能力，他的判断力还不够成熟啊[2]。

鲁国国卿想提拔一些人担任公职，于是，他向孔子打听其弟子子路是否拥有真正的美德且德行坚实。孔子认为德行（的获得）是非常困难的，绝不能轻易而鲁莽地把美德赋予任何人，于是他极为谨慎地回答说，真正且坚实的德行深藏于内心深处，很难知道谁有谁没有。

什么？国卿问道，您不了解您的弟子的品德吗？孔子认认真真地回答道，子路有着一颗伟大的灵魂而且英勇善战，你们可以派给他指挥千辆兵车的重任，但至于他是否有您所询问的美德，我不知道。

同样的评价也适用于我以前的弟子冉求和公西赤。我觉得前者可以治理拥有百辆兵车的卿大夫家，而后者因其举止文明、通达好礼且知晓各种礼仪风俗，可以让他接待各国的使节宾客，至于您向我一再询问的真正且坚实的美德，除了告诉您我不知道他是否确实具备，我再没什么其他的东西可以告诉您了。

---

[1] 孔子的原文是"乘桴浮于海"，"桴"是小竹筏。西方传教士和贝尼耶是无法理解乘着小竹筏漂洋过海的，他们来到东方的交通工具是大军舰，当时即便是商船也都配有可观的战争武器。

[2] 言外之意，孔子说离开中国本是一句玩笑话，但子路却从字面上理解，信以为真。此处孔子是在打趣子路。

至于端木赐（子贡），他不敢把自己跟他的同学颜回做比较，因为他觉得自己无法像颜回那样一下子看穿每件事的来龙去脉，闻一知十；我也承认他可能不如颜回，但他自己诚恳坦然地承认这一点，足以让我认识到他是一个优秀的人，而且他理解了一个事物，就能以理性推知许多其他事物。

说起宰予，他常常在白天酣睡，关于他的懒惰，我又能说什么呢？我的教诲对他又能起到什么作用呢？一块腐朽的木头根本不值得打磨，一座烂泥砌成的墙，根本不值得刷白。

在我们这一代人的早期，那时我与人相处，听到他们说什么，就先相信了他们会这样去做，我从不怀疑他们会言行不一。而现在，事物的面目变了，风俗习惯也变了，我承认我错了。正因如此，将来我与人相处定会仔细倾听他们所言，同时也会考察他们的所作所行是否与所言相符；否则我什么都不相信。

直到现在我也没看到过一个可以真正称得上刚强的人，即使我的弟子申枨也不例外，因为一个屈从于自己的激情与感官快乐的人，又怎能指望他成为一个刚强之人呢？

子贡曾斩钉截铁地说，我不愿他人对我做的事，我也绝不会强加于他人。子贡对自己的德行自我感觉如此良好，为了压制一下他的自负，孔子对他说：哎呀，我的爱徒呀，我不希望您有这种错觉，我跟您实话实说，您尚不能做到这一点，要达到这个境界，道阻且长啊。

还是那同一位弟子（子贡），有一天他说，所有的人，即便他资质一般，都能很好地领悟和理解我们夫子的这种外在气质，以及他的着装、习惯及行为举止；但有一点，即使是那些心智最为敏慧之人也琢磨不透，那就是他所极力赞美的并不断谈论的这种本性及上天所赋予他的理性。

子路这个人性子比较冲动，一听说有什么好的、值得赞扬的事情，就燃起了去做这件事的欲望。如果他不能很快完成这件事，就会苦恼不已，生怕这件事还没完成，就又会听到别的什么值得去做的好事。

卫国的国卿虽然一生也没有做出什么有德行的大功绩，甚至做了些不太值得称颂的事，比如说为了把自己的女儿嫁给太叔疾，他曾经建议太叔疾休掉原妻，即便如此，在他死后他依然得到了一个彰显德行的谥号（文），对此您不应感到惊讶。谥号所出之古书明文规定：终其一生勤奋学习且乐于向他人求教者，可获彰显其德行的谥号，对此，莫非您不知晓？这位上卿天性慧敏，却求知若渴，屈尊请教下级官员甚至更卑微的人员时从不感到尴尬耻辱，哪怕所求教之事也可能是他们所不甚理解的。正是这种独一无二的谦虚让这位上卿身后得到了如此殊荣。

孔子时而称赞郑国国卿子产，他说，国卿具备了一个君子（完美之人）所拥有的四种品德。因为做自己的事情的时候，他能保持恰如其分的简单和适度；他从不自我吹嘘，但对于那些因正直诚实的品行而值得称道的人，他却不吝赞词，他欣赏他们胜于自己。[1] 另外，当事关服务及服从君王和上级时，他让自己更加恭敬、谨慎、顺从，迅速且满怀欣喜地执行命令。[2] 此外，在关乎民生保护与扶持的事情上，他又极为仁慈，小心谨慎地从臣民身上获取利润及便利，排除可能会对他们造成损害的东西。[3] 最后，在治理民众及所做出的判决上，他对待所有人都是极其公正公平的。[4] 如此可见，郑国虽被夹于两大强国之间，但在这样一位国卿的治理之下，依然出色地保留了它的自由，知道如何转移来自邻国的力量，避免陷入他们设下的陷阱中。一个人的智慧与德行可以成为坚不可摧的城池壁垒呀。

我也很敬重齐国的卿相，他知道在人与人的交往中如何尽职尽责以维系友情，因为即使作为老朋友，他待人依旧毕恭毕敬，就好像友情刚刚建立起来一般。

说到臧文仲这个人，他乐此不疲地在他的乡间别墅[5]上雕刻山的形状、画

---

[1] 此为第一种品德。
[2] 这是第二种品德。
[3] 这是第三种品德。
[4] 这是第四种品德。
[5] 其实是藏龟的屋子。此处是贝尼耶的误解。

上水藻图案，却将托付给他的民众抛诸脑后，在这样的地方寻求快乐的人，我们怎么能说他很谨慎呢？

楚国宰相子文曾三次被提拔为相，但他脸上从未显露出高兴的样子，又三次被罢黜，也从未表现出任何激愤，反而把自己负责的政务全都告知接任的新宰相，把自己所领会到的有利于或不利于城市治理的心得真诚且毫不嫉妒地传授给他。对于子文这样的人，您会怎样评价呢？孔子回答，当然，这是一个正直且忠诚的人，但至于他是否德基坚固，这我就不得而知了，因为又有谁能参透这真正且坚实的精神美德呢？

我跟您说啊，齐国大夫陈文子也差不多是这样的。我知道，由于另一个大夫崔子对国君犯下了骇人听闻的谋杀之罪，出于对这一罪行的恐惧，陈文子放弃了足以让他过上舒适奢华生活的职位，来到了另一个国家。但他意识到那里的大夫们也都是些恶棍，对君王不忠，跟崔子是同一类人，他就从那儿又去了另一个国家，后来出于同样的原因，又离开去了别的国家。鉴于此，我们的确不可否认，陈文子是一个有良心且纯洁正直的人，但我得再次提醒您，既然真正而坚实的美德藏于心灵深处而不显露于外表，我又怎能断定他是否具有这种美德呢？

为了把事情做好，鲁国大夫曾经一度非常拖延、行事缓慢，因为在付诸行动之前他会一而再、再而三地考虑并权衡每一件事。听到这，孔子说，把每件事都考虑再三直至想法成熟，这种做法不仅值得称道而且适合得当，但也不能等待过久或思虑过多，以免思虑过度反而失了谨慎而犯错误。

当正直廉洁在卫国或卫王室蔚然成风之时，卫国大夫被公认为是一个谨慎之人。但倘若国家失去了法度且清正廉洁不在，致使国家开始陷入困境并走向衰败，此时卫国大夫又小心翼翼地从暴风雨的漩涡中抽身，并从人们的视线中消失。他虽不再抛头露面，但为谨慎起见他依然通过自己的建议支撑着这个摇摇欲坠的国家。但由于他是在暗处而且是以个人身份去做这一切的，他常被人误认为是一个卑劣无能的懦夫。在我看来，他在和平时期所表现出来的严谨，我们是可以效仿的；但是，他的那种简单直接而又不乏明智的粗狂智慧，在一切都处于动荡混乱之际，既能够保护自身的安全，又能拯救国家于危难，要做到这一点非常困难，只有极少数人才能够做到。

既然我的学说在陈国没有得到采纳，那么我就离开陈国返回我的故国吧，至少在那儿我还能有些用武之地，因为我的那些弟子们如同年轻人一般，志向都很高远，憧憬一切更伟大的事物，不屑于那些低微平庸之物。他们的文章优雅华丽、文采卓然，但他们却不知道如何使文笔精炼正确，——我们应该谨慎地除去那些过于啰唆、过于华丽的东西，而他们却把这条规则抛诸脑后。

孤竹国君的儿子们有这样一个特点，尽管他们疾恶如仇，但倘若恶人悔过，他们便不再追忆其罪行，反而对之加以安抚，就好像后者从来都不曾犯过错一样。因此，这些王子从不曾遭人质疑与非议。王子们是如此受人爱戴，实在是没有哪个人憎恨他们！

不错，人们普遍认为微生高为人正直诚恳。然而有人就在这两天向微生高讨醋，微生高非但没有坦然告之自己没有醋，却装作有，并悄悄地向邻居要了些转借给那个讨醋之人。他所做的事真的枉为他所得到的名声。

您用来奉承取悦他人的话雕章琢句、矫揉造作，您用来吸引他人目光的和善言辞与面容皆属伪装，您用来迎合他人的心思并获其宠信的仪式过度繁杂，这些手段与伎俩专属于那些平庸之辈、说谎者及欺骗者，他们说话只是为了取悦他人，与事实无关，一言以蔽之，一群卑鄙的谄媚者。这正是为伟大的史官左丘明所不耻并强烈谴责的，而我也指责这种做法并引以为耻，其程度不亚于左丘明。此外，人与人之间的相互交流最需要的是善意、温和与真诚，这个充满智慧的人（左丘明）厌恶且无法忍受的是，您明明憎恨一个人，却把您对他的仇恨藏在心里，并以一种伪装的、假惺惺的友善与之交往；我孔丘也是如此，我一向讨厌这种行为并以之为耻。

现在只有你们两人在此[1]，何不向我敞开心扉畅所欲言呢？子路，您说我想要一些车、马和华美的轻奢皮草，您还说这些东西可以跟友人共享，不仅可以供大家使用、哪怕用坏了您也不觉得有什么不好，对吗？而您颜回，您希望自己含蓄低调，对自己的成绩优点不妄自尊大。总之，你们[2]，你们都尤其希望那些年长者人人都能得到照顾与尊重，并能安宁平和地过完他们的余生；你们也希望朋友之间及地位相同的人之间能够互相信任；你们还希望那些年幼的和体弱多病、身处弱势的人能够得到友好、温和及仁慈的对待与照顾，一言以蔽之，人类的美好愿望就是你们的愿望。

唉，现实却让人扼腕！在我们这个年代，自身就是自己严厉的监察官，自己做自己的证人、自己做自己的指控者、自己做自己的审判官，这样的人还能找到几个？那些愿意承认自己的过错，把自己告上自己内心的法庭，把自己当作罪犯来对待，如果自己罪有应得便自我处罚、自我惩戒，这样的人都到哪儿去了？对我来说，这样的人我还从未见过。

无论在哪个小村庄，哪怕只有十户人家，都可以找到几个——不管是天性如此还是本性中的某一部分——如我这般诚挚而实在的人，但我不知道是否有人能如我这般喜好学习并以此增益。

我很看重我的弟子冉雍！他为人有节制、温和，不会为一些细枝末节所困，脸上也不会流露出忧伤与严肃之情，是块做官的好料子。

至于子桑伯子，必须承认，他的生活方式很特别。他气度不凡、面容庄重，但没有谁像他那样不看重自己，他穿着破烂衣服四处行走，连帽子也不戴，一点也不以自己的贫穷为耻。他说，天公然庇护万物，正如大地供养万物而不加掩饰，天地又怎会要我遮掩自己的贫穷？况且，他为人廉洁正直，

---

[1] 法文版原文中是三个人，原话为"Maintenant que vous voilà tous trois seuls, pourquoy ne m'ouvrir pas librement votre cœur."但中文版《论语》中只有子路和颜回两个弟子在孔子身旁侍奉，此处或许是贝尼耶或抄写者的差错。为保证逻辑合理，译者在此处采用"两人"的说法。

[2] 指子路和颜回。中文版《论语》中，原文为"子路曰：愿闻子之志。子曰：老者安之，朋友信之，少者怀之。"但贝尼耶的法文版省去了"子路曰：愿闻子之志。"在行文上，贝尼耶把孔子的自明其志改成了孔子对两个弟子的共同愿望的总结，既是对他们的寄语，一定程度上也是在表明自己的心志。

极为节制，不拘泥于小节，也不忽略大局，我认为他有执政的能力，我欣赏他的正直，但他的古板却让我不喜，我们再等等看能不能纠正他。

严于律己，方方面面事无巨细定要弄得清楚明白，自己做错了就会自责，而对外，在治理民众方面却满怀柔情与宽容，如此作为难道不是很有益的吗？反之，待自己宽厚、自以为是、原谅自己，涉及公共事务时却胆怯懒惰，这种松懈难道不是不称职而且于人于己都是有害的吗？

我的弟子颜回有着极强的求知欲并渴望增益自己，他从不对人生气，也不抱怨那些于他不利的事情，同样的错误他不会犯两次，但他只是来这世上走了一遭，三十二岁的时候便去世了；这让我痛不欲生，所有跟我在一起的君子都跟我一起伤心地痛哭。当鲁国的君王问我在我所有的学生中谁最勤奋好学而且最热衷于修炼美德与智慧时，我就是这样答复他的。

当我的弟子子华奉我的命令出使齐国处理一些公务时，亲爱的冉求啊，您是知道的，我让人给子华的母亲送去了一些数量不多的米以维持生计，后来在您的请求下又给她增加了一些，然而您却觉得我加得实在是微不足道，就慷慨解囊，从您自己那儿拨出了足足五秉（八百斗）给她！其实我很想让您明白，我没再给子华的母亲更多的米，不是因为我吝啬，也不是出于一种可鄙的精打细算，而是因为我听说子华在齐国骑着装饰华丽的肥硕大马，穿着轻软华贵的裘皮大衣，富有且有权势。我一直听人说，一个谨慎的智者应当把财富给予穷人而不是富人，以免让他们富上加富。

我的弟子原思的做法不同。他在我这儿担任总管，为此我让人支付给他九百斗作为俸禄，但他拒绝了。然而他的这番谨慎我却不赞同。不要拒绝国君的恩赐，我告诉他。如果您家用不完，就分配给那些您所管辖的、有贫苦人口的乡、镇、村吧。

我的弟子仲弓[1]，出身卑贱低微，其父败德辱行，但如果万一仲弓能以德彰显，他是否依然不配出任公职呢？当然，正如父亲的智慧与德行无法粉饰

---

[1] 仲弓，姓冉，名雍，仲弓是他的字。

愚蠢邪恶的儿子，如果儿子终会成为一个聪明善良的人，那么其父的愚蠢邪恶也不应该伤害到他。

我的弟子中，有些人可以在一天之内，也有些人可以在一个月之内，为了修身养性并战胜自我而发愤图强，以此达到他们策驽砺钝也要实现的目标。但最终他们还是松懈了，止步了，很快也就退步了，他们曾经费了很大力气才领悟到的东西都转瞬间付诸东流。但这样的事情从不会发生在我的爱徒颜回身上。颜回可以三个月不松懈，也不会丢失那个坚实内在的完美心性——正是这种心性使我们不断追随上天赐予人类的自然之光。

鲁国国卿曾经请教孔子，问他仲由及另外两个弟子是否能够入仕做官。孔子回答道，仲由既不迟钝也不胆怯，相反他机敏巧捷，有原则也有决心，因此他能够明智地判决各种诉讼，迅速处理哪怕是最复杂最困难的案件。端木赐通达事理，对事物的起因、逻辑和结局都能洞若观火。冉求正直、勤勉，适合做任何事情。有人要提拔他们做官，让他们有尊严地履行职责，谁又能挡得住呢？

鲁国国卿派人对孔子的弟子闵子骞说，他想让闵子骞担任他的乡邑管事，但闵子骞知道这个国卿是个心存不良之人，于是对信使说，这份差事让我惶恐不安，请帮我婉言谢绝。倘若他不接受我的理由，而您又带着同样的诏令来找我，我定会远走他乡，到别的国家去。宁愿过着凄苦不便的流亡生活也不接受来自心术不正之人的财富与要职，这是一个多么令人敬佩的智者呀！

在孔子的那个年代，最尊贵的位置应当是面朝着南方，以便君王来探视病人时，病人的小床能立刻被搬到房间的南面。伯牛身患重病，孔子前来探视他的时候，人们也想依君王问疾之礼而行事，但我们的圣哲觉察到这一点，无论如何都不愿接受这本该属于君王的待遇，他找到了不必进入房间的权宜之计，他立于病人所在的窗外——有人已经把伯牛搬到了那里，十分温柔地向伯牛询问他的健康状况，他轻轻地抓起伯牛的手，认出了死亡的征兆，叹了口气，说道，我的爱徒伯牛啊，将不久于人世了！这是天命啊！天哪，我们又要失去一个德行如此之高的人了！

啊！我的爱徒颜回真是一个聪明正直的人啊！他吃饭只有一小盘煮熟的麦子和一杯水，他住在街上的一个肮脏冷清的小角落里，但他却感到满足和愉快。其他人都无法忍受如此艰苦的命运，因为一无所有在他们眼里是如此可怜、如此悲惨，然而拥有大智慧与高德行的颜回却完全不改变他的生活，一如既往，依然故我。像颜回这样有大智慧的人真是罕见呀！

一天冉求与老师孔子谈话，冉求说，如果我从您的教诲中受益如此之少，不是因为我不喜欢不重视您的教义，实在是因为我没有力量（达到您的要求）。圣哲回道，那些力量不足够的人，到了中途才停下来，而像您这样优秀之人，却是由于懒惰和松懈，自己给自己画地为牢、止步不前啊。亲爱的子夏啊，您可千万不要这样做，您要有更大的气魄、更崇高的志向，一定要跻身于那些最优秀、最完美的文人之列，千万不能停留在那种低级、狭隘的学问上啊。

一天我经过一个小城（武城），我的弟子子游是那里的长官。我问他在那儿是否找到了可与之交往的正直之人。找到了，他回答道，这里有一人极为可靠、极为正派，他走他的符合美德的正道，从不会为了些特殊的私利左右逢源。如果不是为了公事，我极少去他家，他也是，他有时也去他的朋友家，但不是很频繁。

我们的将军孟之反是一个多么谦逊的人啊！他从来不炫耀自己的事迹。在最近的一次战事中，我们的军队不幸开始退却，并最终溃不成军，落荒而逃；而他却毫不慌张，精神抖擞，坚定地站在大军后面殿后，抵挡敌军的猛烈进攻。身为一名士兵同时也是统帅，孟之反克尽厥职，奋勇抵抗，直到一部分军队撤到了安全的地方。就在临入城门的时候，孟之反才开始策马快跑，并说道，不是我敢于断后，实在是我的马过于疲惫，不肯向前跑呀。

我们这个年代有一个非常奇怪的现象：如果我们不像宗庙太祝鮀那样能言善道，抑或像宋国太子朝那般优雅、机智、文质彬彬，我们将会一事无成，也不能把自己从敌人的陷阱、嫉妒和仇恨中解救出来。

谁能不经由家门而走出屋子呢？为什么我们不能选取一条真实而自然的道路呢？对一切事务、对我们所做的一切事情，刚开始的时候为什么就不能也顺应事情的本性，以便达到我们所预期的目标，就像进屋子必须要经由那扇固有的、自然的大门一样？

倘若简单的本质表现得过多，甚至超过了技巧、修饰和外部的文采，那定然会成为某种粗糙的、土气的甚至粗野的东西。反之，倘若技巧，确切地说是修饰，以及外部的文采过多，压倒了本质的自然朴素，那必然只剩下某种矫揉造作、某种纯粹的策略与修饰。但倘若这种文采或外在的高雅能与内在本质的简单质朴恰到好处地结合起来，两方面都不多也不少，彼此以一种令人舒适的差异与合适的比例相互呼应。能做到这一点必将会成就一部真正完美的作品，某个杰出、优秀且完善的东西，一种集庄严与高雅于一体的令人舒适的美丽的融合。

正直是人的本性；人在出生之后开始变质，只求能够活下去，回避死亡，这只是一种侥幸，并不值得。那些听说过并知道什么是美德以及美德是多么令人向往的人比不上那些对美德爱之不舍且深得其乐的人。

对中等资质以上的人，有必要给他们讲授更高的学问，因为他们有能力理解；但对中等资质以下的人，就不能这么做了，因为无论是对这些人还是对教他们的人来说，这都是在浪费时间和精力。

那些致力于人类美德的人，或者特别替人们着想的人，此外还对鬼神有敬畏之心，只在远处拜求它们的人，这样的人最终可以被称为真正的审慎之人。说到至善至美之人抑或拥有坚实而完美的内在美德之人，只有那些先不辞劳苦地工作然后最终获得他所想要的东西的人方可被称为真正拥有厚德之人。

那些机智、通透、勤勉之人以及首先知道什么是真实与公正之人，被恰如其分地比作水；而那些德行坚实之人被比作山。前者与涌动的激流都处于永不停息的运动之中，他们忙于找寻事物的因由，从一种知识中提炼出另一种知识，他们总是在做或从事着某件事情。而后者却跟山一样，纹丝不动地坚实矗立在永恒的静止中。前者确实活得很舒心，但后者有德，由于他们活得更加平和安宁，他们也更加长寿。

虽然齐国的风气日新月异，风貌更佳，但还是无法达到我们鲁国的现状；等到我们鲁国也想改变、定规立矩的时候，便会达到远古时期君王们的德治。但由于目前我们的社会依然风尚文明，谦逊优雅之风依旧盛行，所以也不需要做什么太多的事情，只需要恢复、革新远古时期的治民方式，温和、仁慈且公正地管治民众即可。

凡为人者，都必须要么舍弃他的称号，要么履行他的职责。如果您用来写字的方板没有四角，您怎会称之为"方"板[1]？倘若君王没有履行为君之责，人臣没有尽为臣之职，那又怎能被称为"君"，被称为"臣"？

如果只是公开宣称自己信奉"仁爱"，这是不够的；还需了解事情的本质及特性。是不是说一个真正仁爱的人就该随时准备行仁，哪怕是一个无信小人告诉他有人落入井底，非常危险，他也会先跟着这个提供消息的人前去那里，然后全然不顾自己的生命危险，跳下井去？

一个完美的人有责任挽救其同类于危难之中，话虽如此，但倘若他自身的生命安全受到明显的威胁，他就不必也不能拘泥于规章条例去对后者施以援手，因为他既救不了他人也救不了自己。有的时候被人蒙蔽一下不是什么坏事，但毁灭自己真的是不可取。

真正的贤者对于所有的书籍及学问都充满激情，因此通过仔细检验万事万物，并将其重新纳入或收至正确的理性之中，他是能够永远都不会背离真理、偏离美德的。

孔子在卫国任职时，君夫人对他很感兴趣。但由于孔子知道君夫人名声

---

[1] 贝尼耶把"觚"改为"方板"（tablette），应该是为了便于西方读者的理解而采取的权宜之计。

不太好，他曾经拒绝了一两次君夫人之请。君夫人有些急了，况且按惯例在卫国任职都要去拜见君夫人，夫子最终还是去见了她，以免她给自己的施政找麻烦。然而，夫子觉察到他的弟子子路对此举不太赞同，深感有必要为自己辩解一番以表明自己的心迹。他立刻指天起誓，说道，我如果有什么坏心思，犯了什么错，就让上天厌弃我，处罚我，惩罚我吧。

一日，卫国国君携同那位君夫人共乘一辆华丽的四轮马车穿过城市，路上偶遇孔子，国君邀请孔子登上随从的马车，而我们的圣哲见到国君与君夫人两人乘坐着同一马车，成双入对地出现在公众面前，如此不合体统，他感慨万千；愤怒之下他拒绝了自己所获得的荣誉，抽身引退。

中庸之道实乃难能可贵呀！知道如何在所有的事情中大体上保持中和，并推广到普通的日常行为中，这便是完美的最高境界。然而，行中庸之道是多么难啊，中庸之境又是多么崇高啊，能够到达此境之人又是多么凤毛麟角啊！唉，我们并非到今天才知其难，这是一个古老的难题，一场古老的争执。

如果有人资产丰厚但能考虑到所有人的需求而广泛地布施恩惠，对这样的人，您整体上当作如何评价？子贡向老师孔子求教道，他可否被认作或被称为真正的忠于良善之人？孔子答道，既然恭顺爱重让慷慨善举变得完美，那么这又如何只会是"仁"呢？我说啊，恭顺爱重，或者一种真正的慈善、圣洁与坚实的美德，正是尧舜孜孜不倦地努力达到的目标。不过，即便是他们，也会感到力不从心、无法实现呢。

我的徒儿啊，我所求的这种圣洁、慈善或恭顺，是一种坚实、一贯且符合理性的精神状态。借此，一个人可以不再关心其自身到底有什么用，也不再关心他所拥有的舒适便利，而广泛地热爱所有人，好像他们与自己是一体的；而由此无论是在顺境中还是在逆境中，他都表现出跟他们一样的共同情感。举例来说，一个如此恭顺且乐善布施的人，如果渴望自己得到提拔、被人认可，就会或通过其建议，或通过其财富，或通过其照顾，不经意地提拔那些或出身低微，或资质平庸，或天生愚昧未开化，抑或因无常命运中的特别事故而受到折磨、被打倒在地的人。因此，如果他希望自己能够心情愉悦地认识万物、洞察世事，便不会冷眼旁观他人盲目徘徊或彻底屈服于邪恶与困难。他总是殚精竭虑、竭尽所能地帮助他们，以便能幸运地将他们从错误与无知的黑暗中拉出来。一旦这种慈善或恭顺在凡人的脑中扎下根来，那么整个地球将会成为一个共同的大家庭，或者更确切地说，所有人都将合而为一，而世上之万事万物，由于这一奇妙的秩序和这种高、中、低事物间的相互关系，似乎将会成为同一实体。

由此，让我们像爱我们自己一样去爱别人吧，让我们将心比心地去衡量别人吧，用我们自己的痛苦与便利去评估他人的痛苦与舒适吧。最后，用几句话再理解一下：用自己做一个公正的譬比，再推及他人；由此，凡是我们希望或不想发生在我们自己身上的事情，我们也都希望或不愿意发生在别人身上。这便是在实践我们刚才所说的仁慈或恭顺时，我们所应该坚守的方法与准则。

第四卷

我所著的学说本就源自尧舜，他们是我们帝国近两千年前在位的著名帝王、立法者及缔造者，所以我并不是这一学说的作者，充其量只能算是该学说的传播者与复兴者。我深信且喜好远古圣贤之道，并学着那个有名的老者老彭——他是第一个同样努力把古圣之道传给后代的人——从中谨慎地汲取对我的计划有用的东西，并小心地将之化为己有。

喜好安静并在记忆中把我们的所见所闻一件件地想一遍；热爱学习且态度认真、持之以恒，从不感到无聊；教导别人从不感到厌烦与疲倦；这是某种程度上在我身上能够找到的三样东西。但可惜的是在美德的养成上，我没能全力以赴；在一些优秀的科目上，我也未能尽可能多地与人交流研讨。我虽听说过一些正义且合乎理性的事情，但自己做事却无法达到同样的高度而最终无法纠正自己的恶习，这是我的痛苦之所在，也是我一直无法释怀的原因。

每当我们的老师孔子在家一个人独处、闲来无事的时候，他是多么和蔼可亲、讨人喜欢啊！他头脑是多么清楚冷静啊！他是多么温和安详啊！

一个声称致力于研习美德并将之精进至最后完美之境的人，其所应当做的第一步，是对于理性所授意我们去做的事，及其对我们的命令和请求，不要想得太多。第二步，他应该勇敢地向美德靠拢并全身心地拥抱它。第三步，他应该做的就是专心致志地完善自己的内在德行。第四步，他还应当通过不断的实践，让自己变得更强，（美德的修炼也更）容易，并将之应用到一些有用的学问技艺及生活的职责与义务中去。

在所有前来找我、希望拜在我门下求学的人中，不管他们条件如何，贫困卑微还是富有高贵，我从未拒绝过任何一个人，我给他们所有人授课并教诲指导每一个人。

的确，我的学校旨在开启人的智慧。在我的学校，如果有人一点儿努力都不做，我是不会开导他的；同理，要是有人不愿意或没有能力表达他的感受，我是不会倾听（并给他启发）的，因为我无法识别他的错误或困惑。最后，就像一个正方形有四个角，我举出其中一个讲解，要是有人不能举一反三，推出其他三个角，我是不会把同一个知识点徒劳地重复一百遍的。

我们的老师孔子参加葬礼的时候，他放声恸哭，当天都不会再唱歌了。出殡后大家都来到了盛大的答谢宴上，而孔子对摆在他面前的菜肴却差不多没动过心思。只要他还在感怀死者的离去，对之表示哀悼与遗憾，他就从没有吃饱过。

一旦被召出任公职便会立刻接受、毫不推诿；但一旦闲置在家、成为一个不为人知的普通人，却也毫不抱怨、毫不生气、毫不伤心，这样的人会是谁呢？

为了压一压弟子子路的虚荣心，让他放弃对自己的力量、价值和作战能力的过高评价，孔子终于有一天对他大致如此说道，一个人没有配备武器就去攻击一只野生老虎，一个人既无小舟也无大船就冒险穿越一条浩荡湍急的河流，即使发现自己身处遍野尸骨之中也没有半点恐惧，这样的人肯定不适合与我共事，我亦不愿和他一起带兵打仗。鲁莽其实毫无用处，相反却往往是有害的，它从来没有（给任何人）带来过荣誉。一个人确实不该被厄运所困，但当一种可疑且出人意料的情况出现时，一般我们还是应该听从彼时头脑所给出的建议，也还应该保持注意、斟酌考虑并提高警惕——尽管我还是更喜欢我们努力且乐于预见的未来，并且提前一段时间，考虑好双方可能发生的情况。

如果财富是可以通过武力或人类的劳动获得的，那我为了达到这一目标，没有什么事情和工作是我做不了的；但如果财富（的获得）仅仅取决于上天，那我便会顺着自己的心意与喜好，做我应该做的事情，做我能做的事情，做源于上天的理性所授意我去做的事情。

即将举行祭祀仪式之前的斋戒、对敌作战和与疾病作斗争，这三件事都需要十分细心、特别警惕以及努力工作。

孔子偶然来到了齐国，听到了韶乐，韶乐记载着伟大的立法者尧的德行及对他的颂词；听到韶乐，夫子顿时欣喜若狂，以致三个月之内他吃肉都不曾吃出肉的滋味。没想到啊，孔子说，我真没想到韶乐的作者舜帝达到了如此高的平和境界。

卫灵公的儿子蒯聩，因意欲谋害通奸的继母南子而被父亲赶出卫国，逃到了晋国，自己的儿子辄则留在了卫国的家中。可是灵公死后，人们却把逃亡中的公子蒯聩的儿子推上了王位。那些收留了蒯聩的人听到这个消息后，对此强烈谴责，并把被驱逐的公子带回卫国。蒯聩的儿子秘密派遣了一些武装人员，跟支持父亲的势力形成对抗，阻止父亲的计划成功实施。然而（对这种情形）大家众说纷纭、各持己见。一些人主张，只要父亲还在世，就不能允许儿子继承王国；相反，另一些人则认为，尽管父亲还活着，但他曾经设计欲谋害母亲，无论这位母亲是他的生母还是继母，从那一刻起他便失去了为人之父的资格，也失去了继承王国的权力，因此王权除了交给无辜的儿子，别无他人。

（殷商）孤竹国国君眼见自己将不久于人世，便宣布将由其幼子（第三子）继承王位。孤竹君去世后，大臣们却声称因循顺位继承的礼制，王位的继承者应该是大公子，所以拥立王长子继位。但相较于礼制及群臣的愿望，长公子却更希望遵循父亲的遗愿，心甘情愿地把王国交给他的弟弟；而他的弟弟像恪守其他的天伦常理一样谨记着兄良弟悌之义，不断敦促其兄长作为王长子接管国家。这场不可思议的争论僵持了很久，两兄弟为了让这场不同寻常的争执终尘埃落定，都勇敢地离开了朝廷，逃到偏僻处度过了他们的余生；两个人都既是赢家又是输家。这使得三兄弟中的老二，在民众与王侯将相的一致同意下，不得不接管被自己的长兄和幼弟所抛弃的王国。不过，兄弟二人在由谁来继承王位这件事上，（他们的做法）跟前面所提到的（蒯聩）父子之争是完全相反的。子贡委婉地想知道老师孔子是怎么看待（卫国国君）辄的，便斗胆请教孔子对这两兄弟的看法。孔子非常明白子贡之问的用意，回答说，他二人有着英雄式的美德与智慧，这一点跟远古的那些著名的智者很相似。子贡说，可是他们如此决绝，这可信吗？他们不曾对自己的所作所为和所犯的过错有过丝毫悔意，这又是否可信？孔子接着说道，其实他二人都在寻求真正的美德，而且也都找到了。既然之前他们并没有任何过错，也没犯下什么罪，那又何来悔过一说呢？这一回答足以表明孔子对大逆不道的辄占据父亲王位是作如何感想的；因为当他赞美那些意欲放弃王位之人的美德与智慧时，他实际上就谴责了辄——他的鲁莽不敬和饕餮野心都有违孝道，尽管他的父亲也是应受谴责的。

一日孔子说道，我吃的非常简单，喝的也只是水，为补充精力我会小憩，把胳膊弯着垫在头下作为长枕。不过我可以证实在这一切之中热爱智慧的人自有他的乐趣。朴实无华中的美德自有其诱人之处。无论是谁，若无美德，纵然富有阔绰并由此而获得别人的尊敬与赞誉，我也视之如空中浮云。

上天让我活到了七十岁，倘若能让我再多活几年，以便更好地研习《易经》的学说，我至少可以不犯什么大的错误。

孔子最常提及的三样东西是：《诗》，它把智者圣贤和古代帝王的话谱写成诗句；《书》，它记载着古代帝王及先人的事迹与劣行；最后是《礼》，记载的是那些帝王曾经谨慎遵守并实践的礼仪、风俗及职责。我说啊，这三样东西，差不多就是仅有的几样他最常谈及的东西。

叶县的执事是一个骄傲自负的人，他曾斗胆给自己加了一个僭越自己身份的称号。他曾向子路询问，您的老师是一个什么样的人。孔子听说了这件事，也知道自己的弟子对这一询问缄默不语，就说，您怎么不这样答复他，就说您的老师是一个一心在他所从事的事业上、在研究美德及良好的习俗上不断精进之人，除此别无他好。如果有什么事他做得还不够完美，他便会竭尽全力并付出百倍努力，甚至忘记了吃饭饮水，直到自己达到目标。当他觉得自己已经达到目标时，他欣喜若狂，全然忘记了之前的伤心难过和辛劳付出，也全然没有察觉到在这过程中他已经不知不觉年老力衰了。子路啊，您本可以如此答复那个傲慢的叶县执事。

我很想让你们知道我的智慧并非与生俱来，但我从很小的时候我就非常热爱古圣先贤，总是全力以赴、不辞劳苦地学习他们的学问，就是这样我才获得了人们所公认的、我所拥有的智慧。

孔子甚少谈及四样东西，即使偶有谈及，也都是只言片语。这四样东西为：怪异罕见之事、奇人巨物、派系争斗之乱象，还有鬼神——孔子解释说，因为鬼神之美德之灵验之本性，幽微难测、庄严崇高，非我们常人所能及，如果不能以正确的方式谈论它们，是会有很大的危险的。

倘若只有我们三个人一起结伴前行，其中我定会找到可以师法学习的地方；我是说我一定会从其他两个人那里受益。比如，其中有好的地方也有不好的地方，我会先选择那个（好的）地方所体现出的美德，并且追随之、效法之；对于那个（不好的）地方所体现出的恶习，我自己会仔细考虑，也会自我检查，如果发现我也有同样的过错，我会立刻改正。

孔子从卫国来到了宋国，每天在一棵参天巨树的树荫下带着弟子演礼。当地的执事厌恶孔子和他的学说，就让人砍了这棵大树。这让孔门弟子非常慌乱，担心他也会危害老师孔子的性命。孔子明白他们的恐惧，就对他们说，我身上的美德与自然品质都是上天所创，既然我的性命全凭天命，这个执事又为什么如此这般地折磨我，难道他一介凡人要与天为敌吗？

什么？！我的徒儿们啊，你们觉得，关于美德与智慧，我对你们有所保留吗？不，我向你们保证，我对你们从无任何隐瞒；我自己从未做过什么事是我没跟你们说过的而且没向所有人公开声明过的。我就是这样的人啊！

不过，我主要引导你们学习三四件事：（首先）学习文化知识、科学和各种技能训练；其次，运用和实践你们所学到的一切；最后，希望你们能坚持一种认真诚恳的态度，忠诚地、持久地、勇敢地去做任何你们想要做的事情。

我还没能真正见过一个完美之人，但要见到比其他人更有德行、更有智慧的人，还是可能的。

到目前为止，我也还未能见到有谁是绝对诚实、绝对正直的，但要看到有人坚定地、持之以恒地研习他将会追求的美德与智慧，也是有可能的。

本就没有却装作拥有；本就为胸无点墨的无良之人却装作满腹经纶、怀瑾握瑜；本就是微不足道的眇眇之身，却表现出一种说不上来的威压气势和出众绝伦的品性才华，如此这般地善于隐藏，我可以说，世人能够在一段时间内被这种错觉所迷惑，但这种伪装很难持久，所以他的掩饰欺骗手段有时会暴露出来。

孔子偶尔会去钓鱼稍事活动一下，但他钓鱼的时候只用钩线，从不用网；他捕鸟时也一样，他把箭绑在细丝线上，只射飞鸟。

有的人如此无知，但行动起来却鲁莽冲动，怎么会有这种人呢？于我而言，至少我觉得自己没有这样的毛病。在我们所听到的诸多事情中，选择良善的地方追随效法。同样，在我们所见到的诸多事物中，把它们全都记住以便从中受益，这是第二等级的求知[1]，也是我身体力行获得知识的方法。

互乡之地的居民要么狡黠成性要么心智迟钝，任何有关美德的言论他们接受起来都很困难。但当我好心收下当地一个自己主动来找我的青年，你们不应该认为这是一件坏事。我刚刚把他收入门下做我的弟子，我收下他不是为了立刻将他打发走。你们七嘴八舌地如此议论，且如此苛刻、毫不客气，这又有什么好处呢？无论何时，只要有人有意改变其生活，我都会接受他们，但我不负责他未来要过的生活，也不担保他会一直坚持下去。

莫非美德离我们会很远？于我而言，我认为只要我对美德心向往之，它就已经离我更近了一步；与生俱来之物何须从外部求之。

我一直听说智者从不谄媚，但你们的圣哲孔子是不是有时候也难免媚俗呢？贵国国君昭公，难道没有迎娶一名与他同姓的女子作为夫人吗？这难道不是为鲁国的律法礼制所禁止的吗？昭公改了那女子的姓，这难道不是为了遮人耳目吗？可是孔子却说昭公通晓礼制与风俗！

弟子将官员对孔子的抱怨禀告给了孔子。孔子对该弟子说，我真的很高兴，因为如果我在哪件事上做错了，别人就一定会知道，而且我也会从他们的警告中改正自己。

孔子非常喜欢音乐，他跟别人一起唱歌的时候，他发现有人唱得非常好，他便会让人再唱一遍，并轻声愉快地跟其他人一起唱和呼应。

孔子说，要讲言语书写优雅简约，我跟别人差不多；但若要身体力行且持之以恒地做一个有智慧且有美德之人，这才是真正的挑战，而我当然也还没有做到这一点。

人们普遍认为我的精神已经达到了一种至高、至坚、至诚之境，我实在是不敢当呀。但若想说点儿别的，就说为达到这完美之境，我努力修炼，从未有半点懈怠；就说我教诲指导他人，从不厌倦疲乏。说这些还多少有些意

---

[1] 相较于"生而知之"来说的。

义，因为（除了这两点）我承认我的力量已经无法再进一步了。一个弟子对孔子说，哎，我最亲爱的老师啊，当别人赞誉您完美时，您如坐针毡。然而您也承认在修炼美德的过程中您精神愉悦、矢志不渝；您不停地教导别人，毫不倦息！唉！您的弟子，无论他如何充满热情地去模仿您，连您说的这两点也都还没有学到啊！那他离那完美之境又该有多远呢！

圣哲的弟子们为他们的老师的疾病而痛苦，子路请求允许他为老师的健康向神灵祈祷。圣哲问他这样做是否真的能消灾祛病。他回答道，当然。古书上载有，我们为您向天上地下的神灵地祇祈祷，诸如此类的话。孔子答道，就我所知，到目前为止我在言行举止上都不曾敢对神祇有过半分不敬，然而，我毕生所行、所遵从的都不过是一个理性，这是我所致力的伟大事业，倘若我偶尔做了些违背理性的事，我会立刻为此付出代价，感到懊悔并改正自己——如此说来，我已经向神明祷告良久了。

是否有人挥霍无度，追求奢华与花费？（如果有）那么他的心灵便无丝毫的谦卑。是否有人特别小气、卑鄙且贪财？（如果有）那么他的心灵便是卑劣的。因为心存谦卑要胜过借助自己的财富与权势向上爬[1]，这样看来，心灵卑劣可能也不是那么有害。因为后者（指心灵卑劣）差不多仅会危害到自己，而前者（指挥霍）却能危害到整个国家！

有才德的君子内心总是平坦的、恬静的、安宁的；无德之人内心总是纷争不断、悲苦不安。

孔子为人温和、谦恭、和蔼可亲，然而却让人肃然起敬。需要的时候，他庄重严肃，但却不生硬、粗暴，也不残忍。他殷勤恭敬，但把握分寸、一切有度，一点儿也不会让人感到不适与厌烦。

泰伯和虞仲是周太王的长子与次子，他们俩觉察到自己的父亲更加偏爱其三子季历，并意欲传位于他。两人未多加思虑，只想到身为人子，要尊重

---

[1] 这句话暗指那些挥霍无度的人通过四处撒钱的手段提升自己的地位。一旦这样的人身居高位，所危害的便是整个国家。

并服从父亲的意愿，并慷慨地把王国让给幼弟，于是他们便自我放逐到南方蛮荒之地，并割断长发，在身上文上奴隶的印记，以此更好地隐藏他们的出身，让人无法判断他们来自何方。他们的美德是如此完美，这样的例子是多么罕见呀！然而无知的芸芸众生，却不知该如何赞颂他们的英雄，让他们得到本该就属于他们的赞誉！

有人礼貌、谦恭且殷勤，但没有原则、没有限度，徒劳地把自己弄得劳苦不堪，甚至经常让别人感到厌倦与不快。也有人在自己所处理的事情上，细致、周全、警觉，甚至超出了限度，他时常会顾此失彼、举棋不定、如履薄冰。还有人强悍勇猛，但不知克制、适可而止，一味鲁莽行事，他将会扰乱家庭事务和国家内政。最后，有的人老实正直，但却不能保守秘密，也藏不住任何东西，他的精神将常会饱受折磨，并无数次引火烧身、自寻烦恼。

倘若在位执政者坚定不移、持之以恒地履行自己对父母及其他亲属的职责，那他的臣民必定上行下效，一心向善。对于那些年长可敬或功高望重之人，倘若在位者不将之抛诸脑后或等闲视之，臣民们也不会做得更差：他们必定会对同胞中的长者及有功之人敬重有加。

曾参，孔门第二大弟子，最通孝道，他在病入膏肓、大渐弥留之际召来了门下众弟子，对他们说，看看我的手，再看看我的脚，我从父母那里得到它们的时候是健健康康的，我小心翼翼地把它们保护得完好无损，以便用的时候更方便、用的时间也更久。这是我从《诗》上学到的。《诗》上说，处于害怕与恐惧的状态，时刻担心着并且小心翼翼，如同一个人走在水流湍急的深渊边缘，抑或是薄而松动的冰面之上，生怕做错什么事情让自己的父母伤心或者冒犯了他们。但我感觉得到你们正在见证我即将命终，我也知道从今以后我将不必再如此小心翼翼、战战兢兢，但我亲爱的徒儿们啊，你们要像我一样，切记，切记这些教诲啊。

鲁国大夫（孟敬子）在曾参临终之际前来探望病情，他从曾子那里只得到了一些临终劝告。当鸟儿快要死时，它们的叫声是凄惨的、哀怨的；但人快死的时候，他们所说的话多半是直率的、真诚的。

孔子曾说过，在培养真智慧的学说中，有三件事是最为重要的：首先是我们的举止行动、颜容仪表和生活习惯，在这三方面尽量不要有什么粗俗的、不文明或放荡的表现。其次是脸色要坦率真诚、不矫情，因为唯有如此，我们才更接近真实与诚信。最后是说话谨慎聪明，且不失某种优雅，以避免任何可能会出现的失礼及不合理性之举。

谨慎且睿智，但依然会向他人请教，哪怕对方是一个无知的人。多才多艺且经验丰富，但为了充实自己，依然会继续向粗鲁之人和学问不高的人请教。对自己的成绩保持谦逊的态度并且尊重他人，虽然自己有很多优点，但却表现得好像一无是处一般。被冒犯了却也不会恼怒。这些都是我那老朋友颜回所具备的美德与品质，我不知道千人之中能否找得到第二个像他那样的人啊。

曾子曾说过，一个人如果可以托付去教导年幼的王子，或者把一个侯国的治理权交给他，而且在突如其来的不幸或巨大的变故中，他绝不会被冲昏头脑，也不会被打败屈服，更不会做些有违他的尊严和忠贞心志的事，这样的人当然可以被认为是一个伟大的人，一个优秀的人。

曾子还说过，读书人要有开阔、广大、坚强且恒定的思想，[1] 因为他们肩负着重任，而且力行的路也很久远。

那真正而诚恳的美德便是他们肩上所负之重任，难道不确实是很沉重的吗？为保证完成肩上重任所做的工作及所采取的一切必要手段，只有到了生命终止的那一刻才会停止；与生命等长，这难道还不够长久吗？

孔子说，如果我们流露出卑躬屈膝、垂头丧气（的真性情），那是因为我们是在《诗》的熏陶中长大的；而《礼》则让我们停留在正确的轨道上，让我们终生合乎礼节、恒久不变；最后，我说，通过训练可以获得一种悦耳的

---

[1] 法文原文为 *[...] les gens de lettres devoient avoir l'esprit vaste, grand, fort et constant ; [...]*。这样讲非常笼统，根据上文的论述，可以理解为"读书人学问要恢宏、见识要广大、个性要刚毅，求学要恒久"。

和谐之音，而《乐》就是借此愉悦我们的意志，并让后者变得平和温顺。

我们可以而且甚至应该命令民众执行法律制度，但却不能以同样的方式命令他们学习知识。

有人好勇好胜、过于相信自己之勇力，除此之外，他还憎恶可能困扰折磨着他的贫穷，这样的人很容易扰乱民众的安宁。同理，一个恶人，即便他理应遭到万民共愤，但倘若对他的怨恨超过了限度，把他逼迫得太厉害，那他也不免会扰乱公众的安宁。要挽救这类人，最好是用权力安抚他、用宽厚感化他，而不是过于严厉地刺激他。

一个人即使拥有伟大的周公的所有优点及其卓越的才艺；但倘若他养成了一副自高自大、傲气十足的架势，那通常由此而来的是，他会嫉妒别人得到的赞美和荣誉，而他的其他方面，不管有多好，都不值得一看了。

一个人经年累月、持之以恒地致力于美德与智慧的修炼，却不把财富利禄放在眼里，这样的人是多么少见啊！但愿君王们一旦发现这样的人就能启用他们，千万不要错过。

一个热爱学习并具有智慧之人对他所教授之真理笃信不疑，并且辛勤工作，努力学习，持之以恒；直到生命的最后一刻，他的生活方式从未改变过，永远一致，依然故我，并且总是符合美德与理性。

正因如此，像这样一个热爱学习并兼具智慧之人，如果遇到一个危机四伏的国家，他是不会进入的；如果看到一个国家发生动乱，他是不会多做停留的；如果一个国家以德治国、以法治国[1]，他一定会出现在所有人面前[2]，如果德不在、法虚置，他会隐身世外，保全自己。

事实上，当一个国家礼法健全、德风大盛之时，如果个人在闲散生活中腐朽堕落，抑或是心甘情愿地活在贫穷之中被人忽视，都是可耻的；反之，当一个国家德风溃败、礼法不振之际，一个热爱学习且兼具智慧之人却与世道狼狈

---

[1] 这里指的更多的是礼法。
[2] 指出仕为官，以身示范。

为奸、谋求高官厚禄，不但是一件不光彩的事情，而且是肮脏的、可耻的！

您若不是公职人员，就不要殷勤地过问其管理方式。

鲁国掌管音乐的太师挚，他的开场音乐是多么令人神往啊！而最后的终曲在万音齐鸣中回响又是多么悦耳动听啊！

精明狡猾之人醉心于荣耀，也爱惜自己的羽毛，但却因此少了诚信与正直。生来愚钝之人则难免思虑不周、轻率冒失。粗俗且无事务能力者，却无信用无诚意。这些人，我说道，真的无药可救，我不知道什么样的人是会这样的。

致力于学习吧，就像您从未学过什么东西一样；即便您学到过一些东西，也要担心您会失去它呀。

舜和禹的美德与智慧是多么伟大，多么崇高啊！在摄行君位之前，他们就过着充满智慧的生活，尽管他们的生活条件与其祖先的贵族身份不相符，但他们都对自己的状况感到满意。后来他们因自己的德行被推上了天子之位，掌管着这个幅员辽阔的中华帝国；但他们从不曾被帝国（统治权）所束缚，就好像帝国（统治权）从来都与他们无关一样。跟他们高贵卓越的理解力相比，他们将帝国的宏伟看得淡——他们知道他们高超卓越的理解力乃是上天所赐予的礼物，是为了让他们拥有美德和智慧而创造出来的。

哦！身为君王，尧帝曾经多么伟大啊！在所有伟大而崇高的事物中，唯有上天是至高无上的存在；纵然上天泽披万物、德重恩弘，尧帝德行之广大崇高，足以与天相匹敌。尧帝之恩德，广远无边，却又如此之深、如此之隐秘，绝非凡夫俗子的理解力与智慧所能参透——这就是为什么百姓从未依照他的神圣与伟大而对之加以赞美与称颂。

哦！尧帝真是巍巍高大、无比崇高呀！关于他，我们可以说他的伟大功业完美无瑕，他的德行也已达完美之境；他从律法、礼制、官职、音乐和文献典章的知识中所提取的文体形式，真可谓宏伟壮丽啊！但至于尧帝是如何受到百姓的尊重与爱戴，同时他的谦逊和审慎的远见又是多么伟大，我们的史书上都有记载，它是这样说的：当年尧依照风俗出游巡视诸侯国，百姓们蜂拥而至，在一片齐声欢呼声中，为他祝福，祝愿他万事如意。他们祈求上天像赐福于他们的父亲那样，赐予他许多财富、许多孩子和许多年寿。尧对他们说，我接受你们的真心和你们对我的爱，但你们是否知道大量的财富会招致很多牵挂与担忧，许多孩子会导致很多恐惧，而活得太久常常会引来很多苦难和耻辱呢？

舜帝有五位大臣，他们似乎生来就是为公众利益服务的，而舜帝也将因他选人得当而被我们的帝国永远铭记。声名赫赫的禹为帝国排除了洪水之患；洪水被疏导到海里之后，稷重建了种植业；契给我们留下了五种制度，那是安邦定国、一统天下所必不可少的学说；皋陶审理调查各种罪行，不偏不倚，令人惊叹；伯益不辞劳苦，将山洪分流并引水灌溉乡间农田。

周武王时而会觉得庆幸并为自己感到高兴，他说他有十位德才兼备的大臣。第一位是周公旦；第二位是有名的召公奭，他掌管着北方地区，辛勤工作且乐此不疲。春耕秋收之际他会把所有的罪犯都释放出来务农，之后这些犯人都会自愿回到监狱改过自新。他的宽厚、谨慎与公正被他的臣民所称道，也为他在民众之间赢得了威望。第十位是帝后邑姜，武王的夫人，她以一种令人仰慕的德行与令人钦佩的谨慎治理着王室内院和后宫事务。

对于禹帝，他的生活品行我无可非议。在饮食方面他过得精打细算、非常节约，然而对待神灵他却慷慨大方、出手阔绰、一丝不苟。他穿戴极为简单朴素，然而主持祭典时他的礼服与礼帽却极为华美壮丽。他的宫室低矮简陋，然而为了疏通沟渠，引水入海，同时为了建造水库以备大旱之用，他却劳心费力、倾国库所有。

我们所讲的故事可以让我们了解，当大禹在路上偶遇一个身负镣铐、正被带去服刑的罪犯时，大禹是如何被触动的。唉，大禹痛哭着说，数百年前百姓以尧帝为榜样规范他们的生活与风俗，而如今这个国家由我来掌舵，可我觉得我的一些子民正顺着自己的私心与欲念生活，我多可怜啊！

第五卷

孔子的弟子们曾常说，他们的老师偶尔才会勉为其难地谈论功利、命运或天意，以及"仁"[1]这种罕见的天赋，这种统摄其他一切美德的纯粹。

达巷的居民说，孔子真是个伟大的人哪！他精通一切，在各个领域都是专家，我们唯有称赞他，他的一切都是伟大的。

孔子恰巧听到了，对他的弟子们说，我觉得这些乡下人希望我专注于某一行业。在我们的六艺中，他们能想到的无非是射箭和驾驶马车，那我选哪个好呢？还是驾驶马车吧。这行更容易些，而且由于驾驶马车更加卑微，我更喜欢这一行。

昔日戴细麻帽子合乎礼仪，而且是日常所用；如今的丝帽不那么奢华，戴起来还舒服。这样做还是背离了古人的习俗，不过，既然无大害，那我也跟随大众，顺应时代潮流。

远远地在堂下跪拜君主，是古人的礼仪和习俗。如今大家都到御座所在的堂上跪拜，有些过火了，并且有点狂妄。这就是为什么我依照老规矩，还是在堂下跪拜君主，却没跟随大众。

孔子对未来的事情毫不武断，既不固执己见，也不墨守成规，最后，在孔子眼中，既没有绝对的禁忌，也不求个人的方便。

孔子被匡地居民所囚禁，原因是其相貌与当地的某任地方官相似，而此人曾经残暴地压迫过当地人；匡地居民不听任何解释，为了杀死他，将其围困在住所整整五天。为了安抚惊慌失措的弟子们，孔子说道，文王——这位贤明的君主已经过世近五百年了，周朝的礼法曾因他而像闪耀的光一样照亮了整个世界，难道这道光随着文王的过世而熄灭了吗？周朝的礼法难道现在没有伴随着我们吗？如果上天要让这道光随着文王而去，就不会帮助我在人间传播周礼；倘若上天不希望周礼就此消失，不希望我们就此消失，那么上

---

[1] 原文作"la vertu parfaite"，直译为"完美的道德"。

天就一定会在意我们的性命。如此说来，匡地人又能将我怎么样呢？

一名太宰问道，你们的老师毫无疑问是圣人吧？要不然，他怎么可能懂得这么多呢？子路回答说，看来上天果真倾其恩惠使他成为圣人，不过他自己确实也非常博学。

孔子说，这位太宰真的了解我吗？事实是我出身并不富裕，因而贫穷教会了我很多的东西：抓鸟、捕鱼、驾车和射箭；但是廉正、智慧和神圣是指这些东西吗？

孔子被看作无所不知，这令孔子很苦恼，（他说），我真如人们所说的那样博学吗？我不确定。我承认，当一个出身底层的人向我提问的时候，不管这个人看起来多么粗鄙和愚笨，我都会先教他些什么，我会从他所询问之事的要点入手，并尽可能深入细致地探讨事情本身。

孔子对其所处时代的人们的不幸感到悲伤，而又绝望于无从改善，他疾呼道，唉！我们再也看不到凤鸟[1]了，这太阳珍爱的鸟啊！我们再也看不到黄河里出现龙马[2]了！唉！我的学说也要完了！这两样象征洪福的吉祥之物再也不会出现了！

每当孔子见到因父母过世而穿丧服的人，抑或是戴官帽且着官服的人；尽管他们的年纪比自己小很多，甚至是盲人，他都会率先起身以示敬意，并致以殷勤体贴的问候。他这样做主要是对别人的孝心与尊严的尊重，并没有考虑对方的年龄与权位。

孔子最重要的弟子之一（颜回）喟叹道，啊！我们老师的学说实在高妙！实在深刻啊！我越思考老师的学说，越努力地向它靠近，就越觉得它高不可攀。而我越钻研其深刻与严密，就越觉得它无懈可击。我出神地凝视着老师的学说，就像它近在眼前，我可以将它拥入怀中一样；啊，突然它又出现在了我的身后，从我的手中溜走了。

---

[1] "凤鸟"原文作"Aigle"，直译为"鹰"。
[2] "龙马"原文作"monstre à diverses couleurs"，直译为"色彩斑斓的巨兽"。

不过，老师懂得有序、优雅且温和地将自己的学说传授给他人，能够从容地引起他人的兴趣，并将其引导至老师认为恰当的地方。至于我自己呢，我觉得老师抓住万物的要领，即上天赐予的唯一理性规则与节制，借助哲学以开阔我的思维。

每当我想停止学习，满足于自己所学时，所有这一切都令我无法放弃；每当我精力不济时，所有这一切都让我觉得在自己眼前矗立着某种东西，使我热切地希望企及并拥抱它。可是我找不到满足自己这种激情的方法，我也一直都在惊叹这种学说和这种美德的崇高与深刻。

子路获悉孔子病重，为了讨老师欢心，派了手下的几名学生去照顾，同时也是为了在必要时为老师举办隆重的葬礼，而这几名学生就好比是孔子的家臣。孔子知道了这件事情，当他的病情有所好转时，就对子路说自己不赞同这种讨喜的方式，他说，您多久没有真诚地行事了？遵照风俗与事理，我在不久前是卿大夫，可以有家臣，厅堂富丽亦不为过。但现在我已经离职，不允许像从前一样了，我怎能欺骗大家却毫无罪过呢？纵然我可以蒙蔽世人的眼睛，难道我可以欺骗上天吗？况且让我死在这种体面的服侍中，难道还不如死在你们的陪伴下、死在两三个我最心爱的弟子的怀抱中，更令我觉得温暖愉快吗？难道您不知道身逢病危之时，我们必须听从天命，必须有一颗真诚的心，必须谨慎小心，丝毫不偏离人间正确的理性吗？

当时的习俗令孔子不满，为了促使老师将其才华施展在公共事务上，子贡竟然向孔子问道，如果在我们身处的这个乱世中，一个人拥有珍稀且无价的美玉，那他应该是把美玉收藏在箱底呢，还是应该想办法卖个合理的价钱？孔子并非不知道子贡的类比用意何在，他回答说，卖掉！当然卖掉！不过，我会等公正的估值者和投标人前来。寻找买家不是我们的事儿。

出门在外侍奉公卿，回到家中侍奉父兄，有了丧事不敢不尽心尽力去办，宴会之上不会有害地过度饮酒。这四点乍一看容易，实际上极其不易，我在自己身上很难找到这四点。

河水永不止息，日夜流淌；在追寻美德的路上也一刻不能停歇，踟蹰极其危险。

没有！我还没有见过谁如此喜爱美德，就像喜爱美貌、喜爱比例协调的美丽胴体那样。

比如说，我想堆一个一定大小的土丘。如果在工程完成之前，我半路停下了，或者你们觉得还需要再添一筐土才能竣工，那么这纯粹是我的错。我是工程中断的唯一原因，这就是我没有从一而终的结果。与之相反的是持之以恒，不管工程的进度多么缓慢，由于从未中断，那么持之以恒就能完成最伟大的作品，并实现最终的完美。

在我的弟子中，颜回既不懈怠也不懒惰，凡是从我这里学到的知识，他无一不尽力付诸实践，不幸的是，他死得太早了呀！我只看到他大步前进，从来没见过他松懈或者止步不前。

关于持之以恒，他一直都记得我用来勉励他的话：一株植物长出幼苗，却开不出花，这种情况很常见，而有些植物开过花后，却结不出果实，这种情况也很常见。

对于小孩子和年轻人，我们应该表现出某种尊敬和敬畏，因为谁知道他们在将来的某一天会不会比现在的他们更好，也比我们更好呢？而且，一个四五十岁的人仍旧寂寂无闻，不值得尊重，那么，这个人实际上也没什么指望了。

如果针对我们职责的谏言有些直接，听起来不那么舒服，我们就能不听从其中好的部分吗？重要的是从中获益并且加以改正，但也不能太高估它。同样地，如果谏言既巧妙委婉又有益身心，我们听了能不高兴吗？重要的还是从中获益，并且反复思考这些话，因为，毕竟思考其真意才是原则，才是必要的。但如果有人只是愉快地听取别人的谏言，而不反复思考、仔细斟酌，就像品尝一块美味的肉食，却从不咀嚼；同样地，如果有人尊重并接纳了别人正直真诚的谏言，却并不据此调整习惯，也不加以改正，那我还真不知道该怎么对待这样的人，而对他来说呢，不过是浪费时间与辛劳，却徒增烦恼。

没有什么品质比诚信和真诚更能打动人心了。你们不跟不如自己的人缔结友谊吗？你们犯错了吗？所以不要犹豫了，纠正自己的错误一点都不羞耻。

无论一支军队多么强大勇武，其统帅也难免会被绑走或者俘虏；但是一个人，无论他多么软弱无力，他的自由意志都不能被剥夺。

我只知道我心爱的子路，他穿着简朴的麻衣，和他那些穿着最美丽、最珍贵的皮衣的同伴站在一起，能保持坚定和耐心，没有羡慕他们，没有觉得羞愧，也没有脸红。因此，这种既不嫉妒他人，也不易怒的人，没有什么工作和职位是不适合他的。

孔子发现子路有些过于喜欢自己对他的夸奖了，因而想要适当压低对其优点的正面评价，就对他说，您觉得这种超越嫉妒和贪欲的美德与才华，足以让您胜任所有的事情吗？您觉得这是唯一需要的美德，没有其他的了吗？

只有在隆冬之时，在冰雪天气中，我们才能真正知道松树和柏树的叶子是否凋零、是否长青。只有在国家动乱和遭受不幸的时候，我们才能看出人的品质，分辨出谁坚强勇敢，谁懦弱愚昧，谁自命不凡，谁睿智有德。

明智的人对于自己应该做的或者不应该做的事情丝毫都不犹豫，真正高尚纯洁的人毫不忧虑，强者和仁厚的人毫无畏惧。

有些人，您可以跟他们一起开始学习美德和智慧，却无法与之并肩前行，或者一起投身智者的事业。另外一些人，您可以与之并肩前行，却不能一路走下去，因为他们无法持之以恒。还有一些人，您可以与之一直并肩前行，并一路走到底，却无法跟他们一起使得生活中的一切事物与行动达到美德和智慧的绝妙平衡。

一个缺席没到场的人不应该说他一直想念他的朋友，因为如果真的想念，那他早就在去探望好友的路上了。我们也没有什么理由说自己无法停止对美德和智慧的渴望，却抱怨美德和智慧离我们太遥远，因为如果我们的想法是认真的，那么美德就会来到我们的面前，或者投进我们的怀抱中。

孔子或君主之学

　　孔子对待同乡和家人时，处事真诚而单纯，以致让人觉得他没有口才，知道的也没有其他人多。

　　但是，当孔子在诸侯国的朝堂或鲁国宫廷之上，他讲话则清晰明了，言辞谨慎有度。

　　上朝的时候，孔子与官阶不同的卿大夫一起等候君主。当他同下大夫或者同与自己平级的人谈话时，就很严肃，语气坚定而有分寸；可当他同上大夫谈话时，就以某种谦恭诚实的亲切态度来缓和这种严肃。

　　当君主出现的时候，人们看到孔子既表现出了深深的敬意，又有面见君主时的某种局促之情。然而，他始终安静平和、头脑清晰。

　　当君主召见他，让他去接待几位诸侯时，人们先是看到孔子的神情稍有变化，接着看到他的步伐似乎不稳，有些局促。

　　当孔子引领诸侯去觐见君主时，他给陪其左右的随从下达命令，他那胳膊的动作恰到好处，而衣服却整齐不乱。

　　当孔子向君主引见外宾时，他庄重地展开宽大的衣袖，就像鸟儿张开的翅膀一样，他的步伐也加快了。

　　当外宾完成会面行礼离开，走出君主的视野时，孔子首先报告君主说，外宾不再回首道别了。

　　孔子每次经过宫廷大门的时候，都深深鞠躬以示敬畏和顺从。

　　如果他必须在某个地方停下来，那这个地方从来不是宫廷大门的正中间，因为这里正是君主平时进出宫廷的地方。而且，他也从来不会踩在宫廷大门的门槛上。

　　当他进入朝堂之内，由于他如此谦恭，而且对君主的敬重也已根植于心，如果恰巧路过御座，即使君主并不在场，他也不让自己的神情有什么变化，不让这种谦恭和敬重在他的举止、步态与言语里表现出来。

　　如果他需要靠近御座上的君主，那么他会用两手庄重地提起衣服，躬身走上大殿，甚至不敢抬起眼睛，还屏住呼吸，如此小心翼翼地收敛气息，好像不呼吸一样。

当他从君主面前退下，下了几节台阶后，人们先是看到孔子的脸色舒展开了，显得既轻松又愉快。下完台阶后，他稍微加快了步伐，就好像他的精神与身体，还有衣服里的手臂都更加自由、更加轻便了一样，走起来也很自在惬意。然后，他又满怀敬意地回到了卿大夫中间，回到自己的位置上。

每次本国最尊贵的君主派孔子出使某个地方，在被召见的日子里，孔子都表现出令人惊讶的谦恭与庄重，他手持自己君主的礼器出场，弓着身子以示敬畏，就好像他承受不了如此尊贵之物的分量。他有时候将礼器举起来，这时他会抬高手臂，就像在向谁致意一样；他有时候又将礼器放下来，这时他会伸展手臂，就像在送出什么东西一样。

每次当他以本国君主的名义向别国君主，或者某位卿大夫献礼时，他都表现出一种庄严而又温柔、和蔼的气质。

但是，当他稍后以个人的名义赠送礼物时，这种和蔼中又多了一份愉悦。

孔子在各个方面都极为明智，甚至从服饰穿着上都可以看出他的谦恭。就日常穿着来说，衣服上下用来装饰的流苏镶边，都不用火红色或紫红色；因为他把火红色留在葬礼上用，紫红色留在祭祀仪式上用。

他居家的便服，也从来不用这种普通的红色和取自红色的紫色。这既是因为他喜欢事物的自然简洁，也是因为这些颜色在主妇和女孩之间被广泛地使用和珍视。

夏天，孔子跟其他人一样穿浅色的麻布单衣，无论是细麻还是粗麻，他都会在里面套件衬衣，以免露出身体，他是如此谦恭和正直，又是如此谨慎！

冬天，他会穿黑色羊皮外套、白色鹿皮外套或者浅黄色的狐皮外套，而且总会在里面再套一件跟外套颜色相同的衬衣。

他在家穿的皮外套一般是长袍，但是右边的袖子要比左边的短一些，这样做事的时候比较方便。

睡衣也很长，可以遮住他的整个身体，里面的衬衣只盖过半个身子。但是这种衣服主要是斋戒的时候才穿。

由于狐狸和一种名为"貉"的动物的皮毛比较厚，孔子就用它们做冬天居家的衣服。

有身份的人通常在腰带上佩带各种物品，有的是为了实用，有的只是为了装饰，孔子除了参加葬礼，没有哪样物品和其他人佩带得不同。

上朝或者祭祀的时候，孔子总会在衣服外面套上一件过腰的修身袍[1]；他在家穿的修身袍一般比较短，侧边要裁开，他这样做既为了谦恭，也为了节俭和方便。

由于羊皮外衣和黑色的帽子适合节日和喜庆的日子，所以孔子一般不会在吊丧的时候穿。

每个月的初一，尽管他已经不担任公职了，孔子仍然穿着朝服和其他官员一起在朝堂上，觐见君主。

当他为了祭祀而斋戒的时候，总是穿一件干净整洁的衣服，这是他细心保持内里和外在纯洁的明证，不过这件衣服只能是棉制的。

斋戒之时，他必会改变生活方式，主要是禁食面包和肉类。他甚至还更换住所和房间。他说，必须通过节食和禁欲来敬拜神灵，就如同神灵在我们面前一般。

就饮食而言，他既不反感精制的面饼，也不反感切碎的肉和鱼，无论刀工多么细腻。

他不吃任何腐烂的鱼、肉或其他东西，不吃已经变色或变臭的东西，不吃味调得不好的东西，不吃尚未熟透的水果，也不吃切得不规整的肉，因为这样就不方便用平常夹肉的小箸，直接将肉送入口中而不碰到手指。

无论肉质如何，孔子食用的量都与他吃的面包或者米饭成一定适当的比例。只有在饮酒方面，没有绝对的数量限制，但他从来不会喝太多，也不会

---

[1] "修身袍"原词作"justeaucorps"，17世纪法国男装的外衣。

喝醉。

他从来不食用街角或者路边摊位买来的酒和干肉,因为担心这种酒和肉不洁净。

孔子丝毫不抵制生姜,他几乎将它用于各种食物,因为生姜可以使人精神振作,驱散有害健康的东西。

总的来说,他吃得并不多。

王宫里为悼念亡者而举行祭祀和宴会时,君主在仪式过后会将祭祀所用的和宴会上的肉赏给官员,孔子甚至从来没留到过第二天。而自己家里用来祭奠父母祖先的祭品,他也只存放不超过三天。因为超过三天,食物就开始腐烂,不能吃了。

倘若无人向他提问,孔子在吃饭的时候不跟人交谈,躺卧下来也不再跟人说话。

不管吃的东西多么普通、多么简单,哪怕是菜汤,孔子都会从中匀出一些献祭给祖先,献给那些通过努力与勤劳使人类从中受益的人们。因此,这也成了孔子终身斋戒和禁欲的一种方式。

由于古人一般席地而坐,所以如果席位还没有排好,孔子是不会去坐的。因此,即使在细微之处,也足见孔子对正直的要求发自内心。

孔子与家人、姻亲和同乡参加宴会时,总是让拄着拐杖的老人先行离开,自己才立马走出去。因此,他从不会放过任何尊敬老人的机会。

冬天的时候,当这些家人、姻亲和同乡迎神驱鬼时,他会穿上庄重的服装,站立在他家门口东边的台阶上,他总是在那里接待来看望他的人。

当他打发手下的人去向分隔两地的朋友问候安康时,他弓着身子恭敬地向远方的友人致意,仿佛友人就在他的眼前。哪怕他派去送信的是家里的仆人,他也不会有半点怠慢,而是通过尊敬信使来表达对收信人的尊敬。

鲁国的大夫派人送药给孔子,孔子隆重地谢过对方的好意后,收下了药物。但他真诚直率地说,我不是非常了解这个药的效果和药性,所以不敢尝试。

有一天，孔子在退朝回家的路上，碰到了他的一名仆人，那时候孔子是鲁国的大夫，这名仆人带来了一个非常坏的消息，那就是孔子家的马厩着火了，而且都烧没了。孔子听到后的第一反应仅仅是问对方，人没被火伤到吧？而并未担心马的事情。

当鲁国的君主把自己餐桌上的食物赐给孔子时，孔子总是先把座席铺正，向君主恩赐的食物致意，就像君主在场那样，然后再品尝食物，并把食物分给手下的人。当君主恩赐给他的是生肉时，孔子会先把肉煮熟，然后将肉献祭给祖先。如果君主恩赐的是活着的动物，孔子会精心喂养，不敢亵渎国君赐予的生命。

当孔子陪侍君主用膳时，君主会按照习俗将每道菜都先虔诚地献祭给自己的祖先，作为外客，孔子也可以将每道菜献祭给他的祖先，但是，由于谦恭与正直，孔子从来不这么做。他所做的只是在君主用膳之前，熟练地试吃每道菜。因此孔子更像是试毒者，而不是陪君主用膳的人。

当他生了病，君主来探望的时候，孔子会将头朝向东边，将自己觐见君主时所穿的、最庄重的朝服盖在身上，再把他最宽大、最体面的腰带铺在这些衣服的上面。

当君主召见他时，孔子不等马车到来就徒步出发了。

每当孔子进入纪念周公的大礼堂时，他几乎一一过问仪式上所要用到的东西。

如果有哪位朋友死了，却没人替他操办丧礼，孔子就会说，丧事就由我来主持吧。

当朋友送他礼物时，哪怕是马车或者马匹，他也从来不行拜礼，可如果送的礼物是按照古老的习俗用来祭拜祖先的肉，他就一定会拜。

当他躺下睡觉时，从来不会背朝下直直地躺在那里，像具尸体一样，他一直都记着要端庄与谦恭。

如果孔子与亲戚朋友待在自己家里，或者是在私人场合下，就没有平时那么严肃了。

当他看见穿着丧服的人，就算是熟人，我们也会看到孔子因其同情之心而神情发生变化。当他看见一个人头戴官帽，或者一个人双目失明时，即便他私下里常同对方会面，他也会表现出自己的敬重之情。

每当听到惊雷、遇到狂风时，孔子的神情也会发生变化，他就像被一种神圣的敬意触动了，这无疑表明了他对至高无上的天主的敬畏。

人们偶尔也会为他举办豪华盛大的宴会，看到桌子上摆满那么多的菜肴，还有那么多的餐具，他的神情会不由自主地发生变化，这个时候，他会先站起来，感谢宴会主人给予自己的殊荣。

每当乘坐马车，孔子都保持站姿拉住缰绳。上了马车后，孔子从来不回头往后看，也不催促车夫，更不指手画脚。

孔子对他心爱的学生子路说，当一只鸟儿察觉到猎人为它设下陷阱时，它会展翅高飞，逃离危险，找到一个安全又舒适的地方后才停下来，然后在此地平静而安全地休憩。

就像山顶的那只野鸡，当它意识到您要抓住它的时候，不是也立马就飞走了吗？看哪！这只野鸡都知道自己的处境，知道好好把握时机！眼看着恶习和激情从四面八方袭来，我们却没有避开；而我们把美德看作是真正的安全之所，却没有在那里栖居。

第六卷

如果您愿意相信我们这个时代倨傲自矜的看法，那么在遵守礼仪和建立和谐关系的方面，也就是涉及礼貌、尊重以及职责或本分的方面，我们的祖先就显得相当粗野。而我们这些后人呢，在周朝的统治下，拥有各种完备的礼节和仪式，所以在遵守礼仪和建立和谐关系的方面，我们确实是优秀的。不过，就这两方面的应用与实践来看，我更愿意追随我们的祖先。

唉！昔日，我的弟子们跟随我周游列国，如今，他们有的过世了，有的做了官儿，全都不来听我讲学了。

在我所有的弟子当中，只有颜回对我是没有帮助的，因为他从来不质疑我。对我所说的一切，他都欣然接受，他坚持认为为提问而提问是多此一举。

啊！闵子骞真是罕见的虔敬孝顺之人啊！他的父母兄弟都一致称颂他且全部赞同这评价，而外人就更没什么异议了！

这名弟子自孩童时期就彰显出未来令人赞叹的孝顺、仁爱和谨慎。他刚离开摇篮就失去了母亲，父亲随后续弦，继母又生了两个儿子。继母疼爱着自己的两个儿子，却没有善待闵子骞。冬季的某一天，父亲让闵子骞驾车，由于天寒地冻，衣着单薄的闵子骞差点被冻僵。父亲知道事情的原委后，非常恼火，坚决要把妻子休掉。可是，虔敬睿智的闵子骞满眼含泪，跪着恳求父亲说，亲爱的父亲，请您原谅！请您原谅母亲吧！这样的话，母亲的两个儿子、我的两位兄弟、您的两个孩子，就能被宽容以待了。如果母亲留下来，至多也就是我一个人有些不舒服；可如果母亲被您休了，那么您的两个儿子就会遭受不幸。闵子骞这番充满爱意和孝顺的话语如此动人心弦，不仅父亲的怒火得以平息，连继母也变成了一位称职的母亲。

我的弟子南容每天都会背诵两三遍"白圭"之诗，这首优美的颂歌包含那么多的教诲，其中一条就是教导我们说话要小心谨慎。

父爱几乎总是盲目的，无论儿子有没有才智，父亲都会一如既往地支持他，因为这是他的儿子。

真让我担心啊！子路的性格这么刚强，怕是会影响他，让他难以平静而自然地死去啊！孔子的担忧和预见后来被证实了，子路死于一场惨烈的战争，而当时孔子还在人世。

鲁国国库的建筑老旧，濒临坍塌。几名奉承者提出重建一座全新的国库，但要建得更加宏伟。闵子骞不赞同他们的提议，他说，我们是不是可以在旧的基础上进行修缮呢，你们觉得如何？何苦要让人民承受这种繁重的劳役和巨大的开销呢？

孔子听说这件事后很高兴，他说，的确如此，这个人呀不说话则已，他一旦开口，就一语中的，他所说的完全合理。

子贡问孔子，我的同学子张和子夏，谁更明智呢？这位哲人回答说，子张做事会过头，子夏则尚未成事。他俩离中庸之道都还很远。子贡继续问孔子，这么说的话，子张更明智些吧？孔子回答道，不是！中庸是恰到好处的智慧，事情做得过头，跟做得不够是一样的。

（有人说）鲁国的大夫季孙氏比周公还富有，而您的学生冉求，作为季孙氏的家臣却聚敛搜刮更多的财富，让季孙氏变得更加富有。孔子说，不，不是的。行事作风如此背离理性和我的教导的人，不是我的弟子。我心爱的弟子们，现在轮到你们吹响号角了，我的意思是，用你们的声音、你们的力量和你们的关怀对抗他的胡作非为。不过请遵从自己的真实心意。

子羔确实是个真诚、勤奋而细心的人，但他还是非常粗鲁，对很多事情一无所知。曾参过于迟钝，不够敏锐。子张过于注重外在。子路的性情习惯粗俗而鲁莽。

至于颜回，他几乎就要达到真正的美德了！我见他生活得极度贫困，但从未偏离已经习得的美德之道。

子贡听从自己的判断，而不服从于随意支配财富的天意。的确，借助他的头脑和技艺，无论他想做什么，他都能坚持到底。

但是，对于这些天生倾向于美德，而且毫无阻力就能发展美德的人，我们能说什么呢？诚然，他们生来就有优势，但如果他们仅仅满足于这些天生的财富，相信我，他们永远不会成为真正的智者，也永远领略不到智慧的深层奥秘。

一个人在讨论自己所说的美好事物的时候，也可以说，当他简洁而坚定地雄辩的时候，听众还应该在他的话语中听出他的为人：他究竟是一位具有坚实美德的人呢，还是在装腔作势？

子路问他的老师，假如听说了某件事，难道不应该马上着手去做吗？孔子答道，您的父兄还在呢，您要听他们的。冉求也问孔子，那我呢？当我听您说起某件事，我不需要立马动手去做吗？（孔子答道）立马去做，勇敢地去做！公西华很惊讶，问孔子，什么？同样的问题，您的回答怎么相差这么大？（孔子回答说）正如您所知道的，冉求的性格软弱又胆小，很容易就会屈服和退却，所以，我要激励他，督促他听到我说的话，立马就去做。子路正好相反，他太大胆了，性子又狂妄，总想超越别人，所以，我要约束他一下，让他凡事再征求一下父兄的看法，这样他行事就更为谦恭了。

鲁国的贵族季子然，既富有又有权势，然而野心勃勃，有人甚至怀疑他密谋反对君主。有一天，他毫无顾忌地问孔子说，我任用了您的两名学生——子路和冉求，他俩难道不是优秀的人才，不是高贵的大臣吗？孔子回答他说，您的提问让我明白了，您并不知道优秀的人才和高贵的大臣应该具备什么样的品质。

任何人侍奉国君都要合乎正义和道理，如果做不到那就得辞去职位并尽早离开。我们说这样的人，才是高贵的人、高贵的大臣与高贵的谏臣。您同我说的这两名学生可能有一天会成为一般的普通大臣吧。季子然接着问，可是，他们总不至于不遵从我们季氏家族的命令吧？孔子回答道，我确实相信，就算他们不是非常诚实的人，但如果他们被命令去僭越一些神圣的自然权利，比方说弑父或者弑君，他们应该也是不会服从的。

子路利用自己的权势，给他的师弟子羔谋到了费这个小地方的官职，孔子不赞同子路的做法，对他说，请相信我！子羔这个年轻人的天性纯良，给他时间，让他学习，他的能力会变得更强，您如此仓促而不假思索地让他担任公职，这是要害了他呀。

尽管子路知道自己在这件事情上操之过急了，但他宁肯捍卫自己的错误，也不承认事实。他说，但是，子羔有人民可以管理，也有社稷可以祭祀，难道他需要为此而努力学习吗？统治人民和服从神明，这也是学习！

孔子非常生气地说，唉！我所憎恨且厌恶的就是用新的错误去维护已经犯下的错误的狡辩者！

有一天，四名弟子子路、曾晳、冉有和公西华陪着孔子闲坐，孔子想了解每个人的志向，就对他们说，我们在场的所有人一律平等，大家不要因为我比你们年岁稍长就受拘束，请大家畅所欲言吧！你们在独处的时候或者私下里，是不是常说没人了解我呀！所以也没有人雇用我！那么，如果大人物赏识你们，赏识你们的才干和品质，那你们希望从事什么职业呢？你们的志向又是什么呢？

果敢的子路抢先说，如果他是王国大臣的话，那么，不到三年，他就可以让所有臣民都变得勇敢、忠诚且顽强不屈，让他们心系祖国的自由，并且在必要之时，心甘情愿地为国献出自己的生命而在所不辞。

冉求第二个回答，他说如果自己供职于一个相当大的政府，那么，在短时间内，他就可以通过自己的细心、技艺和引导，使得当地的臣民拥有足够的生活必需品。至于民政方面的职责和义务，比如说君主与臣民之间的团结与和谐相处，以及国家的习俗与法令等，由于他觉得自己并不是很在行，所以希望能够找到一个美德和智慧出众的人来完成。

第三名发言的弟子公西华说道，至于我呢，我愿意终生学习。不过，当人们举办盛大的祭典或者接见诸侯的集会时，我非常乐意能够穿着紫色的礼服、戴着礼帽出现在那里，我愿意做个这样的小相。

对于前面三名弟子的回答，孔子报以一笑，并表示他不赞同他们心中这种强烈地想要统治或者管理的激情，还指出谦恭是智慧固有的特性，而且一个高尚的人不应该徒劳地吹嘘自己的能力，孔子最后指出，对于智者来说，去渴望那些取决于他人、取决于天意或者取决于人类意志的东西并不恰当。

曾晳是第四个回答问题的弟子。他一边说着一边停下正在轻轻弹奏的瑟，由于我年纪已经不小了，我不必再去考虑任何关乎贪婪和野心的事情了，我此时此地最渴望的是符合我年龄和本性的东西。我非常希望在今年的春末，能够穿上一件轻盈又舒适的便装，和五六个同门、六七个我自己挑选的年轻人一起，去城南的果园散散步，在沂水的泉流中沐浴洗澡，在我们平日祭天求雨以解旱情的神圣之所——舞雩的树荫下——吹风纳凉，最后在那里轻松地弹弹乐器，偶尔唱唱最轻柔、最欢快又最令人愉悦的曲子。孔子非常喜欢老人的质朴和单纯，因而称赞曾皙方才所言，并感慨地对他说，啊！好啊！曾皙，我们赞同您刚才所说的。

颜渊就上天赋予人心纯洁与完善的问题向孔子请教，并问他的老师恢复这种纯洁和完善的方法。孔子回答说，战胜自我，就能回归到理性本身的最初气质，也便得到了本心的纯洁与完善。如果所有人一天就能战胜自我，回归到理性的这种最初气质，那么全世界就回到本来的纯洁与完善了。此外，重获这种完善是每个人自己的事情，怎么能依靠他人呢？

那么，下面这些就是我们必须战胜自我的地方。不看违背理性的现象，不听违背理性的事情，不说违背理性的话，不让自己的心灵或者身体做出违背理性的行为。

每位学生都向老师请教完善心灵的问题。孔子回答他们[1]说，首先，从家里出来的时候，要注意自己身上的方方面面，就好像是要去见外邦的贵宾一样。其次，指挥并下令臣民修建公共工程的时候，要像举行盛大的祭祀仪式一样严肃。我要说的是，以敬畏之心对待您的臣民。最后，一定要牢记，不希望发生在自己身上的事情，自己也不要施加于任何人。这样的话，如果您为邦国做事，没有人会憎恨您或者埋怨您，如果您回到家中，家里的仆人也不会憎恨您或者厌恶您。

司马牛跟前面的两名弟子一样，也问起了关于完善心灵的问题。为了治愈这名弟子多话的毛病，孔子做出这样的回答，那些心灵纯洁而内在完善的人，说话费劲儿，懂得自我克制。

（司马牛又问）只要说话费力又自制，心灵就完善了吗？（孔子回答道）

---

[1] 此处实为回答仲弓。

把事情做好，并且真正理解自己要说的，才能说得准确。能把事情做好是一件很难的事情，所以说得准确也并不像您认为的那么容易。

司马牛问老师什么是名副其实的廉正。孔子回答道，一位真正的仁人无论做什么，既不悲伤，也不害怕。不像您，因为兄长在作乱后出逃，而让自己过分地忧虑和悲伤。

（司马牛继续问孔子）那么，既不悲痛也不害怕的人就是仁人吗？（孔子回答道）这样的人认真地进行自我反省，发现根本找不到让他自己懊悔或羞耻的失误和过错，他做过的任何一件事情都可以公之于众，他也没有想过任何一件不能让上天知道的事情。我想问，这样的人哪里会悲伤，哪里会害怕呢？

司马牛因其兄长即将被处死的事悲痛不已。同学子夏听到孔子刚刚所说的话并没有阻挡这份愁绪，就安慰他道，我曾听我们的老师说过，生和死都是上天不可违背的法则，是我们谁都无法左右的。

因此，真正的哲人会顺从并接受上天的唯一旨意，除了自我完善外，不去考虑别的事情，为了实现自我完善，不错过也不忽视所能做的一切。爱所有的人，尊重所有的人，施恩于所有的人——无论他们的年龄和地位如何，同时又懂得按照要求和礼仪对一切进行折中处理。因此，四海之内的所有人，都会爱戴这位哲人，爱护他并把他视为兄弟，就好像跟他从同一个娘胎里出来一样。如此来说，哲人为什么要为没有兄弟而悲伤呢？

子张问他的老师，难道我们不应该弄懂，真正敏锐的洞察力指的是什么吗？（孔子回答道）首先不听也不信那些人们企图提前告知我们的抱怨和指责，它们往往都是悄无声息地从小路上微妙而迂回地来到我们这里的，这就是我所谓的敏锐的洞察力和有远见。我再说一遍，这些指责别人的人懂得如何温和而巧妙地将他们诽谤中伤他人的恶意隐藏在抱怨和指责中，让人们对他受到的所谓的损害和不公正报以同情。有远见的人总会缓慢、审慎甚至苛刻地给予信任，他们因而拥有一种独特的智慧和洞察力，据说这种人能够分辨出对方隐瞒起来的、与事实不符的东西。对于执政者,尤其是君主而言,孔子的意见格外重要。无论他们的国土是否辽阔,都必须深入臣民事务的细节,亲眼看见 所有情况,亲耳聆听来龙去脉。

弟子子贡问老师治理国家的正确方法,孔子回答了他三点,确保臣民丰衣足食,确保国家的兵力和军需充足,确保君臣之间彼此信任,臣民忠于君主,君主爱护臣民。

(子贡又问)但如果一定得放弃其中的一条原则,您会放弃哪条呢?(孔子答道)我会遣散士兵。因为对君主的信任和忠诚将会使贱民武装起来,君主对臣民的爱惜以及臣民对君主的爱戴将会使这个国家所向披靡。

(子贡继续问道)但如果这最后两条,也就是丰衣足食和忠诚于君主之中,必须得再去掉一条原则,您会忍痛让我去掉第一条吗?(孔子答道)我会忍痛让您去掉丰衣足食这一条,我们毕竟都是凡人,我更愿意看到臣民因对君主的忠诚而赴死,而不是看到他们由于缺乏信任和忠诚而使自己远离人性。

卫国大夫棘子成有一天对子贡说,仪式没有任何意义,拥有一种自然而质朴的单纯和真诚就足够了。礼节和仪式中的这种既苛刻又太过于讲究的优雅和美丽究竟有什么用处呢?这对廉正和内在的智慧有什么作用呢?

子贡对他说,啊!多么可悲的言论啊!如果您能收回刚才的话,就不用让马去帮您追回了。礼仪中的这种仪态、克制和外在的严肃,必然伴随着自然的单纯和真诚,就像自然的单纯和真诚也必然伴随着这种仪态、克制和严肃一样。否则,君主与臣民、智者与愚人又有什么差别呢?褪了毛的虎豹皮和褪了毛的犬羊皮难道不是非常相似吗?虽然它们的毛似乎是多余的、可以忽略不计的,但实际上正是毛的存在决定了皮的不同。

鲁国的第十二任君主鲁哀公向孔子的弟子有若发问,庄稼歉收,国内饥荒,宫廷的用度不足,有什么补救的办法没有?有若看到君主异常烦恼,就说,对您的臣民实行什一税,您觉得怎么样呢?这可是国家的现行税制。(鲁哀公问）您说实行什一税是什么意思？现在十成里我抽取两成都还不够呢！有若解释道，百姓富裕了，君主怎么会贫困呢？可如果百姓贫穷了，君主哪来的富裕呢？

如何才能日复一日地累积美德、明辨是非呢？孔子说，一切言语和举止都要诚实正直，在任何情况下始终站在理性的一边，这就是累积美德。另外，爱一个人的时候，就希望对方长生不老；恨的时候呢，就恨不得对方马上去死。尽管生死都是天意，却既盼他长生，又盼他快死，我把这种情况称为思维混乱、疑云重重。

齐景公问孔子如何完美地治理国家。孔子简要回答说，让君主成为君主，让臣民成为臣民，让父亲当好父亲，让儿子做好儿子。

齐景公称赞道，啊！我非常认可且称赞您的回答！如果君主徒有其名却不是君主，同样地，臣民不是臣民，父亲不是父亲，儿子又不是儿子，那么他们就不会履行那些本应属于他们自己的职责，不会去做那些符合他们身份的事情，以致礼法、秩序以及习俗都将会消亡。这样看来，就算我拥有的收入再高，又怎么可能从恶行的肆虐和遍及万物的混乱中获益呢？

孔子说，可以这样说，仅凭三言两语就能断决案情，从未有一夕之间放弃兑现诺言，这就是我心爱的子路的品质啊。而我自己呢，跟其他人审案和判案的情况差不多，哎，但最应该做的，是实现既没有诉讼人，也不用打官司。

孔子对子张说，你们都来问我治国之道。那就是要常常严肃认真地思考您的职责和义务，在公共事务上，就像考虑您自己的利益那样去考虑别人的利益。

（孔子说）一个真正睿智有德的人，致力于帮助那些软弱无力的人，鼓励并扶持那些胆小怕事的人，给那些在竞争中的人以动力，却决不会支持卑鄙邪恶之人的放肆行为。丧失理智的人和邪恶的人则选择截然相反的道路。

鲁国大夫季康子也来问我治国之道。（孔子问他）如果在所有正直诚实的事情中，您都以身作则，宛如手持火把，那您的哪个臣民敢不成为一个好人呢？

您在担心小偷和盗贼吗？如果您自己不贪心、不贪婪，那么就算您奖赏偷盗的行为，您的臣民也是不会去偷盗的。贪欲是盗窃的主人，而官员私人的贪心则是贪欲的总指挥。如果臣民看到他们的官员都廉洁奉公，那他们自己的羞耻之心就会阻止他们去盗窃。

季康子又问孔子，但是，如果为了培养好人，我把各处的坏人都杀掉，您对此怎么看呢？（孔子回答他道）这是个坏主意啊！如果您把国家治理好了，哪里还用得着酷刑呢？只要您明白正义和诚实是什么，您的臣民就都明白了；他们都会以您为榜样，您怎么做，他们就怎么做。众所周知，统治者的美德就像风，而臣民和贱民就是乡村的小草，毫无疑问，大风一来，小草立马弯腰并服从风的指令。

孔子注意到弟子子张总是力图把自己当作智者和善人，而不是要成为智者和善人。于是就问他，对于一名有官职的读书人来说，怎么才算显达呢？子张回答说要在世上享有很高的名望与声誉。

孔子回答说，您说得对！但是显达和您说的这种还是有区别的。那么，我的感觉是，真正显达的人无非是在这个世界上扮演这样的角色：正直、可靠、真诚、公正且乐于履行自己的职责；他会仔细考虑自己该说什么，别人在说什么；在对一个人做出判断之前，他会细心观察对方的眼色和脸色；此外，他想的只有谦恭和谦卑，谦让且听从别人。那么，这样的人无论是君主的大臣，还是待在家中，都肯定显达。

当然，我也清楚，一个人会在表面上假装谦恭与庄重，内心却对真诚和真理毫不在意，他伪装，他掩饰，他满足于美德的影子，倘若他成了君主的大臣，可能会在一段时间内出名，倘若他和亲人朋友在一起，在一段时间内也会很有名气。当然，这样的辉煌，这样的名声，这样的声誉却为一切智者和善人所憎恶。

有一天，弟子樊迟对孔子说，啊！杰出的老师！我还可以问您三件事吗？三件我认为对幸福快乐地生活至关重要的事情？第一，如何才能累积美德？第二，如何战胜自己的罪恶，纠正自己的错误？第三，如何正确地分辨内心的激情与昏聩，从而阻止它们的产生？

孔子马上说，啊！多么值得称赞的好问题！想要累积美德，就尤其要把自己已经获得的美德和功绩说成是微不足道的，而不挂念自己曾经期望的回报和好处，这难道不是在美德之上累积美德吗？向自己宣战，日日夜夜与自己的罪恶和错误做斗争；不要轻率地、毫无理由地指摘别人的品行；不要重蹈他人的覆辙，也不要只顾着与他人的罪恶和错误做斗争，却忘记了自己的罪恶和错误，这难道不是克服缺点、战胜罪恶、纠正错误吗？最后，让自己被一种愤怒冲昏头脑，这种愤怒虽然只持续一个早晨，却没有停止毁灭一个人，有时甚至会伤害父母、姻亲和整个家庭。这难道不是头脑昏聩、不明事理吗？

（樊迟又说）我还能冒昧地问您对虔敬或仁爱的看法吗？您说这是一切美德中最完美的。[1]（孔子回答道）要爱所有的人，珍惜他们，就像您想紧紧地拥抱他们，把他们搂在怀里那样。

（樊迟问）关于明智，您不告诉我们点什么吗？（孔子回答道）了解人们。

（樊迟继续问）就算所有的人都应该被爱，但要怎样来区分好人和坏人，哪些人值得爱、哪些人不值得爱呢？

孔子回答道，您要试着走出这种疑惑。无论是谁，只要重用善人，而不任命那些邪恶乖张之人来治理国家，就可以使得坏人变成好人。

樊迟接着问同学子夏，可这个回答是如此简短，如此难懂，（老师说）重用善人，不任命坏人，这样就可以使得坏人变好。我说，我们的老师是怎么推理论证的呢？您明白吗？

子夏回答道，啊！我们老师的话真是发人深省啊！我想用两个皇帝的例

---

[1] 即"仁"。

子来为您说明这一点。

昔日，舜帝在位的时候，经过深思熟虑，最终从众人中选用了智者皋陶，并将其擢升为掌管刑法的理官。这件事传遍了整个国家，坏人都躲得老远，以至于您会认为邪恶已经消失得无影无踪了。

商汤在位的时候，也是如此。他从众人中选用了智者伊尹，从那以后，那些坏人要么就变好了，要么就躲得老远，以致人们都觉得坏人都灭绝了。

我们的历史叙事充满了对智者皋陶的崇敬之情，也正是因为他，才有了《皋陶谟》这篇记录皋陶与皇帝谋议国事的精彩文章。

正是通过文中的对话，君王学习如何统治人民。为君者必须以上天为表率，广泛地顺应臣民的愿望与呼声，然后根据臣民的功过进行擢贬赏罚。无所不知的上天是我们理性与智慧的源泉，其在施恩于天下苍生的时候，就已经考虑到了每个人的价值。然而，顺应民心是上天的初衷，也是为君者治理国家的出发点和落脚点。这样说来，民心所向也就是上天所向。百姓所闻所见，就是上天所闻所见；百姓所爱所憎，就是上天所爱所憎。或者，如果为君者希望上天通过百姓的眼睛来看、通过百姓的耳朵来听的话，那就要根据上天早已施于每个人的价值来进行奖惩。上天公平，惩恶扬善。上天是降祸还是赐福，取决于美德。任何人都能避得开上天降的祸，但是，因自身的邪恶和罪过所造成的灾祸，就只能通过自我纠正得以躲避。倘若百姓不遵从美德，不服从所治之罪，那么，为了使其回归最初的正直与自然的廉正，上天会降下不幸的奇迹来警示他。

为人君者，受上天鉴临，为百姓仰赖，前后左右有鬼神森列，这情形实在太可怕了！上天虽然把君主当成儿子，然而，上天是一直站在他这边呢？还是有一天会反对他的统治并推翻他呢？上天是公正的，因为他没有激情、意志和天生的倾向。如果君主能遵从天意，谨慎自察，规约自己的言行举止与所思所想，犹如上天时刻在场审视他一般，以至于无法承受任何一丝邪念，那么他的思想活动就会直达天听，上天就会眷顾他、保护他，使其所统治的疆域不断扩大。百姓也一样，他们全身心地仰赖君主，把所有的希望都寄托在为人君者的身上；但君主不能绝对相信百姓的思想与天性，毕竟面对好坏，人心难免会屈服或动摇。但是，如果君主以其虔敬的善心爱惜百姓、保护百姓，如果君主待百姓如子女，而无法容忍任何一个人——无论是最卑微的臣民，抑或是最弱小的女子——感受不到国家的恩惠，他就能因其宽广博大的虔敬之心而泽及百姓，百姓自然都会归附于他，尊敬、爱戴且心甘情愿地服从于如此虔诚而和善的君主。倘若被上天赐予君主尊位的人允许哪怕是最轻微的邪念侵蚀自己，就该清楚自己会遭到上天的鄙视和厌恶；倘若他容忍哪怕是最轻微的违反秩序和理性的事情，就马上会令百姓感到恐惧和厌恶。因此，上天赋予君主的这种至高无上的尊严既危险又可怕。因为即使您每天都怀揣恐惧与忧虑、努力地累积美德，您也无法保证自己的统治会有一个愉快的结局！

职是之故，只有一种建立在虔敬、诚信、正直、忠诚和敬畏之上的美德，才能使王国与政府得以巩固和维持。您一旦忽视了这一点，就会招致上天的愤怒、百姓的纷争以及鬼神的厌恶，并让这些祸患降临在自己身上。

当您遵从上天的最高指令统治天下时，不可轻易地认为自己血统高贵、独获垂爱，因为上天的旨意长短不定、去留难测。开国之初，总是非常兴盛，然而一场革命袭来，结局就会很凄惨，上天确实只看重君主独一无二的美德。如果君主克制住自己的激情，那么他看到的就只有美德、公正和理性，他在任何情况下、任何瞬间都会保持镇定，只有这样，他才能期待并获得上天对他长期而稳定的慈爱与恩宠。相反，如果君主缺乏美德，任由激情和私欲支配自己，抑或是他曾经尝试战胜自我，却无法坚持到底，那么他就会担心天命无常、难以揣测。然而，上天与人的相互感应却是恒常不变的，而且报应不爽、从无错漏。因此，如果您想要自己的帝国稳定而持久，就必须不懈地追求美德。例如，上天因夏桀的不虔敬而抛弃了他，您的祖父成汤则因其独有的美德和虔敬而成了君王。[1]

现在让我们来看看，当弟子子贡向孔子请教关于友谊的问题时，我们杰出的老师是如何用三言两语来解答的吧！当友人犯了错的时候，您应该真心诚意地指出来，并且温和而友好地指引对方走回他所偏离的正道。如果您无能为力，那就要明智而慎重地停止劝告，过于纠缠反而会让自己陷入屈辱的境地。

下面是孔子的弟子曾子提到文学和六艺时所说的话。由于文学的研究和实践主要是对古代圣贤的范例、教导和著作的研习，通过这种方式，圣贤赢得朋友并与之交往；他们通过朋友间的互相帮助，实现美德和思想的完美。显然，圣贤所追求的并非文学，而是通过文学来寻求美德。

第七卷

子路不厌其烦地问老师该如何治理国家，孔子就简单地回答道，首先，您要为臣民树立起美德的好榜样；其次，您要自己处理人民的事务，愿意分担他们的痛苦和工作。我只想对您说这两点，铭记这两点并且勇敢地坚持下去，不要觉得厌烦，也不要松懈。

为官的仲弓也问了同样的问题，孔子回答道，首先，任用您的下级官吏处理事务，谨慎地掩盖并原谅他们所犯的小错误。其次，提拔那些公认的睿智有德之人担当公职。这样既有益于您自己，也有益于其他人。

（仲弓接着问）可我怎么样才能知道谁具备睿智有德之人的品质，从而任用他们呢？（孔子回答说）首先任用您自己所了解的人，如果您只认识一个这样的人，那就只任用一个。对于那些您不了解的人，难道其他人对他们也一点都不了解，并忽视了他们的品质吗？

---

[1] 从第118页"为君者必须以上天为表率"到本页"您的祖父成汤则因其独有的美德和虔敬而成了君王"为止，都源于张居正的评说。

卫灵公去世之后，人们拥立他的孙子辄登上了王座，这是有失正直与公正的。其时，灵公的儿子正逃亡在外。辄甚至出兵阻拦其父亲回到卫国，为了掩盖他的无耻行为，他把一位叔叔称作父亲。子路很想知道老师的看法，而孔子正好从楚国返回卫国，于是他一见到老师，就马上问，如果老师是卫国的大臣，发生这样的事情，您将会怎么做呢？

孔子说，我们永远都不能违背自然秩序，儿子理应臣属于父亲。所以，我首先要做的是匡正君主的名分！

子路反问道，匡正名分能有什么用呢？有那么多更重要的事情可以做呢。

孔子回答他说，一个睿智的人，在他还没有完全理解的事情上，不会急于说话，他会将其搁置一旁，而不是像您这样想到什么就说什么。

如果君主使用的名分不正确且不符合正直的要求，谎言甚至会显示在他的额头上，那么百姓肯定就不会心甘情愿地听其指挥。在这种情况下，公共事务半途而废，悬而难决；人类社会的善，包括责任的秩序以及万物之间的和谐，都会被毁坏；罪行将不再受到法律的惩罚；穷苦百姓不知道什么该做、什么不该做，只会愈加手足无措。

所以，君主的名分必须是他能公之于众的，这样君主才不会羞愧，臣民才不会觉得被冒犯。因而，儿子就称作儿子，孙子就称作孙子。在为君者的话语中，不能出现任何虚荣、羞愧和轻率的东西。希望这些足以让您明白，我首先就提出更正名分，其实比您想象的还更为重要！

让我们看看樊迟可能在想什么，因为我看到他很伤心，他让我教他农业和园艺，就好像我是一名农民或园丁。难道他对这个时代的习俗感到厌倦，要放弃对文学的研习，退隐到乡下去了吗？

如果身居高位者都能尽职尽责、内外兼修，那么臣民就无一不敬畏并尊敬他们。此外，如果身居高位者在所有行动中只追求公平和正义，那么就没有人敢在任何事情上不服从他们、不顺从他们的意志。如果身居高位者在言语和行动中表现出他们的深情和诚信，那么就没有人敢不报答他们，而且百姓立马就会向他们展示自己的真诚和善意。这样，四方的百姓都会背着自己的孩子，成群结队地赶来，投奔这样一个政事通达的国家，那么田地就会有人耕种，耕种者也不会缺少粮食。如此说来，您怎么能把自己的精力投入到农业中去呢？您本可以培养自己与他人的心灵，这同样是关心农业。

但是，不要觉得我是让您鄙视农业，我们的圣哲都非常看重它，先王们也将农业视为立国之本、视为万民之生计，农业之于百姓，就如水之于鱼儿。历史上最著名的帝王如舜、禹、文王和武王不是都把研习哲学与从事农业结合起来吗？君主们以九五至尊下地扶犁，却不觉得此事有悖王族的尊严，他们每年献给上天的祭祀之酒正是出于亲自耕种的田地。这种罕见的行为还有另外一个目的，就是为君者在这样的实践中能够了解并怜悯劳力者的辛苦工作，而且在皇宫的墙上还悬挂了一把犁铧来时刻提醒君王这种劳作的辛苦。此外，君主还能通过如此崇高的劳作使得自己远离欢愉、闲散和奢侈，而这些都有害于国家。

就算您刻苦研习了《诗经》三百篇，甚至还当了官。然而，您却不知道自己的职位应该履行哪种职责，就好比您被当作使者派出，自己却不能迅捷地回答出使国的君主们向您提出的问题，那么，您研习《诗经》三百篇，又有什么用呢？如果不知道学以致用，那您所学的一切最终又是为了什么呢？

我不想一再重复了。为人君者如果行事正直，具备一切美德的话，不用惩罚，不用威胁，也不用劝告，其臣民就会以君主为榜样，表现出各种各样的美德来。相反，如果为人君者既不廉正也不正直，那么无论他怎么鼓舞和劝说他的臣民，都是枉然的，没人会听从这些警告，因为君主虽用言语拉拢他们，却用自己的行为将他们推得更远了。

啊！鲁国和卫国曾经的法律与习俗都是如此之好，营造的太平何其深远啊！现在两国还是一样的，但可惜都是恶习横行、动荡不安而纷争不断啊！

卫国大夫公子荆对自己的处境感到非常满意，（孔子评价他说）不上朝时，他安然自得地待在家里，刚宽裕一点就说差不多够了。倘若有什么损失和不幸，他也从不会说我受够了，等到富足的时候又说足够显赫了。

某天，孔子到了卫国的时候说，人丁真兴旺啊！这些人是为了来看伟大的孔子的。弟子冉求为老师驾着车，说道，您希望做什么呢？（孔子说）给他们适量的钱财，让他们接受良好的教育。

如果有君主任用我，任用我的朋友，或者听从我的建议，那么我敢说不超过一年我就会有所成就。至少，最严重的恶习会被赶走。而且，在三年以内我就能取得良好的进展。

古谚说，廉正的君主治国百年，王位由他传到他的儿子，再传给他的孙子，儿孙都同他一样施行仁政，那么坏人就没有了。尽管还有些许无赖之人，君主也能够感化他们，让他们走上美德之路。甚至君主都可以废除刑罚和死刑了，但这并不是出于害怕和恐惧，而是出于负责任的爱。

那么，如果出现了一位拥有非凡智慧和美德的君主，那么上天赐予所有凡人的自然美德难道不会复兴吗？

如果一个人知道如何自我约束，那么他为官任职怎么会有痛苦和困难呢？但是，如果他连自己都约束不了，他又将如何管理并引导他人呢？

鲁定公问孔子，您能否用一两句话，来告诉我如何使王国兴盛呢？孔子回答道，三言两语讲明这么重要、这么困难的问题并不容易啊！不过，我尽量用简短的语言来说说吧。

有句谚语说得很对，做国君难，做大臣同样不容易。为了赢得上天和臣民的爱，并且保留这份爱，君主应该多么小心，多么谨慎啊！因为这份爱正是王国兴盛的根本与基础。

同理，王国的衰亡也很难用一两句话来界定。然而，有一句谚语能够以小见大：我不想当王，但是如果非要我当的话，我希望遵守自己所说的话和颁布的法令，我也热切地希望没有人反对它们。

事实上，如果君主的命令是公正的，而且顺从民意，那么也没有人反对他，我们是不是就能要求更大的幸福了呢？相反，如果君主既不公正，又不顺从民意，但也没人反对他，没人说什么，也没人忠告他，这样的话，我们就可以肯定地说，全完了，国家正濒临灭亡。

楚国的叶公向孔子请教治国之道，孔子只讲了一件事，无他。（他说）您需要这样统治，使自己领土上的臣民高兴，使得远方的人愿意投奔。

弟子子夏也问孔子同样的问题，（孔子回答他说）您呢，由于您为官在任，有两件事必须要注意。一方面，不要为了让臣民立即服从，而强制性地、急迫地施行您的政令。另一方面，不要贪图小利。因为，了解事情的过程缓慢而又漫长，您太仓促着急的话，就一定无法看清事情本身；如果您贪图一些蝇头小利，那就可能错过或无法完成重要的事情。

叶公对孔子直率地说，我的臣民的行为非常好，非常简单！如果父亲偷了别人家的羊，他的儿子就会毫不犹豫地跑到法官那里去告发他的父亲。孔子说，我们的臣民也非常好、非常简单，但他们的表现略有不同。如果儿子不巧犯了重大的过错，做父亲的会想方设法替他隐瞒，理由只有一个：这是他的儿子。如果父亲不巧犯了某种罪过，儿子也会隐瞒一切，不让世人知道，尤其不让法官知道。在我看来，这种替儿子和替父亲隐瞒的想法，表现出了某种善和单纯。您莫非不知道我们的第5位皇帝与智者舜，为他父亲隐瞒杀人的事情吗？为了救父亲的命，舜把父亲悄悄地背到了海边。

樊迟请教孔子获得真正的美德的方法。孔子说，无论何时何地，学习都是必要的。在家生活要始终保持仪态与庄重，在外就要着手处理工作与公共事务，认真、成熟而冷静地处事。另外，进一步说，与人交往要真诚守信。即使是到了外邦也不丢掉这样的信念。

子贡问如何成为第一等的伟人。孔子回答他说，做任何事都怀有羞耻之心，一看到卑劣不公之事就害怕恐惧得发抖；出使外邦，不会因为自己的疏忽和轻率使得君主蒙羞。这样的人可以称作罕见且优秀的第一等伟人。

（子贡又问）那第二等是怎样的呢？（孔子回答说）他们就是那些父母姻亲称赞其孝顺，同胞夸赞其尊敬法官和兄长的人。

至于另一些人，虽然他们难辨真伪，却在言谈中表现出对真理的坚持和决心，在行动中亦有坚定的决心完成已经着手的工作，啊！凭借这种执着与缺乏根基的顽强，他们所能做的事情何其有限！但是，一般来说，他们不会伤害任何人，所以还是值得赞扬的，因此可以将其置于第二等之下。

如果不能如愿地将我的学说教授给行为合乎中庸的人，让他们以各自的方式广泛传播和推广我的学说，那就要找下面这两种人：第一种人见识高远，但什么也做不成；第二种人没有这些崇高而伟大的见识，却在所从事的事业上既有勇气又有毅力。因为第一种人生来就有伟大的灵魂，在其驱使下终能向前推进事情；第二种人至少有一个优点，他们总是很谨慎，不会鲁莽行事。两者都可以近乎中庸。

我再怎么称赞我们南方的谚语也不为过，谚语说，一个没有毅力的人既不应该从事占卜，也不应该从事医术。周公证实了这种看法，他说，一个不勤奋、不坚持培养自己美德的人，总有一天会招致指责和侮辱。我也经常说，不经常实践美德的人，是没什么用处的。难道盲目的人类永远都不看重并承认这个真理吗？

善良睿智之人，能在法律和理性允许的范围内与所有人相处，但他不会苟同于底层人民；相反，卑鄙荒唐之人，会不加选择地与所有人相处，但在遵从法律和理性的规范这一点上并不认同他人。

（子贡问）如果大家都喜爱一个人，您觉得这个人怎么样？（孔子回答说）这还不够，因为人们还不能由此准确地了解他的美德和智慧。（子贡又问）如果大家都讨厌一个人，您又觉得这个人怎么样呢？（孔子回答）这样也还不够。最好且最确定的情况是，如果百姓中的好人喜爱他，而坏人却憎恨他，那么我敢说这个人是善良睿智之人。

在君子手下做事容易，因为他看重的是所用之人的实力和能力，然而，讨他喜欢却很难。因为用不正当且不合时宜的方法讨君子喜欢，他是不会高兴的。相反，在小人手下做事很难，因为他总是不恰当、不理性且不宽厚地要求十全十美，然而，讨他喜欢却非常容易。因为无论讨他喜欢的方式多么龌龊且不正当，他都会欣然接受并尽情享受。

睿智之人内心沉静，不奢侈，亦不骄横；荒唐之人为自己高兴，为自己鼓掌，但从未获得真正的平静，因为他们缺少真正的善，缺少真正的美德。

坚定不移、耐心十足、朴实坦率，通过这四种品德，我们就能接近上天赋予我们本性的正直与纯粹[1]了。

对美德有相当热切的爱，以恰切的方式与适度的热情提醒别人履行职责，说话和蔼可亲，与朋友和家人互相爱护并对彼此负责，对待兄弟温和而尊重，具备这些美德的人就可以教导别人，并成为他们的长官了。

如果一位睿智有德的人，能在七年内教导其子民懂得关乎父母与君主的义务，那么，这样的百姓和属下都将成为打战的行家。

但是，在战争中任用没有美德、没有受过教育的人，实际上是在贬低自己，并且置国家于危险的境地。

弟子原宪问老师什么事情会让人羞愧。孔子说，国家政治清明，当官的人既不参与公共事务，也提不出什么有用的建议，没有任何贡献仍领取国家的俸禄，这就是令人羞愧的事情。此外，国家法纪不明，本应该拯救垂危的祖国，却保持事不关己的态度，游手好闲又无所事事，可依然领取国家的俸禄，这也是令人羞愧的事情。

同一名弟子原宪问孔子，如果一个人没有沾染常见的四种恶习：既不虚荣，也不骄傲；既不自满，也不贪婪。那么是否可以认为，这个人具有上天赋予人类的纯粹和最初的美德了呢？孔子回答说，这种情况真是少之又少、难能可贵，而且他也不知道这种人是否具备了天赋的理性和纯粹。

一个严肃而睿智的人，总想方设法地在自己家里过舒适惬意的日子，而且一心为此。这样的人就不应该被视为智者。

如果国家政治清明，君主贤明，那么，您的言语和行为都可以正直而勇

---

[1] 即"仁"。

敢；相反，如果国家政治黑暗，君主昏庸，那么，您的行为仍要保持正直勇敢，但是在言语上就要温和顺从，这样才不致使情况加剧，以致国家无法得到治愈。

那些拥有美德的人无疑掌握了值得称道的言辞和教导，但这并不意味着能言善辩的人就拥有了美德；另外，那些生活上正直纯粹的人无疑拥有某种力量和坚定的信念，但这并不意味着拥有这种力量的人生活上就正直而纯粹。

（南宫适问孔子）我们的编年史记载了命运奇特的四个人物。前两个人都并非自然死亡，尽管一个力气大到能拖动沙地上的船只，另一个善于射箭，但都被杀死了。另外两个人，也就是夏禹和后稷，尽管他们的力量不大，财富也不多，尽管他们要靠着双手耕作田地，过着低微贫贱的生活，但他们却都成了君王。（孔子反问他）啊！夏禹和后稷的美德多么崇高啊！难道我们不应该欣赏他们吗？

虽然心灵的自然美德几乎只是一种形态，或者是心灵与天理的某种相似性，然而，由于人心易变且游移不定，我们有时甚至都注意不到这种美德并没有完全丧失，但纯粹而脆弱的美德偶尔又会突然消失不见。简而言之，智者可能会犯个小错误、有个小过失，但一个坏人是不可能拥有这种完美的美德的。因为拥有这种完美美德的人必须遵从天理，而坏人并非如此。

一个爱朋友的人，他能不在某些事情上对朋友严厉、有所挑剔吗？一名忠于君主的大臣、一名真正的大臣，他能不履行臣子的职责，向君主谏言吗？

您一点都不觉得惊讶吗？这个小小的郑国，长久以来都处于两个强国之间，对抗着邻国的野心与实力，却一直保持和平、富有和隐身的状态。每当要以君主的名义昭告邻国什么事情的时候，四位博学、忠诚、睿智而谨慎的大夫就着手起草。第一位大夫简要阐述君主想要表达的思想；第二位大夫检查文稿，看是否符合正义的理性，是否适宜，是否遵照了祖训；第三位大夫删减他认为多余的内容，增添缺少的内容，谋篇布局，修饰文字；第四位大夫再划掉一些陈词滥调，使得文章典雅而富于美感。那么请问，四名这样杰出的人物合力所做的一切，结果难道还会不令人满意吗？

有人问孔子，对于几位辅佐君主的大夫有什么看法。孔子回答说，子产虽然严格地监察和审判，但他是仁慈的，正如大家一般认为的那样。子西那个人，不就是那个人吗？他想表示自己支持楚国的某位君王，而这位君王的名号却并不正当。孟公绰做家臣还行，但他的能力有限，还不足以成为大夫。管仲是王佐之才，齐桓公削夺了伯氏的采邑，（并将其封给管仲）使得伯氏终生过着粗茶淡饭的贫苦生活，他却到老都对管仲没有怨言，而是静心思考自己的过错、思考其继任者的品质，因而伯氏也是耐心的榜样。

生活贫困但却并不憎恶贫穷，这是很难做到的；生活富裕但却不能出类拔萃，这是很容易的。

子路问孔子，如何成为各个方面都完美的人。（孔子回答说）有鲁国大夫臧武仲的学识和谨慎，孟公绰毫不贪婪的节制思想，加上卞庄子勇敢和体魄，以及冉求的机敏勤勉与多才多艺，并通过诚实守礼的言行举止来丰富和充实这些品质，让音乐这一和谐与风尚的主人来调节这些品质。在我看来，拥有这一切的人，就是完美之人。

但是，通晓这一切的人又在哪儿呢？我们可以在头脑中设想这种完美之人，但在现实中却很难找到一个拥有这些品质的人。可我们这个时代一定需要这样的完美之人吗？当然。（我们需要这样的人）当他看到眼前的利益时，首先想到的就是正义；当他看到国家或者君主处于危险之中时，他会乐于献出生命；如果他缔结盟约，做出承诺，他就永远不会毁约，不会忘记自己的诺言。的确，这样的人也可以看作是完美之人。

（孔子问公明贾）真如众人所言，您的主人公叔文子不说、不笑、也不接受礼物吗？使臣公明贾回答说，说这话的人夸大其词了！在时机、地点和情理都合适的情况下，我的主人就会说话，这样，大家才不会轻视他的发言；有令人高兴的事情，而且让人欢笑和喜悦的理由都是正当的，我的主人就会欢笑，这样，大家才一点儿也不会嘲笑他的欢笑；最后，如果法律和正义允许，他就会接受别人送的礼物，这样，大家才不会觉得他接受礼物有什么不好。但是，因为在这个时代，这样一种节制并不寻常，所以，人们就草率地说我的主人不说、不笑、也不接受礼物。孔子惊讶地说，正如您说的那样吗？如果此言非虚，这是多么罕见、多么值得称赞的事情啊！

鲁国的大夫臧武仲因冒犯君主而有重大过错，他怕被惩罚，就逃亡到了邻国。不久之后，他返回鲁国，径直去往自己以前的封地上，并请封地的百姓劝说君主至少将这块封地封赏给自己的后人。孔子说，这拐弯抹角的做法令我怀疑，我觉得这请愿不过是托词。无论臧武仲说什么他不想用诡计或者兵力逼迫君主就范，我都不相信；除非是他直接让君主把封地归还给他，而不是劝说封地上的百姓去代他请求，我才可以相信这些。

晋文公在逃亡途中藏而不露，暗中使诈，既不正直也不真诚。齐桓公则相反，由于他正直，信守承诺，因而不使诡计。从这一点上来看，谁还会怀疑他们两人中哪位更可取呢？

齐国君主死后，国中发生了巨大的动乱，一些人拥立公子纠，另一些人拥立公子小白。[1] 弟弟公子小白和他的辅臣鲍叔牙正在莒国逃亡，于是组建军队，准备回齐国继承王位；哥哥公子纠同样做此打算，彼时他在辅臣管仲及召忽的陪同下在鲁国避难。最后，哥哥公子纠失败了，弟弟公子小白到了鲁国，恐吓并命令鲁国人杀死他的敌人公子纠，而把辅佐公子纠的管仲和召忽关入大牢。召忽以身殉主，管仲顺从命运的安排，忍辱入狱。紧接着，齐桓公赦免了管仲，任用他为宰相。当时野蛮的邻邦侵犯齐国，但很快就被管仲击溃了，所以，他用胜利赢得了人心。这是事实。现在，弟子们问孔子说，管仲起先反叛，又变节追随胜利者，那他是不是一个无情之人呢？

孔子对他们说，正如你们所知道的，他利用自己的才智、计谋和谨慎，

---

[1] 齐国君主指齐襄公，他的两名弟弟分别是公子纠和公子小白。公子纠排行第二，公子小白，即日后的齐桓公排行第三。原文弄错了公子纠和公子小白的排行，译文中做了修订。

使各国的诸侯与大夫调集军队，与齐国联合起来，击退野蛮人，同时彰显了帝国的荣耀，巩固了周王室。话说回来，我们怎么还能要求他具备更多的谨慎、美德和公正呢？你们说他没有像忠诚的仆人一样，以死殉主。然而，四十年间，他凭其辛劳与智计来辅佐齐桓公，功劳卓著、成绩斐然，并未像皇帝一样命令君主，而是以群臣之首的身份提出建议。倘若没有管仲，你们和我，我们现在恐怕还在服侍野蛮人呢，而且也跟他们一样披头散发。那么，他为什么还要像贱民，或者像懦夫那样，以某个我不知是何等微小的忠诚为借口，去自缢、溺亡或者跳进坟墓，这样以后就再也没有人知道他了呢？

卫国有名的大夫公叔文子赏识其家臣僎的才能，因而举荐他做官，地位与自己相当，于是僎与主人同时上朝，辅佐君主处理政事。孔子欣赏公叔文子这种罕见的美德，并赞叹道，将出身如此低微的家臣举荐到跟自己平等，为了公共利益丝毫不考虑自己。啊！罕见的例子！杰出的人物！君主理所当然会重用这样的人啊！

鲁国的季康子听孔子说，卫灵公既没有当君王的头脑，也没有君主的品行，举止更是不像国君，就起身问孔子，既然这样，卫国为什么还不亡呢？孔子回答道，您看！幸好卫国有三位大臣谨慎而机智地处理国事，各尽其责。一位[1]打理外交，一位[2]掌管祭祀，还有一位[3]指挥军队。像这样，就算君王不记得他的职责了，一个由如此优秀的大臣们治理的王国怎么可能会灭亡呢？

当你们看到一个人谈论大事，总是大言不惭、夸大其词的时候，那么就要仔细观察他的行为了，你们记住，成果寥寥总是跟言过其实相关联。

齐国大夫陈恒发动政变，不仅杀了齐简公派去监视他的大夫阚止，而且连君主齐简公也一起杀死了。孔子之前曾担任鲁国的大司寇，当时业已致仕，他为这种残暴的罪行所震惊，因而即刻沐浴，赶去觐见鲁哀公并谏言道，作为齐国最近的邻邦，鲁国理应派兵抓捕凶手，严惩这种上天所憎恶的罪行。

---

[1] 指仲叔圉。
[2] 指祝鲍。
[3] 指王孙贾。

然而，由于鲁哀公年迈，大臣们也不敢作为。孔子只得痛心地对他们说，我认为我的职责就是向您禀告一件后果极为严重的事情，一桩可憎的弑君之罪。

子路问应该如何侍奉君主，孔子回答道，如果君主做错了，不要欺骗他，而应该当面劝谏他，指出他的错误。

智者和有德之人总是不断进步，而恶人和荒唐之人却一直在堕落，就像一个挖井人最后深陷于泥淖那样，他们迷失在自己的欲望中。

古人学习知识，并将所学付诸实践，先是为了提升自己，由此获得美德和智慧；今人从事学问思辨却是为了他人，为了得到一些毫无意义的掌声，或者某些名利方面的增益。

卫国的大夫蘧伯玉按照礼节派使者去问候孔子，因为孔子拜访卫国的时候曾经住在他家里。为了表示对蘧伯玉的尊敬，孔子请使者坐在自己旁边，并问他，您的主人在家都做些什么呢？使者回答说，我的主人总是希望改掉自己的过错，不断自我纠正，可是他还没能如愿。（使者走后，孔子说）啊！多么优秀的使者！他仅用三言两语，就让人听懂了他对主人的高度赞美！

不担任那个职务，就不去管理相应的事情。君子担任公职就只会考虑自己职权范围内的事情。

智者会为自己偶尔的言过其实而感到羞愧。

纯洁、明智和勇敢是君子特有的三大品质，可惜我还一样都不具备。纯洁这种品质让人始终遵循理性和天道，所以，具备这种品质的人面对无常的命运能够心如止水、不为所动。明智可以让人分辨真假与是非，因此，具备这种品质的人做事不会踌躇不决、左右不定。最后，强大而不可战胜的灵魂和勇气给人以力量，令其毫不畏惧，遇事也不会惊悸不安。

弟子子贡说，亲爱的老师，您说的正是您自己呀！这些正是您独有的谦虚所带给您的品质。

孔子注意到子贡特别喜欢比较人们的道德品行，就提醒他道，子贡，您是有智慧的人吧？就我自己而言，我甚至都没有时间管好我自己的事情，哪还有闲暇去好奇别人的道德品行和生活呢!

不要因为别人不认识您而感到苦恼和痛苦,那些导致您不为人所知的不足和缺点才更应该让您痛苦,因为这些不足和缺点令您无法尽职尽责。

如果一个人对于尚未发生的欺诈和不诚实行为有先觉之心,却并不凭空臆测、不妄加揣测;如果这个人并不是那种尽管一切都安然如故,却总是怕这怕那的人——我想说的是,如果一个人心胸宽广,不为这些凭空臆测和妄加揣测所困扰,因为这些都是人际交往和人际关系的强大敌人,此外,这个人还有敏锐的洞察力,能够迅速预见到潜在的欺诈和不诚实行为,这样的人才是真正睿智、有远见而谨慎的人。

有一位智者,[1] 他只希望有一天能跟孔子对话。这天,他对孔子说,您是在做什么呢?我看您整日马不停蹄地到处跑,都跑遍整个国家了。您方才还在齐国,这会儿又跑到了鲁国,您到处兜售自己的学说,可没有在任何地方遇到识货的人。难道您不成了一个真正的江湖骗子,一个演说家,抑或是一个喋喋不休的人?只为了获得无知民众的无谓喝彩,也许您还想凭此而求得一官半职?

为了让对方稍微收敛一下,孔子回应道,我怎么敢兜售诳言与空话,抑或是喋喋不休?我只是痛恨并想谴责那些固执于一己之见、不懂得变通的人罢了,国家一遭遇灾难,他们就立马躲藏了起来,甚至连想都不敢去想如何整顿法纪、如何匡正人们堕落的德行。

稀有的骐骥之所以受人称赞,不是因为它有善跑之才,而是因为它那驯良、温顺而又乖巧的习性。

(有人问)以恩德来回应怨恨与不公,您怎么看待这种做法呢?孔子回答道,这样做的人,又该用什么来回应恩德呢?对善恶之行的回应理应有所不同啊!

所以,我对此的看法如下:以正直公平来回应怨恨与不公,以恩德来回

---

[1] 指微生亩。

应恩德。我想说的是：有人好像待我不公，而我却不会把这件事放在心上，因为我并不认为这是针对我个人的，我会手持理性的天平来权衡这一切，从而确定是该恨，还是该爱；该避开，还是该接受。如果综合考虑各个方面之后，我发现冒犯我的人，其实在别的方面还是值得爱戴的，那么我当然不会因为他对我的不公正，而渴望将他的功绩与美德说得一无是处。但是，如果他做的很多事情都令人憎恶，而且这些事情本来是可以杜绝的，那我将服从理性的指导，因为理性教导我们憎恶并杜绝恶意和恶行，这就是所谓的以正直公平来回应怨恨与不公。

就算没有人理解我的学问，也没有人想接受我的学问，我也不会怨天尤人。我只想提升自我，从最基本的事情做起，逐步达到更高的境界。更何况，上天既然懂我，别人懂不懂我又有什么关系呢？

公伯寮在季氏面前恶意诽谤同为家臣的子路，鲁国大夫子服景伯得悉此事后，告诉了孔子，并愤怒地说，如果您同意的话，我可以用我的职权和势力惩罚这么卑鄙的一个人，还可以处决他，把他的尸体扔到街上去。

与往常一样，孔子担心子服景伯会把事情推向极端，为了使后者回心转意，同时也为了宽慰子路，就说道，一个国家良好的政治管理制度能够有幸维持并存续下去，这取决于上天的旨意；健全的政治管理制度不巧衰败了，或者是消亡了，这也取决于上天的旨意；诽谤者又怎能左右上天的旨意呢？上天要是想保护他，他怎么可能消亡，上天要是与他为敌，他又如何能够自我保全？

有些智者偶尔会依时而动，以致决然抛弃所有荣誉和公职。有的智者逃离他们所居住的国家，去往另一个治理良好的国家，因为他们看到所居住的国家陷入了混乱；有的智者看到君王道德败坏，就远离君王；还有的智者避免和这样的君王交谈。哎！有七位智者这样做了，他们从公职与危险中脱身，独自过起了闲适的生活！

子路追随老师周游列国，一次在石门过夜，守门人其实是位隐居的智者，他问子路，您追随的是谁呀？子路回答道，孔子。这位守门人说，什么？这个人就是明知做不到还偏要去做，妄想救国家于危难之中的那个人吗？

（有位隐士听到孔子击磬，就说）我只听见那石磬的声音，和那乐器发出的凄凉的音乐，[1] 这音乐就和击磬者的心境一样，透着忧世的哀伤。但是，既然没有人愿意去了解并听从他的学说，这种令人腻烦的研究又给他带来了什么呢？难道他尝试得还不够吗？难道他还不够出名吗？难道他不应该想起这则古训吗？如果自己想过的河很深，那就像我们的祖先所做的那样，把衣服卷起来；如果自己想过的河很浅又泥泞，那就卷起裤管过。

孔子听到了这位哲人伤心而严厉的话，叹息道，啊！固执己见的人哪！照他这样做确实一点都不难，还能轻松地免除悲痛，避开危险，但是，我实在不能忍受这样的做法啊！

睿智而虔敬的人，其精神如天地一般。虽为乌云以及季节性的风暴所困扰，天地却孜孜不倦地履行着自己的职责，孕育并供养着万物。智者也是如此，无论所处的时代多么严酷，他都从不放弃行动，并心系着全人类，他总是怜惜人世间的同胞，也一直敬畏并遵从着上天神圣不可侵犯的意志。[2]

子张说，《尚书》讲到殷高宗为父守孝时，说他住在父亲所葬的墓园，整整三年的时间里，他都虔诚地哀悼，从未与任何人讲过话。这很让人不解，这是想要说明什么呢？

孔子回答道，您为什么尤其关注高宗呢？在古代，几乎所有的国君都这样做。您只需读《礼》就知道了，书中教导说，国君或者天子驾崩，其子即继任者，要守孝三年，这是十分重要而虔诚的礼仪制度。

被任命管理百官的人要善于掌控局势，能够准确区分高低贵贱，可以娴熟地统领老百姓。

时刻警醒且专注地完善自己，这是达到至善的第一步。第二步就是先用

---

[1] 原文直译应作"和那管弦发出的凄凉音乐"，此处是贝尼耶的误解。
[2] 此段源自张居正的评说。

此法完善自己，然后推己及人，从而使他人的愿望得到满足。第三步，如此完善自己，会让您的美德和技艺广为人知，您因此带来了和平，广泛地满足了百姓的心愿。人君应当以尧舜这两位伟大的君主为榜样，他们似乎永远处于痛苦和不安之中，总是担心他们的善心无法顾及所有的人，生怕他们的仁慈没有赢得爱戴。

有个人叫原壤，是孔子的故人，他信奉老子的哲学，但是品行不端。有一天，他很不雅地跷着二郎腿等孔子来。孔子对原壤的粗鄙无礼以及他所有的恶习都感到不满，忍不住对他说，您小时候对父母不敬不顺，年纪大了也没见您的德行提升或有所作为，如果您还不死，或者不改变您的生活态度，还不知道您会怎样败常乱俗呢！再见吧！说完，孔子用自己手中的拐杖轻轻地敲了一下原壤的腿，提醒他的不雅和无礼。

第八卷

比起美德，卫灵公更爱战争，他无所顾忌地问孔子作战阵列的问题。孔子回答说，礼仪方面的事情我确实知道很多，而打仗的东西我还没学过。这就是为什么第二天天刚拂晓，哲人就离开了，因为他觉得自己留在卫国纯属浪费时间。

孔子到了陈国，粮食断绝，这让跟随他的人颇为困扰，由于饿得虚弱无力，他们无法继续往前走。孔子见此非常难过。子路质问道，即使是廉正睿智的人，也有穷困的时候吗？孔子只对他说了一句话，睿智的仁人即使穷困至极，仍然会坚持；荒唐的小人一旦穷困，就会立马气馁。

（孔子对子贡说）您可能觉得我费劲儿学习并且记住很多东西，这样就能通晓事理了，对吗？子贡答道，对！我一直是这么想的，难道不是这样吗？（孔子应道）不对！您错了！我能通晓事理，是因为我一以贯之。

（孔子说）我亲爱的弟子们！[1] 理解美德的人太少了！什么都不做还能治理天下的人，只有舜啊！这位睿智的君王，只需靠着他的美德，遵守成法，就能安坐在王位上，一切顺其自然，什么都不用做。

（孔子对子张说）至于一个人应该如何行事，以便从中受益，并对他人有利。从言行上来说，说话要简明而诚恳，行动上则要庄重成熟且始终如一。这样的话，就算到了南方或者北方那些蒙昧落后的地方，做起事来也通行无阻。反之，倘若说话既不简明也不诚实守信，做事既不坚定严肃也不成熟，那么，就算是在2500户之内，甚或只有25户的范围[2]也做不出什么成就来。

站立的时候，不忘这些道理，[3] 仿佛它们依序排列在您的眼前；乘车出行，也切记这些道理，好像它们就刻在车轭上。这样行事的话，到哪都行得通。

子张把老师的教导写在了束腰的绅带上，以表示对老师这些话的无比敬重。

（孔子说）史鱼[4]非常正直！政治清明时，他的言行像箭一样直；政治昏暗时，他的言行也像箭一样直。他总是那么正直廉洁，言行一致。

蘧伯玉[5]非常睿智！国泰民安、法纪严明之时，他率先出来做官；政治昏暗、法纪不存之时，他随即辞去官职，甘于无名。

有的人值得与之交谈，倘若您不与他讲话，就会错失良言。谨慎的人既不会错失对话者也不会说错话。

拥有崇高灵魂和坚实美德的人，不会为了求生存而牺牲美德；他们甚至会为了成就美德而牺牲自己的性命！

（孔子对子贡说）工匠要想把手中的活儿做好，必须先磨砺干活用的工具。您要是想成为仁者，就必须侍奉官员行列中的睿智之人，并与学界最有仁德的人交朋友。这就是成仁之路。

---

[1] 《论语》原文中，孔子的这段话是对子路说的。
[2] 此处法语直译了"州"（2500户）与"里"（25户）。
[3] 即上文孔子提出的"忠信笃敬"。
[4] 春秋时期卫国的大夫。
[5] 春秋时期卫国有名的贤臣。

颜渊问如何治理国家，孔子知晓这名弟子非凡的才德，就对他说了三点：处事遵循夏朝的礼法习俗，举止效仿殷商的简朴，参加神圣的仪式则佩戴周朝时下的冠冕；愿您采用《韶》乐及其庄重简朴的歌舞，舍弃郑国的音乐；远离那些卖弄口才的人，因为失礼的音乐与夸大其词的人，都会使邦国陷于危险之境。

一个人如果不能预测千里之外的事物或情况，那么不幸就会暗藏在桌毯之下。

哎！我还从来没见过有人像爱好美色那般追求美德！

一位宰相[1]非常了解一个人[2]的出身、智慧及其独有的美德，也知道这个人有为国效力的能力，却并不将其引荐给国君以使此人为国所用，这是私下里维护他自己的尊严，这就是欺瞒国君和国家！

您想真正远离怨恨吗？那就要严以律己，宽以待人。

如若一个人从来不问这应该怎么办，那应该怎么办，那我也不知道该如何是好，唯有绝望了！

如果一群人整日聚在一起，却从不谈论美德，而是热衷于显摆自己的小聪明。哎，他们如此费力，却只是为自己徒增烦恼啊！

哲人为自己有限的才能而苦恼，而不在乎是否为世人所了解。

哲人苦恼的是，生命即将逝去，却还没有做出值得尊敬与称颂的事迹。

智者总是在自身寻找错误和蒙羞的原因，愚人却总将过错归咎于他人。

哲人始终保持庄重，但他并不冷酷无情；他善于交际，但他不会让自己被大众的冲动所左右。

智者不会因为一个人的言辞可取就重视他，也不会因为一个人的行为不可取就蔑视他的言辞。

（孔子对子贡说）您问我有无哪句话可以用作一生的行事准则。人们怎能

---

[1] 指鲁国大夫臧文仲。
[2] 指柳下惠。

忽略这句话呢！不希望别人如何对待自己，就不要如此对待别人。

您觉得我们这个时代的人仍然按照三代的道义做事。不过，能把自己家的马借给邻居骑的人，现在已经不存在了。

巧言舌辩败坏道德。小事上不忍让，就会败坏大事。

民众都讨厌的人，一定要对其仔细审查；民众都喜欢的人，也一定要对其仔细审查。

人能够把理性的规则发扬光大，但自身无力的理性规则不能使人出名。

犯了错不改正，那才是真的错了。

我曾经为了冥思，整天不吃饭，整宿不睡觉，但并没有什么收益；发现最好还是用功学习，并把所学的东西运用到实践中。

耕田劳作也难免会遭遇饥馑或颗粒无收，追求美德却永远不会一无所获。所以让哲人担忧的是美德，而不是贫穷。

凭谨慎得到的东西，若没有内在的美德守护它，您可能很快就会失去它。

凭谨慎得到的东西，虽然有内在的美德守护它，却不用庄重严肃的态度对待它，那么您就会失去统治的威严，老百姓就不会敬畏您了。

凭谨慎得到的东西，既有内在的美德守护它，又用庄重严肃的态度对待它，还拥有统治的威严，但如果您不能以合适的方法调动臣民，就还不能算是尽善尽美。

对于一名优秀的人，即使他能处理好小事情，我们也不能立刻知晓或断定他适合从事和处理重大事务。相反，对于平庸无能之人，我们不能委以重任，因为他难以当此大任。不过，我们也应知晓他可以在哪些日常的小事情上发挥才能。

美德比水火更有力量。我见过有人死于水火之中，却从没见过有人死于践行美德。

希望追求美德的弟子丝毫不逊于他的老师，也不要为能超越老师而心生不安。

君子坚韧不拔，但不会固执己见。

侍奉君主，应该先尽好为官的责任和义务，然后再想俸禄之事。

学说处处相同，没有任何区别！

追随不同道路的人，很难在某些事情上达成共识。

语言要清晰简洁，易于理解，无须藻饰与技巧。

乐师冕来见孔子，由于冕是盲人，等他走到台阶前时，孔子提醒他注意，（说）这是台阶。等冕走到座位旁时，（说）这是座席。当冕坐定后，（说）您右边的这位是某某，您左边的这位是某某。冕因而可以很自如地跟周围的人打招呼。冕离开后，弟子子张问孔子，在老师的哲学中是否有一套与盲人乐师言谈相处的行为准则。孔子回答他道，当然有，古已有之，那就是应该帮助盲人乐师。

季氏是鲁国最富有、最有权势的大夫，他有意武力入侵自己封地附近的小国颛臾，季氏的两名家臣冉求和子路来向孔子，也就是他们以前的老师求助，并表明他们非常不赞成季氏入侵颛臾的计划。孔子对他们说，这难道不是你们的过错吗？你们莫非不知道，古代著名的史官周任有句极好的名言，如果一个人有足够的实力和能力担任公职，那他就应该担负起责任。但是，如果他没有足够的实力和勇气去履行他想竞选的职位所应承担起的责任，那么，他就应该放弃竞选该职位的想法；如果他不巧已经就任了，那就应该赶紧辞职，卸任不干了。否则，他就成了站在悬崖边上的疯子或者盲人了。你二人作为季氏的家臣，难道没有责任警告他吗？难道不应该告诉他，这样不义的行为必将扰乱整个王国的秩序吗？如果你们的警告对他来说毫无价值，那你们不应该辞职不干吗？

你们知道吗？冉求刚刚说的，季氏不顾我们的意见想发动战争，我们二人都不赞成他的想法，这就是为了把一切过错都归在季氏的身上。你们知道吗？在我看来，你们这样说本身就是一种过错，这种过错比季氏卑鄙丑恶的错误更加卑鄙、更加丑恶！我想问你们，老虎或犀牛逃出了笼子，龟甲或宝玉在匣中被毁坏,这种逃离与毁坏难道不是看护人的过错吗?

冉求说颛臾靠近季氏的封地费城,而且城防随着时日愈加巩固,现在不去占领,一定会给子孙后代留下隐患。

(孔子说)真正的哲人讨厌并憎恶借故推诿的人。这样的人由于不愿承认自己暗藏着的野心和其他的利欲,就为侵凌的行为做辩解,并企图逃避真相。

这就是我的看法。我听说如果国君、诸侯或者大夫都是仁人与智者,他们通常不会为臣民太少而烦恼,令他们痛苦和烦恼的是,并不是每个臣民都能得到法律和理性所赋予他们的一切。我还听说令他们烦恼的也不是国家穷困或者土地贫瘠,困扰和折磨他们的是,上下离心,彼此不和。这话当然不是毫无道理的。因为如果国君、诸侯或者大夫能够减少不必要的开支,不追求奢侈的生活,公平地对待每个人,就算在他们的统治下有些人比其他人更富有,也不会出现贫困和乞讨的情况,政权不会倾覆,既不会出现无人居住之地,也不会出现无人耕种之地。

要知道,当一个王国真正实现了公平、和谐与安宁时,远方的人民就会心甘情愿地归附于如此人道、如此温和的政权。但倘若远方的人民并没有因此而跑来归附,那就要不断完善与打磨君主自身的美德,诚如此言,前来归附的人就会越来越多,你们最终会发现,让他们跑来归附的既不是欺诈与诡计,也不是武力,而是那享有盛名的美德。那么,他们既然前来归附于您的治下,那就满怀仁爱地安抚他们,给予他们安适平静的生活。

我的弟子们啊!季氏是你们的主人,你们是他的助手与谋臣,那你们是怎么辅佐他的,他又从你们那里得到了什么好的建议呢?周边的人民不来归附,那是因为你们自己并没有真正的美德,无法令他们下决心前来。

你们知道鲁国现在由季孙氏、叔孙氏和孟孙氏三大家族掌权,整个王国分崩离析,仿佛这样尚不足以对公众造成巨大的危害,你们辅佐的季孙氏还想要策划一场新的战争,而这场战争将会焚毁整个鲁国。我认为季孙氏所企图侵犯的颛臾还伤不到他的家人与后代,真正的危险反而来自鲁国内部,这种危险最终会伤及季孙氏自身。

在一个政治清明、安定和平的王国里，礼乐制度的规范以及出兵打仗之事都是天子说了算；而当政治黑暗、国家动荡时，这一切都是诸侯说了算。当政令由诸侯颁布时，他们的政权最多能下传十代；当政令由卿大夫颁布时，他们的政权也不过传五代；当政令由个别权臣颁布时，他们的政权不到三代就动摇了，而且他们这种靠僭越所获取的权力必然会失去。

在一个法纪严明的帝国中，卿大夫绝不会掌权，因为甚至连诸侯都篡不了权。

百姓也不会插手公共事务，所有的臣民都心甘情愿地服从这种统治，因为这种统治是符合天命和理性的。

有益的朋友有三类，有害的朋友也有三类。正直、忠诚和见多识广的朋友都是有益的；装腔作势、圆滑世故和夸夸其谈的朋友是有害的。

有益的喜好有三种，有害的喜好也有三种。乐于以礼乐规范自己的日常，乐于称赞他人的嘉言善行，乐于结交贤朋良友，都是有益的喜好。沉溺于骄奢淫逸，满足于游荡放纵，沉迷于吃喝玩乐，都是有害的喜好。

在君主面前说话易犯三种过失。第一个过失是急躁，君主的问询还没轮到您来回答，或者君主所言与您本人无关，您却已经开口。第二个过失是可悲而无用的隐默，君主都问到您了，您却缄默不语。第三个过失是没眼色，不看君主的脸色就肆意妄言。

追求美德的人要谨防三件事：年少时，血气未定，要戒女色；到了壮年，血气方刚，要戒逞强好斗；等到老年的时候，血气衰退，要戒贪得无厌。

睿智有德之人有三种敬畏：敬畏天命，敬畏大人，敬畏圣人之言。

荒唐的小人不懂天命，所以不知敬畏，他鄙视大人，嘲笑圣人之言。

上等资质的人，天性与知识相通，好像呼吸之间就可以摄取各种道理；次一等资质的人，需要学习钻研，并通过听取老师的讲习才能懂得各种道理；再次一等资质的人，虽然行事粗鄙，但还是懂得勤勉学习、发愤图强；本身愚笨却仍然不学习的人，就算他们既真诚又纯朴，他们也是资质最差的人。

追求美德与智慧的人有九个方面要考虑：用眼睛去看某样东西的时候，要考虑是否把自己眼前的东西看得清楚明白了；用耳朵去听某些东西的时候，要考虑是否听得真切，是否把握住了说话人的语气和意思；眼神表情上要考虑是否安详温和，这是所有神态中最能强有力而不知不觉地调和精神的一种；仪态举止上，则要考虑是否庄重而不失温和恭敬；当必须开口说话的时候，要考虑是否心口如一，是否忠诚不欺；做起事来，则要考虑是否认真勤勉；遇到令自己困惑不解的事情，首先要考虑的是向人请教，并想方设法解除这种疑惑；当感到自己被愤怒所蒙蔽、想要跟人争吵、一心要报复的时候，要成熟地考虑这样做所带来的痛苦、损失和不幸；利禄面前，则要考虑这些钱财的获得是否符合公平正义。

看到别人身上好的方面，就迎头赶上，好像生怕自己做不到一样；看到别人身上不好的方面，就像是碰到了烫手的开水那样赶紧躲开。我记得有人说过这样的话，我也见过这样做的人。

当隐居避世的时候，全心筹划治国方略；当终于有机会担任公职时，就忠心耿耿，将退隐时筹划好的治国方略付诸实践。我很清楚地记得有人提及这样的问题，却还没见过这样做的人。

齐景公曾有一千辆战车，然而他驾崩的时候，百姓却并没有在他身上找到什么可以称赞的美德；伯夷和叔齐饿死在首阳山下，百姓却到现在还在称颂他们。这难道不就是我常跟你们说的美德的力量吗？

陈亢是孔子的一名弟子，他以为孔子背地教授儿子更多的东西，而且很多不为弟子们所知，就去找孔子的独子伯鱼，并问他说是否他的父亲单独教授了他一些秘不可传的学问。

伯鱼回答道，到目前为止，他没有更费心地教授我而胜过教授你们，也没有什么特别或隐秘的内容。我只记得有一天，忘了是要去哪里，当我快步走过庭院时，父亲正好独自站在那里，他问我是否我学了《诗》，我很诚实地告诉他还没有，于是他对我说，我的儿子啊！如果您不专心读《诗》，您就永远不能像庄重的哲人那样掌握说话的技巧。听他这么说，我回去就开始读《诗》了。

我记得还有一天，当我路过庭院时，父亲问我是否读了《礼》，我说还没有，他就对我说读《礼》才能懂得为人的准则，如果您不读《礼》，您就无法在国民中脱颖而出，听他这么一说，我回去就开始读《礼》了。这就是我从父亲那里听到的两件事情，除此之外，父亲教授我的东西跟公开教授你们的没什么两样。

陈亢十分愉快地告别了伯鱼，暗自庆幸道，我问了一件事情，却收获了三个答案。我现在知道了《诗》的重要性，还有《礼》的重要性，此外，我还从老师的榜样中了解到，真正伟大而优秀的人在教授美德的时候，教授给自己儿子的和教授给弟子们的一样多。

第九卷

阳货非常希望孔子能主动去拜见他，但是孔子知道季氏的这名家臣是个乱臣，而且季氏家族僭礼篡权，掌握了鲁国的朝政，所以孔子并不想去见阳货。但是，由于阳货馈赠给了自己一份食物作为小礼品，孔子出于礼貌又不得不去拜谢。于是，孔子便趁阳货不在家的时候去拜见他。然而不幸的是，两人在半路上相遇了。

阳货对孔子说，请过来！因为我有很多话想对您说，可是您现在还是先消除我的一些疑虑吧。如果一个人小心翼翼地把一块宝石藏在自己的怀里，坚决不愿将它卖掉以拯救动荡不安的王国，这个人算是虔诚的人吗？另外，如果一个人总想为拯救祖国做点事情，却总是错失良机，这个人算是明智的人吗？孔子回答道，当然不算！前者不虔诚，后者不明智。

阳货接着说，那么，我们就先聊到这里吧！时光如流水，一去不复返啊！不过我恳请您出仕，您却并没有对我有所回应啊！您怎么还不醒悟呢？您为何想不起那个对您怀抱善意的人？为什么在权衡私事与国家利益之后，您依然不来做官呢？孔子一边应着，是的！是的！我们会出仕做官的。一边慢慢走开了。

（孔子说）天性与自然之光把人们彼此紧密地联结在一起，但是往往由于习性与爱好的不同，人与人之间的差距就变得越来越大了。

大概只有那些生来极为智慧良善和极其愚笨邪恶的人，才不会因为彼此交往频繁而轻易改变。

有一天，孔子来到了武城，[1] 其弟子子游正好是该地的长官。（他说）我太惊讶了！我听到这里的农民试着通过声音与乐器，演奏一种庄严肃穆的交响乐，这种音乐跟我们古人演奏的音乐很相像。我情不自禁地笑了，这让我想起了一句古话，杀鸡焉用宰牛刀？子游听了我的话有些愤慨，是他谱写了这个音乐，他真的以为我不赞同他的这种做法，还很认真地对我说了四次，说他经常听我说，致力于美德和智慧的长官会爱护他的臣民，他会教育他们、保护他们并供养他们；相应地，百姓会以他们的长官为榜样，在他的激励下，尽一己之力追求美德和智慧，令人惊叹的是，这样一来，百姓不仅服从管理，还积极履行各自的职责。为此，我不得不把其他几名随行的弟子叫来，当着他们的面告诉子游，我刚刚只不过是跟他开了个玩笑而已，想看看他怎么回应。此外，我想说的是整个王国推行的礼乐当然在小地方也是适用的。

公山弗扰也是季孙氏的家臣，季孙氏这个大家族对鲁国政权的影响非常大。公山弗扰急切地想在鲁国一个名为费的小镇发动叛变，于是他立即派人给我送来了一份小礼物，恳请我去辅佐他，我打算前往，因为我想为危难之中的祖国做点什么。子路强烈反对我的计划。但据我所知，公山弗扰并不是为了对抗鲁国的君主而拿起了武器，而是为了反抗季孙氏，也就是他的主人。

---

[1] 今山东省南部。

所以我决定动身并对子路说，公山弗扰这样主动而体面地召我去见他并不是毫无理由的，如果他想任用我，那我为什么要浪费这个能够拯救祖国于危难之中的机会呢？说不准我就能让东方的王族建立西周的礼制。

（孔子对子张说）具备下面五种品德的话，就可以说这个人懂得完美的智慧与美德[1]了：审慎自省、宽宏大量、诚实守信、认真勤勉和慈爱仁惠。实际上，如果您随时随地都能庄重持己，就没有人会无视或者轻视您，相反，所有的人都会敬畏您；如果您大度、慷慨、温和而又宽厚，那么，所有的人都会对您心悦诚服；如果您的言行真实而诚信，那么，所有的人就都会信任您，把自己的财产和人身都忠诚地交给您；如果您做事勤勉、踏实又认真，那就没有您做不成的事，而且您做的事都会有完满的结果。最后，如果您对臣民慈爱仁惠，那您就能恰如其分地发号施令了。

佛肸[2]召孔子去晋国的中牟辅佐他，当时那里的政局不稳、烽烟四起。子路反对老师前往，就不顾一切地说，请问，佛肸明明是在谋反，而您却要去见这样的人吗？难道老师过去没有讲过吗？说仁人是不会去见悖理乱常之人的，以免这种交往招来不幸和责备。孔子答道，我们以前的确讲过这样的话。但我不也告诉过您吗？使用一件非常坚硬的东西是很困难的，既然无法毁坏它，至少可以柔和地消磨它，直至把它用完。我不是还告诉过您吗？本身洁白的东西，即使沾染了些许污点，内心都不会随之变黑，都会保持着它天然的洁白。我现在怎么能袖手旁观呢？怎么能像个又大又苦的葫芦一样挂在那里一动不动，无法给养任何人呢？

孔子很早就发现比起文事来，子路对武事更感兴趣。于是他对子路说，您过去是否听说过六种非常有名的美德，以及六种败坏这些美德的弊病？听着，我马上讲给您听。

仁爱之人心怀苍生，没有什么比造福所有人更能让他感到快乐的了。但

---

[1] 即"仁"。
[2] 晋国大夫赵简子的家臣。

是，如果他不懂得如何恰当地使用这种仁爱，那么，仁爱这种美德就会退化成某种盲目的善意，这个人就会像被狂风席卷一样，不加判断、不讲原则地慷慨布施。天资聪颖并能认识真理的人，如果他忽略了学习、求教与讨论，那么，他的思维就会陷入某种模糊而不确定的状态。心地真诚或乐于信守诺言的人，如果不懂得说话的时机和方式，他就会经常冒犯他人，给自己和他人带来巨大的损失。喜爱正直、坦率的人，自然痛恨欺骗、诡计、伪装和虚伪，但如果他几乎不去费心了解正直和坦率所应掌握的分寸，那他就会令自己精神痛苦、提心吊胆、骑虎难下，由于他太过坦率而不懂得掩饰，太过爽直而没有半点欺骗，就会遭到他人的排挤。对于遇事勇敢而且勇于坚持的人，倘若不考量胆魄的边界，勇敢这种美德就会变成傲慢无礼、叛乱谋反。刚强不屈也是美德，可如果刚强不屈的人几乎不去费心了解应在何地、何时以及如何恰如其分地表现这种美德，那么这个人就会显得愚蠢且狂妄。

我亲爱的弟子们，你们为什么不阅读《诗经》呢？如果我们匍匐前行、百无一用，没有荣誉、没有名气也没有声望，那么，学习《诗经》可以让我们站起来，可以让我们振作起来，并为我们带来真正的荣誉。

《诗经》就像一面明镜，通过它，我们可以看到什么适合我们、什么不适合我们，通过这种凝视，我们可以光荣而有效地前行。

通过读《诗经》，我们可以变得善于交际、和蔼可亲并令人愉快。因为音乐让我们的声音变得柔和，诗歌使我们的动作、欲望和激情得以舒缓。

正是因为《诗经》，我们才学会了怨而不怒，能够既不过度也不邪恶地感受大自然的一切运动。

《诗经》还教导我们在家如何侍奉父母，在外如何辅佐君王。

最后，通过阅读《诗经》，我们还可以愉快地了解到许多鸟兽草木的名字，以及它们的习性。

我亲爱的儿子伯鱼，您读过《诗经》中的《周南》和《召南》吗？这样有用的书不可能不激发您对美德的喜爱和崇敬，书中描写了我们的帝国中出现过的、那些著名人物的卓越美德，这些人可能是女孩、女人、君王、王后或者王妃。您想知道不读《周南》和《召南》会像什么样子吗？就像一个人面对一堵墙站着，一无是处，因为他甚至连一步都迈不出去；无知又盲目，因为他对这个世界正在发生的事一无所知。

我们的言辞与祷告是多么浮夸、多么虚伪！《礼》这么说，《乐》这么说，那么多引述和空话有什么用呢？《礼》这么说，那么多的引述都只是空话，有什么用呢？《礼》可曾讲道，这些珍贵的器皿、高贵的标志和丝绸的服装对我们来说有什么意义呢？我们还是想想怎么做吧！我们的祖先创制礼乐是为了教化天下，就让我们用祖先制定的这些美德来指导我们的生活和习惯吧！

外表庄重、坚定又严肃，内心却轻佻、软弱而又轻浮，这样的人就是卑鄙小人，他们好比夜间的盗贼，白天装得庄重老实，夜里就翻墙凿壁潜入人家，偷人家的财物，到了白天又假装成老实人。

同样地，乡里的伪君子看起来善良、天真、谦恭又殷勤，实际上他们表里不一，他们是骗子，不仅恶毒、精明、狡猾，还诡计多端。他们当真是美德的盗贼，是隐藏的瘟疫。

在街上听到关于幸福美好生活的一些教导，就立马告诉其他人，还未入耳即以出口，在告诉别人之前自己都没有身体力行，这是对美德的拒绝、鄙视和否定。

怎么能让鄙陋浅薄的人立于朝堂之上、辅佐君王呢？就算他有点儿难得的才能和技巧也不能用他啊！

这种人想的只是功名利禄，没到手之前，内心备受折磨，千方百计地得逞了，又生怕再次失去。

我认为这种人对到手的权力和财富患得患失，他们不顾一切地索取，没有什么卑鄙、肮脏和邪恶的事情是他们做不出来的，他们什么事都会做，什么苦也都能受。

古代的人有三种毛病，但也不算是什么大毛病，这三种毛病现在恐怕都没有了，因为恶劣的程度提升了，甚至改变了毛病的性质。

古人的毛病是志向过高，对声望和荣誉过分向往，因此就显得不拘小节，不会在意那些琐碎小事，但仅此而已；古人的这种狂变成了现在的放荡，以致鲁莽地践踏了正直与公平。古人的第二种毛病是过于拘谨自守，但也不是冷漠无情、毫无人性；古人的这种矜变成了现在的忿戾：人们争执不休，却只会带来仇恨、乖戾、绝望等接踵而来的纠纷。古人的第三种毛病是爽直、鲁钝，而且古人的爽直和鲁钝是自然流露，毫不做作；现在的爽直和鲁钝全是伪装，是纯粹的欺骗，是纯粹的装模作样，此外无他。

花言巧语、态度谄媚、虚情假意的人，很少有真正的美德！

在所有的颜色中，我最憎恶紫色，因为它以某种方式夺去了红色的正统地位，而红色才是自然的，正是紫色的出现使红色失去了它应有的价值和地位。我也憎恶《郑风》，因为这种音乐动摇并削弱了《雅》的地位，而《雅》才是典雅、庄重而严肃的正统音乐。最后，我也憎恶花言巧语及阿谀奉承，因为它可以惑乱人心，使国家倾覆。

我要保持沉默了！

（学生子路听到后，说道）啊！我亲爱的老师！如果您不再跟我们说话了，那您的这些可怜的弟子们学什么呢？我们教别人什么呢？我们又能把什么传给我们的后代呢？

哲人对他们说，老天哪里说过话呢？你们看看四季还不是照常更替，万物还不是照样生长？正是这雄辩的沉默宣告并展现了天道之妙，而万物的运转都以此为准则。

鲁国文士孺悲曾奉国君之命而跟孔子学过丧葬之礼，一日他来求见孔子，孔子推说自己身体不适，所以不能见他。传话的人刚出门，孔子就拿起瑟边弹边唱，故意让孺悲听见自己的弹唱，想让对方知道不让他进来，不是因为自己病了，而是孺悲自己做错了什么才受到了这样的冷遇。所以不应该总是放任自己的错误。

宰我很想知道老师对三年之丧这种制度的真实看法，最终决定严肃地问孔子，很久以来，人们都为父母守丧一年左右，这应该就够了吧？正直的人守丧三年，日子长了，礼乐就会被遗忘吧？大自然也似乎告诉我们守丧满一年就够了，很多事情的开始和结束、诞生和消亡就只用一年，比如说粮食的收成，草木的荣枯，还有很多其他的东西。

（孔子回答说）古人在《礼》中规定了子女在父母去世后，只吃粗粮、只喝白水、只穿麻衣，在您看来，一年期满，人们就可以脱离这些，恢复原先的生活习惯，吃细粮，穿锦衣了。但是，这样做的时候，您心安吗？您不会因为不够孝顺而良心受到谴责吗？

不过，就像您说的，如果您觉得心安，那就按照您所希望的那样去做吧！虔敬睿智之人为父母守丧，珍馐美馔都食之无味；偶尔听到曲调和谐的音乐，却好像没听到一样，无法快乐起来；哪怕床铺柔软又舒适，他也无法入眠。他的悲伤那么虔诚、那么强烈，他对父母的哀悼之情那么深切、那么难以控制。您说，您能够缩短我们的祖先所规定的时间，您决意行此不敬之举，却能够保持内心的宁静，那就按照您所希望的那样去做吧！

（宰我离开后）孔子转向其他的弟子，补充道，宰我不理解什么才是真正坚实的美德啊！因为他如此轻易地认定我们祖先的礼法可以无视、可以违背，可这些礼法是符合自然、法律和理性的呀！毕竟新生儿在父母的怀抱里要待整整三年，哺育、照顾和抚养都离不开父母的百般操劳。那么，子女以守三年之丧来报答父母的三年之爱，还有什么不合情理的呢？更何况，守丧三年的制度如此古老，在整个帝国又如此普及。宰我大概无法像其他人一样感受到这份爱与照顾，才会支持我们这个时代错误的新法吧？

整天大吃大喝，无所事事，这样的人很难有所成就。不是有下棋的游戏吗？沉迷于下棋也比无所事事明智啊！

子路生性好战，他问孔子说，一名思维超越常人的杰出勇士是否总是把勇敢摆在第一位。孔子简明扼要地回答他道，像这样杰出的勇士并不会把勇敢摆在第一位，他首先崇尚的是公平正义。事实上，如果拥有才智和勇力的人不把理性与公正摆在第一位，他就很容易犯上作乱，给整个王国带来巨大的危险；他就会像小人那样，非但没有勇力，更没有调和勇力的正义与理性，终而轻易地沦为盗贼。

子贡接过话，问道，伟人以及真正的哲人，他有着为所有人做好事的强烈愿望，那么他是否不会保有对少数几种人的憎恶呢？孔子答道，他当然会憎恶少数的几种人。他憎恶那些到处宣扬别人过错的人；他憎恶那些身居下位而无耻地诽谤居高位或有功劳者的卑鄙小人，这些人还喜欢小声嘀咕、处处抱怨；他憎恶那些自恃勇猛，而不知规矩与理性的人；最后，他也憎恶那些居功自傲、冥顽不化和刚愎自用的人。

孔子转而问子贡，我亲爱的弟子，除了我刚才说的这几种，您就没有其他憎恶的人了吗？（子贡回答）当然有。我憎恶的有三种人。我憎恶那些缺乏远见与智识的人，他们以为自己很谨慎，就总是苛责其他人；我憎恶那些桀骜不驯的人，他们盛气凌人，却自以为坚强勇敢；最后，我还憎恶那些厚颜无耻、不合时宜地揭别人的短处，还自以为坦率真诚的人。哲人接过话头，说，我们来谈点别的。

应该告诉你们的是，女人和平常侍奉我们的下人，是最难与之相处并使其满意的群体。如果相对随和地纵容他们，与他们过于亲近，他们就不再顺从，变得肆无忌惮，忘了恭逊之礼；但是，如果疏远他们，少与他们打交道，与他们接触时神态威严，那他们就会抱怨，而且会憎恶您，嫌您严厉、无礼且不人道。

一个人到四十岁了，还因其邪恶与荒唐而惹人讨厌、让人厌恶，那就别指望他还能有什么改变了，他会这样终老。

我很高兴能在《尚书》中读到伟人比干的故事，他宁愿去死也不愿忍受他的侄子商纣王荒淫无度的生活，商纣王这个可恶的暴君！上天都被他激怒了，最终责罚了他并抛弃了商朝！商纣王的哥哥微子，几次三番向这个暴君进谏，最终被迫离开了宫廷。纣王的叔父[1]箕子，他跟微子一样，无数次向纣王谏言，却被投进了监狱，箕子为了保全性命，只好装疯卖傻。比干对这一切并不感到惊讶，他说，我宁可死，也不装聋作哑，也要对得起君主、对得起祖国。就算真相会给我们招来致命的仇恨，且必然会让我们灭亡，我也要说出真相。暴君听不进我们的谏言，但是祖国可以，我们的子孙后代会明白。然后，比干是怎么做的呢？他做了一个非常伟大的决定！他去觐见他的侄儿商纣王，向纣王指出他的荒淫无度、独断专行和残忍暴虐，并告诉他被激怒的人民是无所不能的，提醒纣王多为自己和家人考虑考虑，警告他帝国正濒临灭亡，而这似乎是天意使然，最后，比干还向纣王提出，唯一能够平息天怒人怨的方法，就是承认自己的错误，诚心悔过，找回自己基本的廉耻，并恢复被他践踏的正义与法律。可是，这个暴君却因叔父的斥责而变得更加残暴，他当场杀了比干，将他开膛破肚，还让人把比干的心拿给他看，甚至笑着说，要看看圣人的心是不是真像自己听说过的那样有七个洞。这个暴君的悲惨结局我就不在这里赘述了，大家都知道，正如前面说过的，是上天愤怒地铲除了他。鉴往知来，我们可以毫不怀疑地说商纣王的暴行后无来者，正如这样的残暴行径史无前例。

你们没听说过柳下惠[2]吗？就是鲁国的那位掌管刑罚狱讼之事的杰出人才，他曾三次被罢免。一位熟人责备似的跟他说，老实人啊，面对如此动荡的局势，难道您就不能名正言顺地辞官离开吗？柳下惠答道，我遵循正道，依据法律和理性，尽我所能地为君王和百姓服务。此外，公正廉洁在何处没有受到乱世的影响呢？我到哪里还不是被罢免？而且可能不止被罢免三次呢！如果我决心顺应时局，不再公正依理地为民办事，那么请问，我还用离开我的祖国、离开我的家乡吗？

---

[1] 此处法语写作"son second frere"（他的第二位兄弟），系误读。
[2] 鲁国的贤人。

孔子或君主之学

关于如何安置孔子的问题，齐景公跟大臣们商议了很久，最终这样说，季孙氏在鲁国那样的待遇，我给不了他；不过，我可以给他低于季孙氏而又高于孟孙氏的待遇。可是，至于他的学说和政治抱负，我已经老了，没法实施了。孔子了解了齐景公的想法，失望地发现自己没有用武之地，于是毫不犹豫地离开了齐国，甚至都没有跟齐景公道别。

孔子在鲁国担任司寇[1]时，政绩斐然，鲁国的政治与法律也在短时间内焕然一新。鲁国顿时变得强大了，这使得它的邻居与竞争者——齐国——感到恐慌和嫉妒，齐国君臣于是想要毁坏这种新的治理模式，他们没有通过武力来实施这一计划，而是通过某种诡计，下文即是他们的做法。

他们在齐国挑选出了八十名最漂亮、最优秀的歌姬舞女，让她们穿上锦衣华服，将她们与一百二十匹马，还有各种不同的乐器一起作为礼物送给了鲁定公。鲁国的实际掌权人[2]季桓子上了当。鲁定公疯狂地迷上了这些女子，被她们的美貌、她们美妙的声音以及她们的魅力深深地吸引住了，以至于忘记了自己，忘记了自己的王国。他整天和这些女子在一起，不再上朝，不再予人正义，也不再发号施令。孔子对此非常吃惊，也非常愤怒，他几次三番地进谏，君王都不听，于是辞去了大司寇的职位，离开了鲁国。

有一名装疯的哲人，[3]为了更好地掩盖自己的计谋，偶尔在闹市上唱歌。这一天，他在街上碰到了乘坐马车的孔子，于是高呼着，凤鸟啊！[4]吉祥的鸟啊！这个世代的美德衰败成这样了啊！我们回不到过去了！我们也改变不了过去！但我们可以从过去的事情预测未来的发展啊！收手吧！孔子啊！如果您十分明智，就收手吧！现在步入朝堂的人，终将陷入险境啊！孔子立马听出了这疯言疯语里隐藏着的智慧，赶紧下了马车，非常急切地想跟这个人交谈，可惜这个人立马跑开了，孔子因而没能跟他说上话。

---

[1] 其职责是驱捕盗贼和据法诛戮大臣。
[2] 原文作"premier Ministre"，直译为"宰相"。
[3] 指楚国的狂人接舆。
[4] 原文作"aigle"，直译为"鹰"，引申义为"才智出众的人"。

一日，孔子亲自驾车，和子路一起从楚国去往蔡国，路上偶遇两位相似的哲人，[1] 他们同样厌倦了乱世的苦难，因此归隐，不问世事。马车正好从他们旁边经过，孔子于是让子路去向他们打听一下渡口在哪里。但是，其中一位非但没有回答子路的问题，还很坚定地问，那位不就是鲁国的孔子，而你不就是鲁国的子路吗？你们难道不知道吗？如今这天下之事，就如汹涌的激流，每况愈下。除了你们，谁还在力挽狂澜、重建秩序呢？你追随一名躲避无道之君的老师，还不如跟随躲避时代的哲人呢！去吧！去吧！去找那位能告诉你们渡口在哪里的人吧！子路将这一切转述给孔子，孔子长叹道，啊！飞鸟是不会与走兽同群的，可我如果不跟当代人打交道，又能跟谁打交道呢？要是天下恢复安宁，我还有必要进行变革吗？

这件事过去没多久，子路和老师又一起出游，可是不知道为什么，他就落在了后面。子路不知道老师去了哪里，也不知道该往哪里走。正好在这个尴尬的时刻，他遇到了一位老人，老人用拐杖挑着柴火。子路走上前向老人询问有没有看到自己的老师路过。老人很生硬地对他说，小伙子，我看您无所事事、游手好闲啊。您没受过劳作之苦，没有像我这样强壮的身体，我看您对农业一无所知，恐怕还瞧不起农作，您可能也分不清什么是水稻、黄米和豆类吧？您的老师都教了些什么呀？对了，这个老师是谁？

通过这番话以及老人沉稳的神情举止，子路立刻领悟到了这位哲人的智慧，他知道这位隐士跟其他许多人一样不愿被认出来。子路因而非常想知道老师对这些智者的归隐有什么看法，于是他见到孔子后，就把这些讲给孔子听。

（孔子说）我认为，在一个悲惨的时代里，一个有才能的人，本可以施展其才能，就像您遇到的这位老人，而他却弃官归田，这是不恰当也不合理的。诚然，在两兄弟中，谁年长、谁年幼虽然具有偶然性，但是既然长幼之序不能破坏，那君主与臣民之间的权利和义务又怎能违背呢？那些洁身自好的人说想要保全自己，但是，他们却没想到自己扰乱并打破了人伦，正是这条紧

---

[1] 指的是长沮和桀溺。

密的纽带把臣民与君主、祖国联结在一起。这就是为什么国家礼崩乐坏、骚动不宁。因此，智者仁人要参与政事，履行好作为臣民的职责，辅佐君主直至舍生忘死，而不是袖手旁观，坐看祖国日趋衰败。

老天给我们带来睿智有德之人必然是为了拯救人类，必要的时候，他们可以为了大众、君王和祖国牺牲自己。这也是那些伟大的君主、帝国创立者们的精神所在，他们承受灾难，也与大众共患难。当偶尔遭遇饥荒或歉收之年，他们让臣民劳作，却比谁都勤快，比任何人承受的折磨都多。由此，他们出于仁爱，将全部的关怀、照料、体力、精神与技艺都用来应付公共危机了。假如遵循那些哲人的学说，或者更确切地说，跟他们一样沮丧、卑劣、怯懦和无所事事，那么祖国何其不幸，人类何其不幸！

我们知道的有七位，[1] 他们有的被罢免，有的弃官不干，他们过着隐居的生活，虽然行事方式各有不同，但他们都保全了自己的名节。伯夷和叔齐敢于坚守高尚的情操，任何事物都不能使之动摇；柳下惠和少连适时地屈服于武力，貌似失去了自由，但他们却从未放弃理性；虞仲和夷逸避世隐居，放言高论。于我而言，虽然我没谴责他们而是赞美了他们，但是，我不会效仿他们，我的行事方式跟他们不一样。没有什么东西是我自始至终都赞成的，也没有什么东西是我自始至终都不赞成的；我随时随地都可以为百姓和君主效力，我总是顾全大局，考虑哪些事情要什么时候在哪里做、要怎么做、必须做还是没有必要，尽可能地适应所有的人，以期尽职尽责地为他们服务。

我亲爱的弟子们啊！我们就这样看着鲁国一天天地衰落下去吗？连音乐都无用了！通过轻柔的唱和以及声音旋律的抑扬顿挫，音乐能对人产生潜移默化的作用，能在最粗野、最残暴的人身上激发出他们的温柔与人性；音乐同时能把古代立法者的教导、规则、智慧和美德悄然植入人心。我想说的是，音乐能移风易俗，可它现在却被攻击了，人们还存心要将它消灭掉。大司乐以及那些君王用餐时为之奏乐的乐师们，打定音鼓的、敲小鼓的，还有敲磬

---

[1] 七位逸民：伯夷、叔齐、虞仲、夷逸、朱张、柳下惠和少连。

的，他们近期都离开鲁国，流散四方了。这些最古老、最权威的礼乐制度，难道就这样被几个卿大夫之家以不义之权破坏掉了吗？这些既有权势又有钱财的大家族还要放肆到什么程度啊？我们还是先把这些悲伤的想法放一放吧，让我们来看看周公是怎么对他儿子说的吧！周公旦是最睿智的皇帝之一，他的长子伯禽是我们鲁国的第一任君主，周公派伯禽来治理我们鲁国时，给了他这些有益的建议。

周公旦对鲁公伯禽说，我亲爱的儿子！首先要记住，一位睿智而谨慎的君主永远不会蔑视、打压和贬低自己的家人、宗族与姻亲。其次，对于祖国的功臣，一位睿智而谨慎的君主不会动辄因为不值一提的小错就罢免他们，或者突然责罚他们却不告知具体原因。再次，对于先代贵族的子孙后代，只要没有大错也就不能蔑视和贬低他们；相反，对他们当中有才能的人，要纳入朝堂委以重任，那些没有才能的，考虑到他们祖辈的功劳，也要给他们发俸禄。最后，一位睿智而谨慎的君主从不要求哪一个人是全能的；而是量才录用，让每个人都能各司其职。此外，要记住：一位睿智的君主能够大度地容忍臣民的抱怨，甚至中伤，并且认真地审视自我，看是不是自己的错，是不是自己没有给他们表达的机会；同时，尽管他们的指责有失偏颇、不合理性，也要通过自己的公正、耐心以及无可指摘的生活来平息他们的怒火。还要记住：君主享有至高的荣誉和权力，就像您现在这样，但一位睿智的君主不会因这份伟大而骄傲与陶醉；而是严肃地认为，自己身居高位是为了服务大众。最后要记住：您是周武王的子嗣，[1] 是周成王的兄弟，这些尊贵的头衔是告诉您，无论是沐浴，还是用餐，只要听到百姓在外面摇铃请愿，就不问任何缘由，多次离席去听取怨言、裁断难事。

周朝在最鼎盛的时期，万事兴盛。当时有八位智者，他们不仅是同胞兄弟，而且还是双生，他们的母亲分娩了四次，每次都是双胞胎。更罕见的是，

---

[1] 周武王是西周的第一代天子，周成王是西周第二代天子。周公旦是周武王的四弟，而伯禽实际上是周公旦的长子。法语原文误把"成王"写作"成汤"。

这八兄弟个个都天资聪颖、品德高尚并且公正廉洁，以至于大家都认为他们是那个时代最智慧的人。所以，当君王遵从上天的旨意，平定骚乱、恢复秩序时，上天同时会派遣贤良来辅佐君王。这些贤良之人通过他们的关怀、工作、技艺、美德和智慧来辅佐君王，治理国家。

我们最早的帝王伏羲在《易经》中恰切指出，山是谦卑的明显象征，由于它们的根秘密地隐藏在宇宙最低洼、最卑微的地方，也就是大地最黑暗的深处，而正是这些根将它们的顶峰辉煌地抬举到了星星的高度。

伏羲补充道，大地也是人类的写照，它处于世界最低洼、最卑微的地方，隐匿于自身之中，在最黑暗隐秘的深处蕴藏着巨大的财富和一切最宝贵的东西。大地通过鲜美健康的果实以及对人类的影响，展示出它的力量和美德。然后，他继续往下说。

当一位君主的谦卑与谦虚，不只是一种空谈和美德的外在假象，而是一种纯粹的、真诚的美德，倘若君主将这种美德铭记于心，那他就没有必要动用整个帝国的财富与军力来让他的臣民爱戴他、尊重他并服从他了。因为这种崇高的美德比任何一种慷慨大方、任何一种武装力量都更强大有力，足以赢得所有人的支持、服从和爱戴。然而，如果真有丧失人性、践踏公平正义并且从不愿遵从这种高尚美德的人，君主依然能通过财富与军力制服叛乱者，那么，我们会看到一支谦卑的部队将无往不胜，无论对手多么强大顽固。伏羲在这里还是在谈论谦卑这种美德。

一个真正谦卑且谦虚的人，他的结局总是幸福而荣耀的。如果他得以升迁，那么，职位越显赫，他的美德就越耀眼；虽然他职位卑贱，可是他的美德闪闪发亮，无法被掩盖，那么，这种美德终会被发现、被抬高。越是谦卑，就晋升得越高。

伏羲总结说：这就是为何，君子从来不会无视人类自视甚高、蔑视他人的恶习，所以，他每日都潜心反省，以防自己忘乎所以。他首先剖析自己，然后剖析他人，把其中过分的东西以及能产生狂妄自大的杂念统统丢掉。

第十卷

孔子的弟子子张说出了自己的看法。智者会在国家和王室面临危险时，即刻献出生命来拯救公众；会在见到利益的时候，先考虑是否符合公平正义；会在祭祀的时候，满怀应有的敬畏与尊重；会在葬礼中，充满哀思和同情。做到以上这些，就是名副其实的智者了，不再需要别的条件了。

子张又说，有的人确实学习和持守美德，但却没有尽全力，只能坚持一时，而未投入更多努力、辛劳与工作，就像一个小小的瓶子，容量浅狭。有的人聆听并信任那些很好、很有智慧的信条与教诲，但不够坚定和持久，反而态度摇摆，受到各种舆论风向的影响。在我看来，这种弟子多一个或少一个，于世于人都无甚影响。

子夏和子张都是孔子出名的弟子，然而他们的思想和生活方式却大相径庭。子夏无论做什么，都很严肃、认真且坚定，对自己获得的地位和财富都十分满意。子张则相反，他无法容忍稳定和平庸，总是追求更伟大的东西。一日，子张遇到子夏的弟子们正在讨论友谊这个话题，于是径直问这些弟子，他们的老师是如何看待这个问题的。下面就是子夏的弟子们的答复。

与那些值得相交的人做朋友，他们为人正直、真诚且热爱学习，你们能在他们身上学到同样的品质，并与他们维系牢固的友谊。至于那些不值得交往，对你们没用、也无法自我提升的人，就离他们远远的。子张说，我很赞赏你们说的这些话！因为这些看法跟我之前在别处听到的大为不同。要知道，君子会很用心地结交智者，但同时君子也心怀慈爱地接纳并且温和地拥抱其他所有人。君子既提携且敬重那些拥有卓越品质的人，也同情弱者，他会扶起受挫的人，给予他们建议和财物，帮助他们变得强大。无论别人如何，亦无妨我本人如何，我永远无法拒斥任何人。假如碰巧我是拥有大智慧的人，那有谁是我不该接纳并与之拥抱的呢？假如我不在智者之列，只是一个粗野而优点甚少的普通人，那别人肯定很容易就拒绝我或忽视我，但不会伤害我。

因此我为何要拒绝他人呢？如果我自己可鄙的话，我如何有脸面和胆子去鄙视他人呢？

（子夏说）尽管在农业中，或是在其他普通的技能里，总有些地方是值得你们去观察和学习的。但是，如果你们随后想要将这些微小之事推广到日常诸事，乃至与之相去甚远的政治管理和王室事务上，那么恐怕你们就像陷入泥沼一般，无法让事情取得进展。这就是为何一位君子，或一位已经参与政事的人，不会在这类事情以及过于普遍的道理上花工夫。

一个人每日勤勉地检查自己不知道什么、自己很清楚什么，并且每个月都回忆一遍他所学到的知识，因此只要他学会了就不会忘掉，这就可谓是爱智者了，不再需要别的条件。

首先，出于对学习的强烈渴望，再加上坚定、真诚和单纯的意志，热切地学习一切知识；其次，每当有疑问时，就勤奋认真地向博学的人请教；最后，权衡切身的问题，反复思考其中隐秘而坚实的真理——这不就是有德之人吗？有谁看不出，在追求美德的努力中，美德就已经存在了，更何况美德已经天然地烙在了寻求美德的人的头脑中，因为美德本是上天赐予我们的一份特殊礼物。

各行各业的工匠在各自的作坊里，有效而舒适地完成他们的工作。哲人也在美德和智慧的学园里，孜孜不倦地学习，以成就并完善美德这部伟大的、他们全身心投入其中的作品。如果哲人因为意志不坚定和懒惰而无法完成其作品，难道不是比任何一个工匠都更可鄙吗？

毫无疑问的是，荒唐的小人会把罪恶隐藏在正直善良的面具后面，他们这样做是为了肆无忌惮地作恶，还不会受到惩罚。可是，他们的隐藏是徒劳的，因为恶习那股难闻的味道会出卖他们。

睿智有德之人虽然一以贯之，却也有三种变化：对于那些从远处凝视他的人来说，他看起来十分庄重、十分严肃，以至于让人望而生畏、不敢靠近；然而，对于那些慢慢开始与之结交的人来说，他看起来真的既和蔼可亲，又温柔随和；但是，对于那些听过他讲话的人来说，他总是义正词严，这让他又显得刚正严厉了。

凡是在官府内参与政事的，都应该是公认的廉洁奉公之人，这样才能赢得百姓的信任，进而统治他们。要是没有这种好名声，还不如普通百姓，那么无论他想推行什么政策，百姓都觉得是对自己的冒犯。同理，如果您的诚意和忠诚尽人皆知，那么当您直言劝谏君主时，君主就会听取您的建议，敬重并珍视像您这样的人。但是，如果您还不够忠诚，或者实际上并不忠诚，那么无论您的谏言多么正确，君主都会厌恶您，他不会觉得您是劝诫他，而会觉得您是在中伤他。

在一些关系重大的事情上，例如，最基本的原则或者人伦关系——子女对父母的义务，臣民对君主的职责——我们不能以任何方式越界，因为这是自然和法律所规定的界限和秩序。但是，在并不那么重要的事情上，在原则与要事的细枝末节上，我们偶尔可以越界；特别是当无礼的行为可以不予理睬且能够谅解时，就可以适当变通和从宽处理。但无论如何我们都应该记住那句古老的谚语，（即）应该避免小错，以防丢失大局，[1] 也就是说，不注重小事，到头来会酿成大祸。

（子游说）我们的朋友子夏的弟子们，就他们的年龄来说，在洒水扫地、应答问题和迎送宾客方面都做得无可指摘，但这些事情都无足轻重啊！这些都是细枝末节，根本的东西他们并没有学到啊！怎么办呢？

（子夏听后感叹道）啊！子游以为我只教给弟子一些细枝末节，而忽略了根本的东西，他这就错了！我特意从最基础、最简单的事情教起，然后再教深奥一些、困难一些的东西。这也是智者的教学方法，其中明确规定了最先教什么，然后再教什么。一名谨慎的老师要认真考虑弟子的年龄、体力和心智，根据每个人不同的接受能力调整教学内容。他们就像不同的植物，培育的方式也理应不同。倘若我事先不去了解每名弟子的能力，就贸然且不加

---

[1] 即《尚书》所言"不矜细行，终累大德"。

区别地把最难的东西教授给他们，我难道不是在浪费我的时间，同时也是欺骗我自己、欺骗我的弟子们吗？并非所有人都能掌握从开始到结束的全过程，抑或从根系生发出的全部枝蔓，除非是那些上天使之成为智者的人，抑或是那些生来就呼吸着智慧的人。平心而论，无论是我，还是我的弟子们，都不是这样的。

一个人担任官职、处理公共事务，如果他还有闲暇和多余的精力，就应该去学习进修、提高自己，并且不遗余力地读古书、读智者的教义，这样他就可以不断积累精神上的财富，变得更加明智。一个专注于学习的人，如果具备了足够的能力和实力来担任官职，那他不是应该毫不犹豫地从政，为了祖国的利益，贡献出自己特有的才华和精神财富吗？

（子游说）当人们服丧时，特别是为父母守孝时，愿他们虔诚的哀悼中含有一种真实而内在的悲伤，并且从心底深处为失去了亲爱的父母而哀恸、难过、痛哭流涕。如果子女们没有财力来操持我们这个时代奢华又排场的葬礼，他们能做到这些就够了，而且，现在的葬礼多是为了虚荣，而不是因为孝顺。

我的同伴子张的确有勇气和实力去做一些伟大而艰巨的事情，可是，我却看不出他有内在坚实的美德。然而，真正的实力却来自这种内在坚实的美德。（曾子说）我们的朋友子张仪表堂堂啊！但是，正因为这点，跟他一同践行内在坚实的美德，进而相互成就也十分困难。因为，当一个人似乎只在意四处炫耀美德而不去持守美德时，与之进行精神上的交流，对彼此来说又能有什么帮助呢？

我曾听老师讲过，一般来说，世间还没有哪个人能够为了持守美德，而竭尽自己的心力。但是，如果真有的话，那也肯定是哀悼双亲和为父母守丧的时候才会那样。

我还曾听老师讲过，鲁国大夫孟庄子对其同为鲁国大夫的父亲孟献子极为孝顺，尤其体现在父亲过世的时候。这样的孝行其他人也是可以做到的，或者是可以模仿的。但是，孟庄子身上有一点非常难得，而且不是谁都能做到。那就是，他既不改换父亲任用的属下和仆役，也不改变父亲的执政方式。

阳肤是曾子的七名弟子之一，孟孙氏任命他去掌管刑狱之事。阳肤想知道担任这个官职需要注意些什么，就去向他的老师曾子请教。下面就是曾子的回答。

统治者本应举着火把走在其他人的前面，用自己的典范照亮后人，可惜，如今这个时代，他们几乎把本应坚持的生活和治国之道都抛弃了。正因如此，很长一段时间以来，百姓都不知所措、偏离正道，将心思用在一些不应该去做的事情上，却以为世道就应该是这个样子。所以，如果对每个罪犯做了仔细的调查，弄清了他们所犯之罪的性质以及他们犯罪的原因，那么，即使有罪的人不得不受惩罚，您仍要怜悯他们，宽恕他们，而不要以为自己敏锐地发现了他们掩盖的罪行而沾沾自喜。您要记住：这并不完全是他们的过错，而是他们自己的无知，还有统治者的坏榜样误导了他们。要谨记舜帝节制和宽容的美德，他请掌管刑狱的人制定刑罚，但也经常情不自禁地对他们说，我希望你们对受惩罚的人抱有怜悯之心。[1]

（子贡说）商朝的末代君主纣王帝辛确实残忍，而且沉迷于声色享乐之中，不过，其实他并没有那么邪恶，他的邪恶也不是前所未闻到没有人能与之相提并论。但是，每当人们谈到大恶之人的时候，都会首先举出商纣王的例子，就好像他犯下了所有的罪行，到今天人们还在声讨他，怎么会这样呢？因为他既暴虐，又是皇帝！他的邪恶也就因此而更为强大，足以激起更大的灾祸和丑闻，他也因此卑劣地从尊贵之位跌入罪恶的泥淖。因此，君主憎恶在这样充满了邪恶和过错的泥淖里停留哪怕片刻。否则的话，就像垃圾和污水流入下水道一样，整个国家的罪恶和不幸，哪怕不是商纣王本人的错，也都会归罪于他、都会像垃圾污水般涌向他，所以说，一时的过失，将会带来几个世纪的恶名和耻辱！

那些不想变好的人会努力去掩盖并粉饰自己的过错。正因如此，智者，

---

[1] 出自《尚书·舜典》："钦哉，钦哉，惟刑之恤哉！惟刑之恤哉！"

尤其是君主的过错就好比日食或月食，是无法隐藏起来的，而且由于犯错之人所处的地位之高，他会发现这个过错全天下的人都能看见。但是，智者或君主知错就改也是全天下都能看到的，而且所有的人都会为此而欢欣鼓舞，愉快地注视着他，并赞美、称颂他，因为太阳或月亮恢复了最初的美丽、最初的辉煌！

一日，卫国大夫公孙朝问我，我们的老师孔子是如何学习的，这个问题我很轻松就回答了。周文王和周武王不在人世已经快六百年了，但他们的学说、法律与制度并没有消失，也绝不会被人遗忘。因为总有一些内容还在人间流传，智者记住了最关键的要点，普通人也记住了一些没那么重要的东西。此外，文武之道随处可见，大事、小事都遵循文武之道。我们老师总是努力地从所有的人那里，甚至是底层人民那里学习东西，他怎么可能没有学习过文武之道呢？我们老师怎么可能只有唯一的一名老师呢？他随时随地都在学习，只要能够让他从中学到知识和智慧的，他都学习。

我听说，鲁国大夫叔孙武叔某天在朝堂上跟其他大夫交谈时，竟肆意地说，他认为我比业师孔子更有智慧。因而我希望武叔能够明白：我心口如一地认为，老师的学问和智慧就好比一座王宫的幕墙，所有的房间都被这堵高大的主墙所环绕；而我的学问就像一堵矮墙，才刚到肩膀那么高，如果我这堵矮墙里有个房子的话，外面的人一眼就能看到整个房子的美丽之处了。

我老师的城墙神圣地守护着帝王之学的宝藏，这堵墙不知道有多少米高。如果您没有获得进门的许可，您肯定不会看到里面的厅堂之美、里面的辉煌和富裕以及百官的威仪。因此，我们这个时代的人很难找到这座王宫的大门就不足为奇了。

武叔啊，您的鲁莽和诋毁是没有用的！我们老师的智慧远远高于所有人的赞美。诋毁孔子是让人难以容忍的罪过。其他人的智慧就像山丘，虽然看上去很高，但是可以爬到山顶，而我老师的学问和智慧比最高的山还要高，可以说与太阳、月亮同高。人们可以凝视它们的广袤与美丽，愉快地欣赏它们，但是，没有梯子可供攀登，没有人能够得着它们。对我而言，赞美老师那崇高而智慧的学问，并让人们看到这种学问的神奇效力，当然一点儿不难，但我还是非常乐意把这点顺带告诉您。

我的老师曾经担任鲁国的大司寇，他严格遵照古代原初的刑罚制度，睿智而仁慈地履行了所有的职责。就像人们所说的那样，统治者应该供养并扶助百姓，他公平地分配田地，细心地经营，唯恐百姓缺少吃穿等必需品。只要孔子治理国家，百姓就能安居乐业，整个国家也像一片耕种得宜的麦田一般蓬勃生长。百姓衣食无忧了，孔子再用言语和榜样来引导他们，就像手把手地教育粗野之人，指导他们诚实而美好地生活；孔子治理国家，百姓有了方向，就会坚持按照孔子指明的道路往下走。国家法纪严明，人人遵纪守法，更值得称道的是，百姓安居乐业、各司其职，在家乡如同在首府一样，过着十分愉快的生活，这也是孔子独有的智慧和谨慎的具体表现。紧接着，邻近的人民都被这种理想的安宁生活所吸引，纷纷慕名而来。

社会秩序于是得以建立，接下来要做的是，运用各种方法督促并动员民众，重新唤起他们对美德、仁慈和彼此礼敬的热爱，鼓舞那些萎靡的人，激励那些上进的人。孔子这样教化百姓，他们必然相处和睦，这种和睦随即带来的便是礼制，人们互敬互爱，各自履行彼此的义务和责任。更值得赞美的是，这种伟大的思想运动是在无声无息中发生的，推进这项运动的人一动也没动，因为，这几乎就像是上天那隐秘的美德，创造了世间万物却不动声色，既没有被敏锐的眼睛发现，也没有被世人所察觉。因此，他的一生光辉灿烂，去世后，也赢得了举国上下的哀恸悼念。他的离开引起了人们长久的哀悼，这足以看出人们对他的敬重，仿佛一家之中失去了一位好父亲一样；在百姓的眼里，他更像是一位慈祥温柔的母亲，总是带给自己亲爱的孩子无尽的快乐和爱。

现在，让我们追忆尧和舜的故事吧，这是孔子经常讲给我们听的，而且每次讲的时候都非常愉快。尧和舜是两位睿智的立法者，也是我们著名的帝国创立者。下面就是孔子讲给我们听的，是他在《尚书》中读过无数遍的故事，他从来没有怀疑过故事的真实性，总是乐此不疲地赞叹这两位伟人的智慧、虔敬和宽宏大量，总是不厌其烦地建议君主们在治理国家时以尧舜为榜样。尧历经百余年的统治，临终前将下文的金玉良言告诉了舜。尧选择舜作为继任者，却不考虑自己的家族和儿子们的荣耀，是因为舜于扶犁之中体现出罕见的品质，而尧的家族和儿子们并不具备足够的智慧和能力来统治帝国。

我亲爱的舜啊！我亲爱的工作和战斗伙伴，鼓起勇气来！是我该把整个帝国的责任和荣誉移交给您的时候了！过去，上天将这个帝国交到了我的手上，就像它当初将这个帝国交给上古的君王们那样，现在，我将遵从上天的命令和意志将它交到您的手上。我们应该服从上天的安排。如果您善待您的子民，保障他们的安全和舒适，让他们享有和平安宁的生活，那么上天也会善待您。负担很重，国家和百姓的事情永无止境，这点我不反对。但是，万事各有一定的道理与恰当之处，我们称其为"中庸之道"，此处既无过度，亦无不及。所以，奉行这个中庸之道，在这座天平上权衡并定夺所有的事情，您和百姓就会繁荣幸福。您如果不听从我的忠告，即奉行刚刚我跟您说过的中庸之道，那么，您可能会看到灾难接踵而至、此起彼伏，四海环抱的这片广袤的土地将饱受饥荒与歉收的困扰，承受您的过错所带来的痛苦。我再说一遍，我现在就告诉您，您也会因此受到最严厉的惩罚，会被永远地剥夺上天赐予您的这份尊严。

孔子还十分有兴致地给我们讲过夏桀的悲惨故事，这个残忍又大逆不道的暴君，不顾叔父们的有益建议，无视上天通过反常的异象与百姓所受的苦难来传递的警告，在长期践踏法律和理性之后，最终受到了应有的惩罚，并被他的叔父成汤从手中夺走了天下，成汤就是商朝的创立者。

他对我们说，百姓和诸侯都不断地敦促成汤，这位有史以来最虔诚的君主，让他把自己和家人从桀这个最大逆不道的暴君手中解救出来。可是，由于这位君主已经八十多岁了，他对上天心存敬畏，不敢违抗天命。所以，他犹豫不决，不确定该做什么，不该做什么。他就这样举棋不定，直到仲虺和其他的谋士们明确告诉他此乃天意。仲虺说上天赋予百姓激情，如果没有人能够统治他们，百姓会通过自己的反抗而自我毁灭，继而毁灭整个帝国；他说，正是上天赐予了人类思维的才能，上天赐予成汤实力和谨慎，就是为了让他拯救即将毁灭的帝国，所以成汤必须遵从天意；仲虺还说，上天不会一直保佑那些蔑视鬼神、残害百姓的人，上天眷顾的是那些遵从天理、心怀善意且听从天命的人，因为不虔敬的人从来不想服从天命，而且无比荒唐地叠加自己的罪行，还妄想能欺骗上天，鲁莽地向百姓吹嘘自己永不会灭亡，但是，当太阳下山的时候，他似乎被上天所诅咒，他和他的家人现在注定要灭亡了。

孔子补充道，成汤击败了夏桀，这个大逆不道的暴君不得不逃到南巢，三年后，他死在了那里。在百姓和诸侯的一致同意下，成汤只好接受了帝位，随后他为了在集体大会上，面对皇天后土说明自己所作所为的理由，完成了下面的这段演讲，

啊！土地上的人们，请认真听我说！人类理性的本性被赋予了五种美德：虔敬、正义、谨慎、善良和诚实，那么，你们觉得理性是从哪里来的呢？当皇天上帝创造人类时，就将理性赐予了人类，让理性成为人类生活的准则。因此，如果人们服从这个天性、服从这个神圣的规则，那么法律和美德将会统摄四方，帝国也将长治久安。但是，为了让人们能够按照这个神圣的准则安宁祥和地生活，就尤其需要君王以身作则，根据这个原则来统治国家，并且时刻提醒、勉励人们。

我们亲爱的老师继续讲述后来的故事，我们在《尚书》中读到，遭逢七年大旱的时候，主管占卜的太祝明确说，献祭牛羊是徒劳的，需要用人血来平息老天的愤怒，成汤自告奋勇成为祭品，而且毫不迟疑。他在宫中最隐秘的地方待了三天，远离众人的视线；他剪掉了手脚的指甲，这位九十多岁的可敬老者还把白发剃光，把白胡子都刮掉了。一切都以丧礼安排。然后，他

命人用两匹白马驾车，驱车来到了祭祀的山脚下，[1] 成汤想要手脚并用地爬上山，身披羊皮来凸显自己就是牺牲，所有的大臣都为之戴孝，他们泪流满面，一路跟随着这支悲痛哀伤的车队。

孔子补充说，这本书还记载道，祭祀的一切都准备好了，这时候，商王成汤抬起头仰望着天空，祈求上天，希望老天不要因为他自己治国的过错而惩罚无辜的百姓，百姓不应该承受这样的痛苦。然后，他向上天发问，在下面提到的这五六件事情上自我检讨，他问道，是不是我本人的行为不节制，治国的时候没有遵从中庸之道？是不是我让百姓无法履行自己的职责？是不是我挥霍无度，把宫殿修建得太豪华了？是不是我的后宫太奢侈，衣着华丽，生活太不简朴了？是不是我法令不严，使得执法者贪污腐败，经商者狡诈贪婪？是不是我们的宴乐歌舞中有什么伤风败俗的东西？啊！奇迹出现了！还没等这位虔敬的君主说完，天空就下起了滂沱大雨！充沛的雨水浇灌着整个帝国，肥沃的土壤为整个帝国带来了生机。

正如成汤灭夏桀后，建立了商朝；武王灭商纣后，也建立了周朝。[2] 周武王在百姓和诸侯的一致同意下，即位称帝，继而举行了隆重的祭祀典礼，祷告上天和庇佑四方的神灵，接下来，他就开始施政了。首先，收缴兵器，封存军械。其次，打开监狱，释放罪人，尽心竭力使百姓摆脱饥荒、歉收和其他各种灾难。最后，表彰有功之臣，赐予他们财物与荣耀。可以说，他对所有的人都非常仁慈，非常慷慨；不过，他对那些因善良、廉正和智慧而著称的人则更加仁慈，更加慷慨，所以我们也可以这样说，最有美德的人合理地拥有了最多的财产、最大的财富和最高的荣誉。

（周武王也说）许多与商王室亲近的人，拥有高贵的头衔和王族的血统，似乎应该担负要职、享有尊位；但是，我们周王室中也有许多人，他们更加

---

[1] 即桑林，在今河南省商丘市夏邑县桑固乡。相传成汤在此筑台祈雨。
[2] 作者对于中国朝代顺序的理解有误，法语原文把"武王"解释为"第二个皇帝家族的建立者"，把"纣王"解释为"第一个家族的最后一位皇帝"，却又把"夏桀"解释为"第二个家族的最后一位皇帝"。译文因此略过相关解释的翻译。

以善良、廉正与智慧而闻名,我认为更值得重用,所以,他们更适合做我的谋士和卿大夫。此外,假如有这么多英明的人辅佐,我还迷失自我,像商纣王的拥护者那样傲慢又放纵,那么,我就是唯一那个懒惰而懦弱的罪人!我的百姓因此而犯的所有错误,都只应该归罪于我一人,随之而来的任何不幸都应该只落在我身上。

这位伟大的君主安不忘危,杜渐防萌。除此之外,他非常小心谨慎地恢复度量衡,根据公平的古制重新校准。他还审查所有的法律法规,无论是关于百姓的责任、义务与风俗,还是关于音乐,以期摘除流于卑鄙无耻的内容。最后,他起用商纣时期遭到慢待的地方长官,恢复他们应有的地位;他帮助商纣时期被灭国的小国完成复国大业,并承认他们的合法地位;他分封华夏始祖黄帝的、立法者尧舜禹的以及前代帝王们的后代,不仅授予他们体面的头衔,还发放给他们可观的俸禄,从而建立诸侯国,他热切地希望这些伟人们的后代能够人丁兴旺,愿他们从今以后奉行孝道,祭祀仪式庄严隆重,有如每年给予周代先王们的一般,使他们的祖先永垂不朽!他也不忘那些乱世之中被驱逐的睿智有德之臣,或者那些自愿放弃高位、躲入避风港的隐士。诸事既立,万象更新,四方政令畅行无阻。百姓把他视为最可亲可敬的领袖,也把彼此视为最相亲相爱的成员,因而百姓越是乐于服从他的法律,就越是乐于将自己的意志交托给他。

此外,这位伟大的皇帝最关心的有三件事,他认为这对国家的治理十分重要。第一件是生计:每年的粮食供应,以及其他维持生命的必需品的供应要保持充足。第二件是丧葬:这是古代帝王和立法者根据其智慧、谨慎和远见所规定的法律和习俗,所以一定要遵从。第三件是祭祀:为了庄重地缅怀父母,每年必须定期进行隆重的祭奠,给亡者敬献他们生前最爱的菜肴,这样,当子女看到人们对死者应尽的义务时,就会意识到自己有义务孝敬、服侍和顺从仍然健在的父母。

综上所述,两位立法者尧和舜,以及三代的开创者禹、成汤和武王,他们五人所坚持的治国之道清晰可辨。的确，因所处时代的不同，治国之道也在一些无关紧要的事情上有所不同，但是，他们的治国之道在保护百姓和捍卫帝国的意愿与方法上，简言之，在本质上是十分相似的。

这种相似性主要体现在四个方面，它们同样是王室的美德。如果一位君主对自己的百姓慷慨大方，如果他对他们宽宏大量，如果他保护自己的百姓就像无所不包的天穹，如果他供养他们就像承载万物的大地，但他并非不近人情，那么，整个国家就不存在贪得无厌、利欲熏心，这位君主就会得到百姓的拥护，他会受到所有人的爱戴、尊敬、服从和仰慕。如果一位君主远离一切虚伪、谎言和欺骗，坚定不移地秉持他的信念，并信守他的承诺，那么，他的臣民就会无所畏惧、毫不犹豫地信任他且依靠他，并将他们自身及其财产托付给这位值得信赖的君主。如果一位君主总是头脑清醒、勤于政事，竭尽所能不使百姓劳苦，并为他们提供一切可能的便利，从不轻视或忽视任何跟百姓有关的事情，那么，无论是什么事情，只要他开始做，就都能圆满地完成；凡是他吩咐百姓做的，无论是公共工程，还是其他什么工程，百姓也都会愉快、勤勉而执着地完成。如果一位君主赏罚分明，总是公平、公正又不偏不倚，不会特别讨厌或者钟爱任何一方，那么，他将会欣喜地看到所有的百姓心悦诚服，能够即刻响应并愉快地支持他的所有计划。这就是五位英雄人物的政治基础，这也是他们确保整个国家长治久安的关键和力量。

（孔子回答子张说）执政者只要崇尚五种美德，摈除四种恶习，就能完美地治理好国家。愿他给百姓以恩惠，而自己却无所耗费；虽然役使人民，却不垂涎民脂民膏；虽然强大富足、诸事顺遂，却并不傲慢无礼；保持威严、肃穆，但却并不冷酷、毫无人性。其实，就是要让百姓有利可图，并在这些能为之谋利的事情与技艺上，例如在贸易、农业及其他类似的事情上，经常扶持他们，这样就可以为民谋利，巧妙地捍卫并保存普天之下的共同财产，使整个国家到处都有大量的生活必需品，而且价格低廉。这不就实现了给予百姓恩惠，却没有损害任何个人利益和公共利益吗？同样，如果您选定了能够承担一份工作或职责的人，那就只把这件事情交给他们；我想说的是，如果需要征役或者修筑公共工程，那您必须审慎考虑时机和地点，以及每个参与者的年龄、体力和技能，这样谁还会怨恨决策者或指挥官呢？觊觎属于别人的东西是有罪的、可耻的，也是不道德的；但是，如果您欲求的是真正的美德，并在幸运地拥有了美德之后，履行了所有的职责，那您怎么会被看成是贪得无厌之人呢？如果君主得到命运的眷顾，始终合乎本性，就不必过分提防百姓或者他周围的人；而且，他也不介意自己要做的事情是大是小，因为无论事情大小，他都认真对待，无论对方的地位是何等的卑贱低微，他都不敢怠慢；像这样自律与自持的君主，尽管他幸运地处于和平、富足与荣耀之中，又怎会变得傲慢呢？最后，关于威严、肃穆的问题，如果不能秉承中庸之道，的确很容易沦为一种令人讨厌的冷酷和严厉；但是，如果一位君主不装模作样，而是持守中道，比如说：衣冠庄重而体面，言语、神情中都透出谦虚和敬畏，行为举止、身体的每个动作都端庄稳重，那么，所有人都以敬畏的目光看待他，这难道不就是保持了威严、肃穆，但却并不冷酷、毫无人性吗？

执政者应该摒除的恶习有四种。首先，既不仔细教授所有的公共法条，也不明确个人应尽的义务和责任。但是，百姓一旦犯了错，就立马用残酷的刑罚将这个不幸的人处死，毫无恻隐之情。这就是暴虐。其次，在征发百姓大兴土木工程之前，并不通知他们，好让他们有所准备，以便工程能够井然有序地进行；而是突然逼迫他们，希望工程在眨眼间圆满完成，无情地催促进度，稍有拖延，就严加惩罚，这就是粗暴。再次，下令开工的时候，迟疑不决、故作镇定；但开工后，却猛烈地推动进度，严格督促、毫不容情。这就是出人意料地逼迫那些不幸的人，这就是像盗贼一样役使百姓。最后，给予别人东西的时候悭吝不决，例如：给士兵发放军饷的时候，分派工程给穷苦百姓的时候，为大臣发放俸禄的时候，以及为他人颁发荣誉的时候。我想说的是，悭吝不决地给予，仿佛受到拘束一般，慢慢给出后再松手，就好像是要讨回送出的东西一样，这并不是真诚而慷慨地送给别人，就算礼物很贵重，也并不值得人感激，因此，这不应该是君主的做法，而是卑劣小臣与还债人的作风。

不承认天命与天意，不相信穷达、生死都取决于上天的意志；也不承认，理性之光是上天赐予人类的一种天赋，我们生活中的一切行动，例如善恶以及趋吉避凶的原则，都必须遵从理性，这样的人肯定不会成为仁人与君子。不仅如此，这种人还一定会做出一些违背做人准则的事情，做出一些违背道德、超出自己能力范围的事情，他们最终会屈从于那些自己徒劳地试图避开的恶习。

无视各种礼仪和礼节，无视就像人类社会纽带一样的习俗和天然义务，无视每个人的特殊性，这样的人肯定无法立足于社会，他是一个无足轻重的人，既不庄严坚贞，也无法成为一个对自己、对他人都有用的人。他会一直堕落下去，永远漂浮于一种不确定的状态中，他所拥有的美德也总有一天会从他身上消失不见。

语言是心灵的表征与迹象，不经意间的一句话就能反映出一个人的全部思想。所以，不理解人们说的话，就不能准确地辨明事物的善恶，也无法了解人们的本质和内在，以及他们的错误、天性和抱负，当然也就无法了解他们力所能及的范围。

任何懂得天命、礼仪法度和人心这三样东西的人，都将依此为据为人处世，并且使自己的生活习惯和道德品行与之相符，那我们绝对可以说，他具备了一切难能可贵的要素，他远远高于普通人，他，就是君子！

附　录

人名对照表

A	
爱比克泰德	Epictete
B	
柏应理	Phillipe Couplet
鲍叔牙	Pao
比干	Pican
佛肸	Pie-hie
卞庄子	Pieu
伯禽	Pe-kin
伯氏	Pe-xi
伯夷	Pey
伯益	Peye
卜商（子夏）	Xam ; Cu-hia
C	
陈恒	Anonyme, Prefect du Royaume de Ci
陈亢（子禽）	Chin-cam
陈文子	Chin-uen-su
成汤	Chintam ; Chim-tam ; Tam
崔子	Anonyme, autre Prefect
D	
端木赐（子贡）	Su ; Cu-com ; Cu-cum

— 171 —

续表

F	
樊须（子迟）	Fau-chi
宓不齐（子贱）	Cu-cien
弗朗索瓦·贝尼耶	François Bernier
伏羲	Fohi
G	
伽桑狄	Gassendi
皋陶	Cao-yao ; Cao
高柴（子羔）	Chai ; Cu-cao
公伯寮	Anonyme, Mandarin
公明贾	Anonyme, serviteur
公山弗扰	Cum-xan
公叔文子	Anonyme, Prefect du Royaume de Guei
公孙朝	Anonyme, Prefect de Guei
公西赤（子华）	Ché ; Cu-hoa ; Hoa
公冶长（子长）	Cum-ye-cham
公子荆	Cum-cu-kin
管仲	Quou-chum ; Chum
H	
黄帝	Hoam-ti
J	
箕子	Anonyme, second frere
棘子成	Anonyme, Prefect du Royaume de Guei
季康子	Anonyme, Prefect de Lu
季历	Ki-lie
季氏	Ki-xi
季子然	Ki-cu-gen
稷	Cie

续表

桀	Chie ; Kie
晋文公	Anonyme, Roy de Cin
K	
阚止	Anonyme, celuy qui l'observoit
孔鲤（伯鱼）	Pe-yu
孔丘（仲尼）	Confucius
蒯聩	Quai-quei
L	
拉莫特·勒瓦耶	la Mothe le Vayer
老彭	Lao-pum
老子	Lao-kium
柳下惠	Lieu
鲁哀公	Ngai-cum, le douzieme Roy de Lu
鲁定公	Tim-cum, Roy de Lu
鲁昭公	Chao, Roy de Lu
M	
孟公绰	Mem-cum-cho ; Mem
孟敬子	Anonyme, Prefect du Royaume de Lu
孟氏	Mem-xi
孟献子	Anonyme, Prefect de Lu
孟之反	Mem-chi-fan
孟庄子	Mem-chuam
闵损（子骞）	Mim-cu-kien
N	
南宫适（子容）	Nan-yun
南子	Anonyme, Reine de Guei
P	
普鲁塔克	Plutarque

续表

Q	
漆雕开（子开）	Yum (sic.)
齐桓公	Huou-chum, Roy de Ci
齐简公	Anonyme, Roy de Ci
齐景公	Kim-cum, Roy de Ci
契	Sie
蘧伯玉	Prefect Kie
R	
冉耕（伯牛）	Pe-nieu
冉求（子有）	Gen-cu ; Cheu ; Gen-kien ; Kieu ; Gen-yeu ; Geu
冉雍（仲弓）	Yum ; Chum-cum
S	
塞涅卡	Seneque
召公	Chao
召忽	Chao
申枨	Xin-cem
史鱼	Prefect Su-yu
叔齐	Xoci
叔孙武叔	Anonyme, Prefect de Lu
舜	Xun ; Xum ; Xan (sic.)
司马耕（子牛）	Su-ma-nieu
宋朝	Sum-chao
苏格拉底	Socrate
所罗门王	Salomon
T	
太师挚	grand Maistre Ci
太叔疾	Tai-xoue
太姒	Tai-hu

续表

太王	Tai-uam
泰伯	Taipe
W	
微生高	Vi-sem-chao
微子	Anonyme, son ainé
卫匡国	Martino Martini
卫灵公	Lim-com, Roy de Guei
X	
西塞罗	Ciceron
Y	
亚里士多德	Aristote
言偃（子游）	Cu-yeu
颜回（子渊）	Yen-hoei ; Yen ; Hoei ; Yen-yuen
阳肤	Yam-fu
阳货	Yam-ho
尧	Yao
伊尹	Y-yn
邑姜	Ye-hiam
殷高宗	Cao-cum
有子（有若）	Yeu
虞仲（仲雍）	Yu-chum
禹	Yu
原壤	Yuen
原宪（子思）	Yuen-su ; Yven
Z	
宰予（子我）	Cai-yu ; Yu
臧文仲	Cam-uen-cham
臧武仲	Anonyme, Prefect de Lu

续表

曾点（曾晳）	Tien
曾子（曾参）	Cem-cu ; Cem-can
辄	Che
仲虺	Chum-hoei
仲由（子路）	Chum ; Yeu ; Cu-lu
周公	Cheu-cum
周任	Cheu-gin
周文王	Yen-uan ; Yen-uam ; Ven
周武王	Yu-uan ; Yu-uam ; Vu-uam ; Vu
纣	Cheu
祝鮀	Cho-io
颛孙师（子张）	Su ; Cu-cham
僕	Anonyme, domestique et Econome
子产	Cu-chan ; Cu-cham
子服景伯	Anonyme, Prefect du Royaume de Lu
子桑伯子	Cu-sam-pe-cu
子文	Cu-uen
子西	Cu-si
左丘明	Co-uieu-mim

注：本表收录《孔子或君主之学》一书的中外人名，辅以汉法对照。同一人物，收录所有法语译出的称呼（姓、名、字或代称）；同一称呼，收录所有拼写形式。

地名与封号对照表

陈	Chun
楚	Çu
达巷	Ta-hiam
孤竹	Cu-cho
互乡	Hu-hiam
晋	Jun ; Cim

续表

莒	Kin
匡	Quam
鲁	Lu
南巢	Nau-chaon
南山	montagne du Midy
齐	Çi
秦	Cin
商	Xam
宋	Sun
泰山	Tai-Xam
卫	Guei
武城	citadelle de Wu
舞雩	Yu-yu
夏	Hia
叶	Xi；Xe
沂	Y
殷	Dyn
郑	Chun；Chim
周	Cheu；Lieu（sic.）

专名对照表

爱智者；哲人	Philosophe
大夫；国卿；官员	Preteur；Prefect
德；美德；德行	vertu
德治	bon gouvernement (n.)；bien gouverner (v.) ~ un Royaume 以德治国
第一推动者	premier Mobile
读书人	homme de lettres

续表

皋陶谟	Consultations ou Dialogues entre Cao-yao et l'Empereur
皇帝	Empereur
皇天上帝	souverain empereur du Ciel
君子	Sage parfait ; homme parfait ; homme sage (gens sages) ; homme de vertu
乐	Musique
诔	Livre des Éloges
礼	Rites ; Livre des Offices et des Coutumes Civiles
良俗	bonnes mœurs
六艺	six liberaux
六宗	six principaux Esprits
普遍意志	volonté generale
人格	propre personne
人伦	ordre du genre humain
仁；仁爱	charité
仁人；好人；善人	homme de bien
韶乐	Musique Xao
射礼	l'art et l'adresse de lancer le javelot
圣人	Sage parfait et accompli
诗	Odes
蓍草	herbe Xi
士	Mandarin
市民仪式	cérémonies civiles
书	chroniques ; Annales de nos anciens Rois
天理	loy du Ciel
天命	commandement du ciel ; decrets du Ciel ; ordres du Ciel ; regle du Ciel
天意	volonté du Ciel ; providence
天主（天威）	Majesté du Ciel

续表

天子	fils du Ciel
文武之道	institutions de Ven et de Vu
文献典籍	Lettres
五伦	cinq Ordres
小人	meschant homme
孝顺	obéissance filiale ; piété paternelle
雅	Musique Ya
易	Ye-kim, le Livre des changements
勇；勇敢；力量	force
郑风	Musique du Royaume de Chim
政体	Corps politique
至德	vertu consommée
至善	Souverain Bien
治家	économie
智；明智；谨慎	prudence
智慧；睿智	sagesse
中庸	mediocrité
中庸之道；中道	droite voye du Milieu
诸侯	petits Rois
自然法	loy naturelle
自然理性 / 自然之光	lumières naturelles
自由意志	libre-arbitre

译后记

2019年3月，由贝尼耶（François Bernier，1620—1688）翻译"四书"的手抄本之一《孔子或君主之学》作为"国礼"而被国内各大媒体纷纷报道，当时媒体将该书称为"论语导读"。其实，这部手稿是首部耶稣会士的拉丁文"四书"《中国哲学家孔夫子》（*Confucius Sinarum Philosophus*）的法文译本，成书于1688年。可以说该书既见证了中法文化交流的源远流长，亦体现了中法关系的亲近与悠久。

贝尼耶于1620年9月25日或26日生于法国安茹省（Anjou）如艾镇（Joué），其父亲是一位农场主。1641年左右，贝尼耶认识了法国哲学家伽桑迪（Pierre Gassendi，1592—1655），并成为后者带有家仆性质的关门弟子，受到很好的哲学训练。1652年，贝尼耶获得了蒙彼利埃（Montpellier）大学授予的医学博士学位证书。伽桑迪去世之后，贝尼耶来到了东方的印度莫卧儿帝国，旅居长达8年之久。1669年回到法国后，贝尼耶将其在莫卧儿的见闻分成两部书先后出版，这两部书很快风靡整个欧洲。由此，贝尼耶成了一名研究东方的学者（orientaliste）。

1688年6月7日，法国学术期刊《学者杂志》（*Journal des Sçavans*）刊登了贝尼耶的一篇文章，篇名为"Introduction à la lecture de Confucius"，直译为"孔子导读"。这篇文章正是手稿前面《致读者》的部分内容。在手稿中，贝尼耶所写的书名全称很长："Confucius ou la science des princes contenant les principes de la religion, de la morale particulière du gouvernement politique des anciens empereurs et magistrats de la Chine"（孔子或君主之学，涉及中国古代皇帝与地方官员政治治理中的信仰和特殊道德的诸原则）。关于书名的中译，我们几位译者经过多次讨论后最终定下来：《孔子或君主之学》。

耶稣会士的拉丁文《中国哲学家孔夫子》在巴黎出版之后，很快在欧洲就出现了三部依据拉丁文"四书"翻译而成的法文本，向欧洲的大众介绍孔子著作与思想。它们分别是被归属于西蒙·富歇（Simon Foucher，1644—1696）的《关于孔子道德观的信札》（*Lettre sur la Morale de Confucius, Philosophe de la Chine*）、作者尚不明确的《中国哲学家孔夫子的道德箴言》（*La Morale de Confucius Philosophe de la Chine*）以及贝尼耶的这部《孔子或君主之学》。与前两部的语录摘译相比，贝尼耶的这部译本更为全面和系统。贝尼耶忠实地依据拉丁文译本，几乎完整地翻译了《大学》《中庸》《论语》的原文，略去了耶稣会士们在拉丁文译本中提供的大量注疏、阐释性的内容。另外，与拉丁文译本及前两部法译本不同的是，贝尼耶完全抛开当时笼罩在法国宗教界、知识界乃至政界的"宗教疑云"，从自然理性的视角，从世俗的政治与道德的角度，将这三部儒家经典译介为教导君主的学问，作为来自中国的"君主镜鉴"（specula principum）。非常遗憾的是，贝尼耶于1688年突然辞世，他的翻译在当时未能付梓出版。

由于我参与了由北京外国语大学张西平教授和中山大学梅谦立教授主持的拉丁文本《中国哲学家孔夫子》的中文回译工作，对内容比较了解，也学了几年的法语，2020年底，两位教授联系让我来翻译贝尼耶的这部手稿。但我自知自身法文水平有限，加之贝尼耶的法文是17世纪的古法语，对我来说这是一个很大的挑战。幸运的是，我寻求到两位合作译者：瑞士日内瓦大学汉学系陈萍（Ping Zeller）老师和瑞士洛桑大学的郝晓霞博士。陈萍老师正在撰写博士论文 "*Le Regard Européen vers l'Asie au Travers du Cas du Voyageur François Bernier (1620—1688)*"（《欧洲旅行家的亚洲观——以弗朗索瓦·贝尼耶（1620—1688）为例》），并已经出版个人专著 *François Bernier et sa Pensée*

Confucéenne（《弗朗索瓦·贝尼耶及其儒学思想》）。郝晓霞博士则参与了拉丁文《论语》译本的中文回译工作，对拉丁文译文非常熟悉。我翻译《大学》《中庸》部分的内容，陈萍翻译《论语》第一卷到第四卷，郝晓霞翻译《论语》第五卷到第十卷。初稿完成后，我们请研究法国汉学的中山大学在读博士张思远通校了全文。思远非常认真地完成了审校工作，并且整理出了附录中的人名对照表、地名与封号对照表以及专名对照表。

我们依据的底本来自法国国家图书馆官网公布的贝尼耶手稿 Arsenal Ms. 2331，也特别参考了 2015 年由法国国家科学研究中心（CNRS）陶西格（Sylvie Taussig）研究员整理和梅谦立教授加汉学注释，Le Félin 出版社出版的现代刊印本。贝尼耶译稿从手抄本形式到整理出版，与现代读者见面，要归功于陶西格。我们在回译成中文的过程中，根据情况补充了一些注释，以帮助读者阅读。

最后，我们要特别感谢张西平教授给我们提供的机会，尤其是为我们寻找出版支持和出版社。可以说没有张老师长久以来的帮助和支持，该书就不可能得以翻译和出版。感谢北京外国语大学中华文化国际传播研究院张朝意院长对出版的支持，感谢梅谦立教授、陶西格教授在我们翻译过程中给予的指导和帮助，感谢学苑出版社李媛编辑细致认真的编辑工作。

我们非常荣幸能在中法建交 60 周年之际为读者们献上这部 300 多年前的法译儒家经典的中文回译本，为中法文明间的交流对话、互鉴启迪提供一个样本。同时，我们也深知我们的水平有限，又是多人合译，译文中错讹难免，恳请读者方家批评指正。

汪聂才
2024 年 2 月